Metafísica e Ceticismo

Platão, Aristóteles e Sexto Empírico

Gabriel Geller Xavier
Guilherme Domingues da Motta
(Orgs.)

KOTTER
EDITORIAL

Coordenação editorial: Sálvio Nienkötter
Editor-executivo: João Lucas Dusi
Editor-assistente: Claudecir de Oliveira Rocha
Capa: Jussara Salazar
Design editorial: Carlos Garcia Fernandes
Produção: Cristiane Nienkötter
Preparação de originais e revisão: Os Autores

Dados Internacionais de Catalogação na Publicação (CIP)
Angelica Ilacqua CRB-8/7057

M551

Metafísica e ceticismo : Platão, Aristóteles e Sexto Empírico / organização de Gabriel Geller Xavier e Guilherme Domingues da Mota. – 1. ed. – Curitiba : Kotter editorial, 2024.
280 p.

ISBN 978-65-5361-354-6

1. Filosofia 2. Platão 3. Aristóteles 4. Sexto, Empírico 5. Metafísica 6. Ceticismo I. Xavier, Gabriel Geller II. Mota, Guilherme Domingues da

CDD 100

24-4925

Kotter Editorial Ltda.
Rua das Cerejeiras, 194
CEP: 82700-510 - Curitiba - PR
Tel. + 55(41) 3585-5161
www.kotter.com.br | contato@kotter.com.br

Feito o depósito legal
1ª Edição
2024

Metafísica e Ceticismo

Platão, Aristóteles e Sexto Empírico

Gabriel Geller Xavier
Guilherme Domingues da Motta
(Orgs.)

Sumário

Introdução

O presente livro consiste numa coletânea de textos cuja reunião acabou por evidenciar um trânsito numa perspectiva bastante clássica da história da filosofia grega, a saber, do dogmatismo da metafísica grega clássica ao ceticismo pirrônico. Ao todo, estão reunidos dez textos de pesquisadores e pesquisadoras especialistas nas filosofias de Platão, Aristóteles e Sexto Empírico, cujos trabalhos apresentam parcialmente pesquisas a que têm se dedicado e, portanto, um pouco da cena da pesquisa em filosofia antiga no país. Como pode ser constatado num cotejo breve do índice, a maioria – para não dizer a totalidade – dos textos que compõem as partes *Platão* e *Aristóteles* abordam aspectos conceituais metafísicos destas filosofias, quer seja em sua dimensão ontológica e epistemológica, quer seja com sua repercussão prática. O que orienta, por assim dizer, as pesquisas aqui presentes sobre *Platão* e *Aristóteles* são noções metafísicas caras a estas filosofias e que constituem o que poderíamos chamar de cerne da metafísica grega clássica, as noções de: Ideia, sensíveis, Bem, princípio, ciência, ser, substância, função própria. Por certo, estes são conceitos que marcam as filosofias de Platão e Aristóteles como metafísicas, mas também como dogmáticas, pois refletem o compromisso e o assentimento com fundamentos que, ao fim e ao cabo, precisam ser assumidos e tomados como ponto de partida da investigação. Por parte do filósofo cético, a assunção a itens considerados não-evidentes (*adela*) por uma filosofia a torna dogmática e fatalmente problemática, inconsistente, do ponto de vista do conhecimento. Justamente ao que se pode ou não assentir, no objeto da suspensão do juízo (*epokhé*), é que o demarcador se coloca indelevelmente: o cético se aparta de *toda outra* filosofia, pois *toda a outra* possui contornos dogmáticos. Os textos que compõem a parte do livro sobre *Sexto Empírico* tratam, de maneiras distintas, da especificidade da filosofia cética e, portanto, da sua relação com as filosofias dogmáticas. Nesse sentido, a última parte do livro acaba por determinar o horizonte mais geral de enquadramento desta coletânea: dogmatismo e ceticismo antigos.

Os textos aqui presentes estão divididos em três partes, que começa com a filosofia de *Platão*, seguida por *Aristóteles*, para finalizar com *Sexto Empírico*. A escolha pelo pensamento destes três filósofos reflete, em boa medida, os interesses de pesquisa dos organizadores desta coletânea e as interlocuções que vêm estabelecendo com os autores e as autoras presentes neste volume. Este livro se estrutura do seguinte modo:

Platão

No capítulo "Breve nota sobre o *bem* a partir de 507b1*ss*. da *República*", ao destacar que a noção de bem em Platão comporta, no mínimo, os sentidos ético, político, estético e epistêmico, *Gislene Vale dos Santos* procura mostrar como os conceitos de sensível e inteligível se articulam mediados pela noção de bem, seja na analogia do bem com o sol, seja na imagem da linha dividida. Em sua análise, enfatiza a importância do papel unificador do múltiplo da Forma do bem e das Formas, assim como seu papel de princípio do *kósmos* e do conhecimento.

Em "O Conceito de Alteridade na Primeira Parte do *Sofista*", ao se propor a apontar a importância da noção de alteridade para a compreensão da primeira parte do *Sofista*, de Platão, *Jean Carlos Herpich* começa por destacar que, como é usual para o autor dos diálogos na escolha de suas personagens, não é aleatória a escolha de um estrangeiro anônimo como personagem central. Isso pode indicar – e mesmo antecipar, pela analogia do estrangeiro com o que provoca estranheza, mas, ao mesmo tempo, curiosidade – a importância do impulso investigativo que está implicada no encontro com o que é estranho e desafiador para o conhecimento. Segundo o autor, se esse impulso está, de modo mais geral, no cerne de toda investigação dialética, tão cara ao filósofo ateniense, também move, de modo particular, a busca, central no diálogo, pela própria definição de 'sofista', em geral um estrangeiro. Nesse sentido, toda a insegurança inicial sobre a identidade do estrangeiro já antecipa e põe em evidência o jogo entre identidade e diferença – mesmo e outro – que perpassa todo o *Sofista* e, assim já coloca em pauta a questão, também central, da alteridade. De fato, para o autor, toda a ambiguidade da figura do estrangeiro – a possibilidade de ser um sofista ou de ser um filósofo – e as tentativas de se descobrir o que ele realmente é, já denunciam a necessidade de se recorrer à busca da definição que elimina a ambiguidade, e que acaba por levar à busca de esclarecer cada gênero. Se, de modo geral, o estrangeiro já é marcado pela alteridade, o gênio de Platão na construção do diálogo potencializa essa sua alteridade, ao dar ao leitor diversas possibilidades de pensá-la e, assim, prepará-lo para a compreensão da importância da alteridade para o método da divisão como o entende. Esse método, afirma o autor, poderia ser "renomeado método da diferenciação dicotômica, uma vez que é uma forma de definir que apresenta uma rede de comparações que esclarece por meio do contraste".

Já em "Platão e o Ceticismo: alguns caminhos para se pensar essa relação", a partir de um interesse despertado por sua leitura do *Teeteto* e de sua recepção, e, principalmente, da leitura de Cícero, *Alice Bitencourt Haddad* empreende um estudo no qual mostra como certos argumentos posteriormente utilizados pelos céticos já circulavam em textos Platônicos e indica em que sentido Platão pode ser tomado como um influenciador do ceticismo. Mostra como na obra de Cícero se discute a possível impropriedade em se aceitar que certas posições consideradas céticas, e assumidas pela chamada Nova Academia, fossem tomadas como novas, sendo possível entender que já estavam presentes em Platão. Com vasto apoio no texto platônico, evidencia que o filósofo ateniense tinha posições firmes sobre três questões caras ao ceticismo: a insuficiência dos sentidos e a precariedade do conhecimento dos sensíveis como base para qualquer conhecimento seguro, o que resultaria num inevitável relativismo quando precisamos nos apoiar nas sensações; a inviabilidade de um conhecimento seguro da *phýsis* que pudesse servir de base a uma "física" platônica como doutrina segura sobre a realidade; o relativismo referente aos sentidos, porém, dessa vez, decorrente da própria descrição platônica, no *Timeu*, de como se dá o conhecimento sensível, a qual não é conciliável com a pretensão de se apreender o mundo externo tal qual é. Todos esses pontos – aliados ao fato de que muitos argumentos da tradição cética não só poderiam encontrar sustentação em diálogos platônicos, como, de fato, parecem utilizar argumentos dos diálogos – permitem que a autora proponha ao leitor pensar em Platão como um influenciador do ceticismo.

Aristóteles

Em seu "Notas sobre a segunda aporia do Livro Beta da *Metafísica* de Aristóteles", *Marina dos Santos* apresenta considerações sobre o compromisso e os desdobramentos da segunda aporia do livro Beta da *Metafísica* e do método diaporemático com relação ao projeto metafísico aristotélico, isto é, concernente à formação do corpo científico de uma investigação que se pretende maximamente universal. Num primeiro momento, a autora expõe a análise da aporia em foco mostrando que Aristóteles concentra-se no tratamento de duas questões, a saber, *se há uma mesma e única ciência que trata dos princípios comuns com base nos quais todos demonstram e da substância* e, em decorrência, *em não havendo tal ciência, mas sendo ciências distintas que tratam dos princípios de demonstração e da substância, qual delas será a ciência buscada*. Na análise, a autora explica o movimento diaporemático dos raciocínios empreendidos por Aristóteles no interior da aporia apresentando os passos argumentativos contrários e favoráveis às hipóteses levantadas pelas duas questões. Num segundo momento, a autora explora certas características do método diaporemático a partir do indicativo de resposta da segunda aporia, presente no livro Gama da *Metafísica*, para mostrar – tomando como base a aporia em análise – que as aporias constituem um método de estabelecimento *a priori* da possibilidade da ciência buscada. Por meio dos principais intérpretes do livro Beta da *Metafísica*, a autora apresenta o debate que marca a relação entre o livro Beta e a *Metafísica*, de modo a evidenciar que há certa tensão entre as posições dos intérpretes no que concerne em reconhecer nas aporias do livro Beta um programa de estabelecimento da *Metafísica*. A autora intervém no debate sustentando, justamente, que um programa de constituição do projeto metafísico de Aristóteles, compatível com as diversas dimensões que essa ciência possui e estão presentes nos principais tratados da *Metafísica*, pode ser extraído do livro Beta. No texto é apresentada uma divisão das aporias de Beta em dois grupos relativos ao modo como são abordados os conceitos que estabelecem a ciência buscada: um primeiro grupo contendo as aporias de um a cinco, em que uma abordagem intensiva dos conceitos é vista; o segundo grupo, com as aporias seis a quinze, com uma abordagem extensiva. A partir dessa divisão proposta pela autora, o quadro argumentativo se desenvolve no sentido de mostrar que as aporias do primeiro grupo são radicais, pois incidem sobre a possibilidade de constituição da ciência buscada, uma vez que interrogam acerca da própria noção de cientificidade e conseguem delinear um projeto em que se vislumbram os diversos momentos constitutivos dessa ciência.

No "A Metafísica Aristotélica como Ciência dos Conceitos e Princípios Fundamentais: sobre a unidade filosófica do livro IV da *Metafísica* de Aristóteles", *Nazareno Eduardo de Almeida*, como o título manifesta, trata do problema da unidade do livro IV, ou Gama, da *Metafísica* e propõe uma leitura em que defende e apresenta o que nomeia de unidade estrutural. Muito embora o livro IV da *Metafísica* tenha uma considerável fortuna interpretativa inscrita ao longo da história da filosofia, o autor evidencia que o tema da unidade do livro como um todo nunca esteve no primeiro plano das preocupações dos intérpretes e, assim, lhe foi dispensado, quando muito, um tratamento indireto. Trazendo essa problemática para o centro de seu interesse filosófico, o autor mostra que se pode perceber certo problema de unidade do livro quando acompanha-se a diversa produção sobre Gama, que assume sua divisão em duas partes: uma constituída dos dois primeiros capítulos, em que se tematiza a possibilidade da ciência do ser enquanto ser por meio da significação focal da noção de ser – ou *pros he legomenon*; a outra parte, que se estende do capítulo três ao oito, envolvida com a argumentação de defesa do caráter primário dos princípios de não-contradição e do terceiro excluído. Contra a sugestão de fragmentação ou divisão do livro manifesta pelo tratamento dispensado pelos intérpretes, o autor defende que se pode encontrar unidade no livro, e esta pode ser vislumbrada por uma dupla perspectiva: uma de "andamento" e outra estrutural. Sobre a primeira, que não é foco de interesse do texto presente nesta coletânea, indica em nota que consiste numa metáfora musical que aponta para a existência de um mesmo conceito condutor das duas partes do livro, a saber, o conceito de significação. Já o segundo tipo de unidade, a estrutural, é aquela que constitui o centro da argumentação desenvolvida no texto e consiste na tese interpretativa sustentada. Para o autor, a unidade estrutural pode ser percebida sob dois planos epistemológicos distintos, mas vinculados/imbricados, de abordagem do objeto do livro, o ser enquanto ser: um plano chamado de *conceitos fundamentais*, nele se opera com os vários sentidos dos pares conceituais fundamentais *ser* e *um*, bem como, a unidade de significação destes vários sentidos arregimentada pela noção de *substância*, e ocorre no âmbito dos capítulos um e dois de Gama; já o outro plano, denominado *princípios fundamentais*, incide sobre os capítulos três a oito e opera no âmbito dos princípios comuns a todas ou a várias ciências, mas que, por meio de unidade de significação, se remetem a um princípio primeiro, o *princípio de não-contradição*. A distinção entre o plano dos *conceitos fundamentais* e dos *princípios fundamentais* revela, conforme defende o autor, que Aristóteles faz uso de um mesmo expediente argumentativo em ambos os casos – a significação focal – o que lhe permite mostrar que a argumentação *ontológica*, *henológica* e *ousiológica* presente no primeiro plano também se encontra no segundo plano, como que apresentando os desdobramentos dos compromissos assumidos em um plano para o outro. Tal complementariedade entre os dois planos, o dos conceitos e dos princípios, torna manifesto que, ao fim e ao cabo, ambos estão imbricados, pela significação focal, à noção de substância.

No capítulo "Substância, Itens Não-Substanciais, Prioridade: notas sobre Z1 da *Metafísica* de Aristóteles", *Gabriel Geller Xavier* percorre o primeiro capítulo do livro Zeta da *Metafísica* com a seguinte questão em foco: por que Aristóteles, ao introduzir a noção de substância como ser primeiro em Z, apenas apresentou explicação da primazia ontológica ou natural da substância? A argumentação desenvolvida pelo autor visa mostrar que comumente o primeiro capítulo Zeta é interpretado como o lugar em que Aristóteles apresenta a substância como ser primeiro, no entanto, isso seria apenas parcialmente verdadeiro, na medida em que somente a primazia ontológica é apresentada, restando em aberto o desenvolvimento das primazias lógica e epistemológica. A hipótese interpretativa assumida pelo autor envolve contextualizar a disputa pela substância num âmbito maior, na contenda pelo campo semântico do conceito com seus adversários platônicos, e, para tanto, mostra que o filósofo arregimenta um conjunto de conceitos e argumentos comuns a seus adversários teóricos. Nesse sentido, o quadro argumentativo do primeiro capítulo de Zeta recebe outro enquadramento interpretativo, que permite explicar com outros elementos a razão pela qual Aristóteles opera meramente com a primazia ontológica para alcançar a compreensão da substância como ser primeiro naquele momento, mesmo afirmando que a substância desfruta de todos os três tipos de prioridade (ontológica, lógica e epistemológica). Dois elementos são importantes para a interpretação levantada pelo autor: Aristóteles menciona, no contexto do capítulo onze de Delta da *Metafísica*, que a prioridade ontológica ou natural é oriunda, como que uma herança, da filosofia platônica; além disso, ao final do primeiro e no segundo capítulo de Zeta,

– como que a introdução da investigação – o Estagirita coloca a questão da substância em seu contexto histórico, indicando a disputa com seus predecessores, especialmente os platônicos, acerca da extensão do conceito, muito embora também indique a necessidade primeira de estabelecer a intensão da noção de substância, a partir da qual as contendas de extensão do conceito serão definidas. No cenário apresentado pelo autor, Aristóteles constrói nos primeiros capítulos de Zeta a arena conceitual, a partir de noções minimamente aceitas pelos platônicos – como primazia e dependência ontológica, substrato e separação –, que abre uma disputa de redefinição do campo semântico da noção de *ousia*, uma das razões pela qual – e sugere o autor talvez ser a mais forte – apenas apresente a prioridade ontológica para a compreensão da substância como ser primeiro.

No último capítulo sobre o pensamento de Aristóteles encontra-se "Argumento da Função na Ética *Nicomaqueia*: uma falsa falácia", em que *Vivianne de Castilho Moreira* aborda uma famosa falácia que envolveria o também célebre argumento da função com a finalidade de mostrar que, no interior do arranjo conceitual que constitui o primeiro Livro da Ética *Nicomaqueia*, não incide sobre o argumento a falácia indicada por alguns intérpretes. Muito já se escreveu sobre o argumento da função, a razão disso reside no fato deste ser, como a autora explicita, um dos argumentos basilares da estrutura conceitual da Ética *Nicomaqueia*, sem o qual o arranjo argumentativo da obra ruiria. O argumento em tela está presente no sexto capítulo do primeiro Livro de referida obra e aparece para subsidiar a conclusão de que o fim supremo de todas as atividades humanas é a *eudaimonia*. Como bem observa a autora, a grande importância do argumento não o livra de polêmica e duas são as objeções apresentadas: uma que diz respeito à acusação de que incorre em falácia de composição, pois as premissas apresentadas não suportariam a conclusão, já que Aristóteles, na passagem em que apresenta o argumento, partiria do *ergon* de artífices (como flautista e escultor) para concluir o *ergon* do ser humano, incorrendo no trivial erro de tomar partes como premissa para concluir o todo; a outra acusação é concernente ao fato de que o argumento repousa sobre uma concepção de ser humano comprometida com pressupostos teleológico-metafísicos de uma doutrina cuja a validade não mais poderia ser atestada por ser altamente controversa. A autora sustenta que um tratamento coerente do termo *ergon* no argumento, tomando-o do mesmo modo que aparece no primeiro capítulo do primeiro Livro da Ética *Nicomaqueia*, permite dissipar tais problemas. Assim, retrocede até o primeiro capítulo, às primeiras linhas do tratado, em que ocorre a identificação do "bom" àquilo a que se dirigem as atividades humanas e, como as mesmas se dirigem aos fins, resulta a qualificação de "bom" reservada para fins. Na sequência, mostra que a pluralidade de atividades engendra uma pluralidade de fins, os quais são compreendidos de dois modos – é neste momento que o termo *ergon* aparece: os *erga* que se identificam com as atividades e os *erga* que são distintos das atividades que resultam. Em assumindo que os dois modos de fins são dois modos de *erga* – e que a qualificação de bom fora reservada para fins – a qualificação de "bom" é, então, estendida para os *erga*. Com isso, a autora consegue explicitar que desde o início da argumentação do tratado já se opera com a identificação entre fim das atividades, bom e *ergon*. A implicação desta conclusão é que, ao se determinar o *ergon* do ser humano determina-se também o "bom" para o humano, a saber, *eudaimonia*. A partir desse modo de reconstruir o argumento, a autora mostra que a distinção entre dois tipos de fins – ou atividades idênticas aos *erga* ou os *erga* distintos das atividades – embala o argumento do capítulo seis, pois, assumida a identidade entre fim e bom, se houver *ergon* humano distinto da atividade, o bom para o ser humano corresponderia ao fim da atividade, não a ela mesma, implicando a dispensa da procura de uma atividade especificamente humana; contudo, se não houver *ergon* humano distinto da atividade, o bom para o ser humano equivaleria a uma atividade. A autora chama a atenção para este último caso, no qual se enquadra a *eudaimonia*, o excelente exercício de uma atividade específica humana, a discursividade. Neste cenário, a falácia da composição é desarmada, justamente, porque o argumento do capítulo seis, nada mais é do que a retomada retórica do argumento do capítulo um, e parece que Aristóteles somente quer vincular ao humano uma atividade especificamente sua, uma atividade associada a um *ergon*, como a união de um comportamento a um gênero ou a relação entre uma dada definição e o sujeito que recai em seu escopo. Já com relação à acusação de que argumento está assentado em pressupostos metafísicos, a autora observa que uma tal objeção parte da compreensão de *ergon* como "função", que difere da utilização regular do termo nos capítulos iniciais do primeiro livro da obra, denotando algo como "tarefa" ou "incumbência" de realizar determinada atividade, e não a manifestação ou o resultado de uma atividade.

Sexto Empírico

"Considerações sobre a Gênese do Filósofo Cético" abre a seção sobre Sexto Empírico, nele *Roberto Bolzani Filho* apresenta uma reconstrução do itinerário lógico-conceitual do surgimento do ceticismo e do filósofo cético com o objetivo de lançar alguma luz sobre o controverso tema do objeto da *zétesis* cética. Para tanto, o autor empreende uma análise pormenorizada dos passos doze e vinte e seis do primeiro livro das *Hipotiposes Pirrônicas* preenchendo certos hiatos entre uma e outra. Duas observações se fazem pertinentes para a análise empreendida pelo autor ser tomada como um movimento de *construção de itinerário lógico-conceitual* do cético: a primeira diz respeito ao fato de que tais passos não tratam de exposição de cunho biográfico ou confessional realizada por um indivíduo em nome próprio, mas são *exposições de caráter abstrato e genéricas*, com pretensão de expor a filosofia cética e, por compartilharem de uma mesma posição filosófica, os céticos; a segunda concerne a *retrospectividade dos relatos*, pois, parte dos termos utilizados nas passagens provém de filosofias dogmáticas, o que denota que os relatos sobre a gênese da filosofia cética ocorrem após o contato com outras filosofias, sem o qual o cético não conseguiria formar seu relato e, portanto, compreender-se no interior de sua própria filosofia. Feitas as observações prévias, o autor passa à análise das passagens por meio da exposição dos sentidos empregados aos termos utilizados por Sexto num quadro que se desenvolve do seguinte modo: o primeiro momento ou a situação pré-filosófica, em que são dadas as condições para o surgimento da filosofia cética, a inclinação para a investigação e a perturbação diante da aporia. O autor observa que nesta situação em nada o ceticismo se distingue das outras filosofias, pelo contrário, assumem posições semelhantes e compartilham qualidades básicas. Ressalta que neste momento não se opera com o contraste entre ceticismo e dogmatismo, na medida em que os contornos de distinção entre ambas as filosofias ainda não foram delineados. O segundo momento ocorre por meio de um salto qualitativo para uma situação filosófica, a saber, a descoberta do objeto de investigação da filosofia, o critério de verdade. Neste ponto, o autor chama a atenção para o terreno ainda comum entre as filosofias, o fato de que todas estão às voltas com a procura (*zétesis*) da verdade e que não seria esse o *ponto de inflexão* entre o filósofo cético e dogmático. Neste momento *necessário* do itinerário, embora se tenha uma qualificação filosófica comum – que o difere do momento anterior do itinerário – não é ainda *suficiente* para a qualificação cética da filosofia e, portanto, não seria a *zétesis* da verdade enquanto tal o traço que demarcaria a causa originária (*aitia*) da filosofia cética. Como uma explicação mais sofisticada e precisa da *zétesis* da verdade, o autor introduz a análise do passo vinte e seis do primeiro livro das *Hipotiposes;* argumenta que o recurso ao vocabulário estoico, utilizado na passagem, tem apenas finalidade descritiva, sem qualquer compromisso com o dogmatismo presente nesta filosofia. Trata-se apenas da reafirmação do que está no passo doze, desta vez mais acurada, de que o filósofo pré-cético empreende a *zétesis* para alcançar a tranquilidade como consequência da descoberta da verdade. O *ponto de inflexão*, que introduzirá a qualificação cética, ocorre, conforme o autor, apenas com a introdução da discordância (*diaphonía*) de igual força (*isosthéneia*) presente no passo vinte e seis, ou seja, não uma mera discordância, mas uma discordância isostênica, entre posições equipotentes, que levam a suspensão do juízo (*epokhé*). Este seria, para o autor, o momento do *itinerário lógico--conceitual* que marcaria o surgimento da filosofia cética.

Em "O Conceito Cético de 'História'", encontramos o rastreio do modo como a noção de história é abordada na obra de Sexto Empírico. *Rodrigo Pinto de Brito* percorre a obra sextiana com interesse em duas questões: se haveria uma concepção de história no pensamento de Sexto Empírico que pudesse subsidiar o surgimento do procedimento crítico da historiografia moderna e, em caso afirmativo, qual seria essa concepção de história sextiana. O autor introduz as questões que norteiam seu texto por apresentar uma possível influência que o ceticismo pirrônico poderia ter no procedimento crítico que começa na historiografia moderna, mas logo dirige o seu foco à análise do vocabulário presente nas passagens da obra de Sexto que lhe permitem apreciar, primeiramente, se é possível extrair uma concepção de história do pensamento de Sexto. Com esse intento, o autor rastreia as ocorrências do termo grego *historia* e analisa aquelas que considera mais importantes do ponto de vista de suas implicações para a conduta cética. Assim, rastreia três sentidos do termo *historia* na obra: o primeiro sentido, ancilado em duas passagens das *Hipotiposes Pirrônicas* extraídas do contexto de apresentação dos tropos de Enesidemo, aparece como relato de costumes de diferentes povos, revestindo o conceito de um aspecto "antropológico" ou "etnográfico", mais próximo de uma compreensão tal como a de Heródoto de "história". O segundo sentido é compreendido a partir de utilizações do termo no *Contra os Lógicos*, bem como de uma leitura mais geral desta obra. Nessa acepção, *historia* é considerada como uma investigação de diferentes posições acerca do critério de verdade, assumindo o contorno filosófico de um relato de doutrinas sobre como definem seus critérios. Conforme apresenta o autor, este sentido do termo estaria mais próximo aquele com o qual Aristóteles no livro A da *Metafísica*. Por fim, um terceiro sentido ainda é rastreado no *De sectis*, de Galeno, em que *historia* aparece como uma compilação de anotações em tópicos. No quadro do ceticismo de Sexto, sustenta o autor, a *historia* é considerada como um manancial desde o qual as críticas às filosofias dogmáticas são empreendidas, levando à suspensão do juízo com relação à verdade ou à falsidade. Nesse sentido, o historiador moderno se apartaria do cético, pois aquele ao interpretar as fontes históricas estaria comprometido com o julgamento delas por um critério de verdade.

Por fim, "Pirronismo Radical e Política", de *Vítor Hirschbruch Schvartz*, oferece uma análise das condições de possibilidade que tem um cético radical para exercer a atividade política. Nesse sentido, o autor explora uma interpretação radical do ceticismo que aponta para a enorme abrangência do escopo da suspensão do juízo, ao mesmo tempo em que reflete sobre como abrir caminho para pensar a questão da ação política do filósofo compreendido desta maneira. Um pirrônico radical questiona a verdade de toda e qualquer proposição e não pode se furtar de, quando não frequentemente, eventualmente, se posicionar sobre política. O neopirronismo, defende o autor, também não pode se furtar de se perguntar sobre como se daria a relação entre uma filosofia sem opiniões e a inevitabilidade da ação política. Nessa perspectiva, o autor aborda a relação entre ceticismo e ação política tanto no horizonte do debate interpretativo acerca do pirronismo sextiano, quanto na perspectiva contemporânea do neopirronismo tendo como foco a possibilidade de um pensamento político cético. Vale ressaltar que a posição defendida pelo autor sobre o escopo da suspensão do juízo é radical, ela incide sobre toda e qualquer proposição, ficando apenas os fenômenos enquanto tais de fora da suspensão, mas, se confrontados, chega-se à equipolência de posições contrárias entre si. Um cético, compreendido dessa maneira radical ou rústica, é desprovido de quaisquer crenças, o que parece indicar a sua inatividade ou a sua errância com relação à vida prática. Justamente, o foco do texto é pensar a condição de possibilidade da figura do cético radical. O autor realiza um longo exercício filosófico para explicar a peculiar situação diante da ação política que possui o cético rústico, a argumentação passa por *eleger* o fenômeno como critério de ação, sem que isso implique a sua retirada das controvérsias que levam à suspensão do juízo.

******

Gostaríamos de agradecer o apoio da Coordenação de Apoio à Pesquisa (CAPES) e ao Programa de Pós-Graduação em Filosofia da Universidade Federal de Ouro Preto que viabilizaram a publicação deste livro. Também agradecemos às autoras e aos autores que colaboraram para esta coletânea por sua paciência e participação. No momento de isolamento social ocasionado pela pandemia de COVID-19 entre os anos de 2020 e 2022, organizamos o *Seminário de História da Filosofia*, na modalidade *on-line*, ocasião em que a maior parte das pesquisadoras e dos pesquisadores que estão aqui presentes puderam acompanhar as pesquisas uns dos outros, principiando a interlocução que se desdobra nesta publicação. Por isso, agradecemos pela participação e boa interlocução lá, no *Seminário*, e aqui. Por fim, mas também muito importante, externamos nosso agradecimento às editoras Kotter e Letra Selvagem, nas pessoas de Sálvio e Nicodemos, pela acolhida e dedicação a esta publicação.

Ouro Preto, julho de 2024.
Os organizadores.

PLATÃO

Breve nota sobre o *bem* a partir de 507b1ss. da *República* de Platão

Gislene Vale dos Santos

1.

O que queremos dizer quando usamos a palavra *bem* para referirmo-nos a algo? A linguística já nos informou que esta palavra, como qualquer outra, pode ser utilizada em diversos contextos e culturas a partir de uma empregabilidade que não se permite fixar. O estatuto da palavra, se for possível pensar em um, se não nos oferece um padrão de compreensão absoluto, por um lado, por outro, assinala os arranjos e rearranjos fomentados pelo caldeirão cultural no qual as gentes se comunicam. Meu objetivo aqui não é falar sobre os muitos modos nos quais a palavra se inscreve e se reescreve. Mas falar de um dentre estes modos e de uma dentre as palavras; aquele modo no qual podemos compreender certa noção de *bem*, a partir da conceituação platônica oferecida no livro VI da obra *A república*.

A linguagem que compartilhamos e é constitutiva, de certo modo, da nossa humanidade, cria e destrói valores no seio da cultura. No Brasil, por exemplo, certa parte da população convencionou chamar de *cidadão de bem* aquele cuja conduta está em acordo com valores aparentemente morais; são, entretanto, ações e discursos que "justificam" a defesa de discurso e ações antidemocráticas e que têm se tornado uma constante na tônica do discurso e na ação do atual governante da república.[1] A palavra *bem*, como pode ser notada, é utilizada inclusive para dar razão de ser a um malefício público. É na tentativa de refletir acerca dos malefícios públicos que Platão, por sua vez, pensa em princípios que sirvam de modelo à ação humana. Neste artigo, apesar de não se discutir diretamente a respeito do que seja um princípio, é esta noção que serve de fundo para discutir o que seja o *bem* na condição de princípio. Mobilizam-se, nesta empreita, as concepções de sensível e inteligível na tentativa de compreender em que medida o *bem* é o sustentáculo destas duas acepções que nos servem como chaves de leituras.

O *bem*, ao aparecer no pensamento de Platão, comporta um entendimento ético, político, estético e epistêmico, no mínimo. Aqui, busca-se pensar sobre sua cognoscibilidade. Para isso é que os conceitos de sensível e inteligível são articulados a partir do passo 507b1 da *República*. Por que, ainda, pensarmos sobre o *bem*?

2.

Perguntar pelo sensível é perguntar, em alguma medida, pelo inteligível. Ao menos no pensamento de Platão, estas duas palavras aparecem a partir de uma construção semântica tal que uma se expressa nos contornos da outra. Essa interação semântica marca e se realiza, ouso dizer, como um reflexo, na dimensão do *lógos*, das interações da dimensão do sensível. Se for assim, como as ontologias do ser e do dizer se cruzam, suportando uma a outra? Não tenho por objetivo dar uma resposta imediata. Seja a dimensão do *lógos* seja a do sensível, é imperativo para ambas que

[1] Como um exemplo prático, cito a reportagem que segue . Gil Alessi, "'Absoluto desastre': Bolsonaro libera porte de armas para mais de 19 milhões de pessoas". *El país*, 10 de maio de 2019, https://brasil.elpais.com/brasil/2019/05/08/politica/1557344559_959983.html.

elas sejam algo. O que confere unidade para que uma pluralidade qualquer venha a ser um conjunto plural outro qualquer? O que se entende pela palavra unidade? Estas perguntas exigem voltar, com o pensamento, ao que é indispensável para o processo que resulta na conformação que denominamos como *mundo* (*kósmos*). E, ainda, o *bem* é uma unidade, uma pluralidade ou as duas coisas em sentidos diferentes?

Noe̱tós é a palavra grega que, geralmente, se traduz, na língua portuguesa, pela palavra *inteligível*.[2] Geralmente porque as possibilidades de tradução não são rígidas e se constroem a partir de significados e resignificações ocorridas no interior de qualquer estrutura linguística, tanto na língua de partida como na que a recepciona. O que temos, neste sentido, com a filosofia de Platão, é, também, uma espécie de ponderamento linguístico que marca um modo de ser da própria linguagem nomeada de filosófica. *Noe̱tós* é uma das palavras que, no bojo das reflexões do filósofo, se torna conceito, juntamente com *aisthe̱tón* (sensível) e *agathón* (*bem*).

Na tentativa de circunscrever a referida dimensão do inteligível, Platão utiliza uma série de outras palavras que constroem sua narrativa acerca deste modo de ser. Nesta elaboração, alguns termos são pensados na tentativa de dar conta de uma realidade que se expressa como *kósmos*, como microcosmos, e que orientaria a *pólis* justa. Aqui, os esforços estão voltados para a compreensão do que seja o

[2] Acerca da tradução é importante notar que o substantivo *noe̱tós* tem em sua raiz o verbo *noéo̱*. Segundo o dicionário Liddell-Scott Jones, consultado por meio da plataforma Perseus (www.perseus.tufts.edu), *noéo̱* admite as seguintes possibilidades interpretativas de tradução: "**I.** *to perceive by the eyes, observe, notice*, ὀφθαλμοῖς or ἐν ὀφθαλμοῖς νοέειν **Il.**; distinguished from *mere sight*, τὸν δὲ ἰδὼν ἐνόησε **id=Il.**; οὐκ ἴδεν οὐδ᾽ ἐνόησε **Hom.**:—hence, θυμῶι νοέω καὶ οἶδα ἕκαστα **Od.**, etc.: —so in Mid., **Theogn.**, **Soph. II.** absol. *to think, suppose*, **Hom.**, **Hdt.**, etc.; ἄλλα ν. *to be of* another *mind*, **Hdt.**:—part. νοέων, έουσα *thoughtful, wary, discreet*, **Hom. III.** *to think out, devise, contrive, purpose, intend*, **Od.**, **Hdt. 2.** c. inf. *to be minded to do* a thing, **Il.**, **Soph.**, etc.:—so in Mid., **Il.**, **Hdt. IV.** *to conceive of* or *deem* to be so and so, ὡς μηκέτ᾽ ὄντα κεῖνον νόει **Soph. V.** of words, *to bear a certain sense, to mean* so and so, πυθοίμεθ᾽ ἂν τὸν χρησμὸν ὅ τι νοεῖ **Ar.**, **Plat.**" Gostaria de chamar a atenção para a primeira possibilidade de compreensão do verbete, trazida pelo dicionário em questão: *To perceive by the eyes.* Há, no interior da palavra, uma potente ambivalência de seus usos, percorrendo uma semântica que nem é rígida nem fechada em sua construção. É, principalmente, com artifício da filosofia de Platão que esta palavra ganhar justificação conceitual, e é pensada a partir de um quadro conceitual mais reduzido.

kósmos, entendido como sendo uma articulação de tais conceitos: inteligível, sensível e *bem*. Neste percurso, o emprego de alguns termos tracejam o que venha a ser o plano do inteligível. *Eídos*, *idéa*, *tò ón*, *ousía* e a expressão *katà tautà*, dentre inúmeros outros, são alguns dos que aparecem nas dramaturgias apresentadas no conjunto dos diálogos. Ao se investigar como é possível o ser do *kósmos*, é preciso saber se essa suposta teoria admite um princípio, ou princípios, que orientam este modo de ser. Se os há, como eles se relacionam entre si – no caso de multiplicidade de princípios –, e com o que não é princípio? E, ainda, em que medida é possível dizer que um princípio – ou princípios – pode receber a adjetivação de ser inteligível?

2.1

> - E que existe o belo em si, e o bom em si (Καὶ αὐτὸ δὴ καλὸν καὶ αὐτὸ ἀγαθόν), e, do mesmo modo, relativamente a todas as coisas que então postulámos como múltiplas (καὶ οὕτω περὶ πάντων ἃ τότε ὡς πολλὰ ἐτίθεμεν), e, inversamente, postulámos que a cada uma corresponde uma ideia, que é única, e chamamos-lhe "o que é" (πάλιν αὖ κατ' ἰδέαν μίαν ἑκάστου ὡς μιᾶς οὔσης τιθέντες, "ὃ ἔστιν" ἕκαστον προσαγορεύομεν).
>
> - É isso.
>
> - E diremos que aquelas são visíveis (Καὶ τὰ μὲν δὴ ὁρᾶσθαί φαμεν), mas não inteligíveis (νοεῖσθαι δ' οὔ), ao passo que as ideias são inteligíveis, mas não visíveis (τὰς δ' αὖ ἰδέας νοεῖσθαι μέν, ὁρᾶσθαι δ' οὔ).[3]

Esta é uma das clássicas passagens do pensamento de Platão, e participa do contexto que busca responder a explícita demanda inicial do livro VI da *República*. Qual seja? Saber *quem é o filósofo e*

[3] Platão. *A República*. (Lisboa: Fundação Calouste Gulbenkian, 2001) 507b5-10. Todas as traduções de *A República*, citadas no corpo deste artigo, são de Maria Helena da Rocha Pereira, 2001. As modificações, quando necessárias, serão indicadas. Nesta passagem, Pereira traduz o ὃ ἔστιν pela palavra portuguesa "essência". Opta-se por "o que é" porque, para além de não constituir erro, a possibilidade de leitura é conceitualmente mais leve, uma vez que a palavra "essência" é carregada por uma interpretação tomista que nem sempre permite uma liberdade conceitual à interpretação do pensamento de Platão.

quem não o é.[4] A distinção de um e outro passaria obrigatoriamente por uma questão não apenas de cunho epistemológico, mas, sobretudo, por um debate ético, pois é preciso, neste percurso, saber *ver em que se distingue uma vida justa de uma injusta.*[5] A distinção é necessária para a identificação de quem pode chegar à realização do tipo filosófico, e está radicalmente conectada às questões que aparecem a partir da postulação de duas dimensões, a da unidade e a da multiplicidade:

> Uma vez que os filósofos são aqueles que são capazes de atingir aquilo que se mantém sempre do mesmo modo (οἱ τοῦ ἀεὶ κατὰ ταὐτὰ ὡσαύτως ἔχοντος), e que aqueles que o não são, mas se perdem no que é múltiplo e variável (οἱ δὲ μὴ ἀλλ᾽ ἐν πολλοῖς καὶ παντοίως ἴσχουσιν πλανώμενοι), não são filósofos, qual das duas espécies é que deve ser chefe da cidade?[6]

Distinguir o tipo filosófico do tipo não filosófico, o justo do não justo, a unidade da multiplicidade, é a tarefa filosófica que se aglutina e se potencializa na noção de *bem.*[7] Todas essas distinções têm seu horizonte traçado desde a possibilidade de se saber o que é o *bem*:

> ...uma vez que já me ouviste afirmar com frequência que a ideia do bem é a mais elevada das ciências (ἡ τοῦ ἀγαθοῦ ἰδέα

[4] *Ibid,* 484a1.

[5] *Ibid.* 484b1.

[6] *Ibid.* 484b3-6.

[7] A potência interpretativa da concepção de *bem* pode ser observada também nas correntes filosóficas que seguem do pensamento de Platão. O neoplatonismo, por exemplo, é uma das que, no seu interior, elabora de maneiras distintas tal concepção, guardando, entretanto, certos pontos de contato. Segundo Michele Abbate, *Commento alla* Reppublica *di Platone* (Milano: Bompiani, 2004) CIII, CIV, em sua tradução e comentário do livro de Proclo: *Como è noto, il Neoplatonismo, propprio in rapporto al suo particolare impianto filosófico-metafisico, trova uno dei suoi più significativi ed essenziali fondamenti teoretici nella interpretazione della natura del Bene, identificato con Il Primo Principio assolutamente transcendente dal quale ha origine tutta la realtà nelle sue diverse e molteplici articulazioni.* Na *Dissertação XI* do seu *Commento alla* Reppublica *di Platone*, traduzida por Abbate, Proclo (p. 265) afirma que: *Le cose che in effetti [Platone] là ha afermato in modo conciso, qui le ha illustrate più diffusamente; ma certamente queste parole sono state là pronunciate a proposito del Primo Dio; dunque il Bene è secondo Platone il Primo Dio.*

> μέγιστον μάθημα), e que para ela é que a justiça e as outras virtudes se tornam úteis e valiosas (ᾗ δὴ καὶ δίκαια καὶ τἆλλα προσχρησάμενα χρήσιμα καὶ ὠφέλιμα γίγνεται). E agora já calculas mais ou menos que é isso que vos vou dizer, e, além disso, que não conhecemos suficientemente bem essa ideia (καὶ πρὸς τούτῳ ὅτι αὐτὴν οὐχ ἱκανῶς ἴσμεν). Se a não conhecemos, e se, à parte essa ideia, conhecermos tudo quanto há, sabes que de nada nos serve, da mesma maneira que nada possuímos, se não tivermos o bem. Ou julgas que vale de muito possuir qualquer coisa que seja, se ela não for boa? Ou conhecer tudo o mais, excepto o bem, e não conhecer nada de belo e bom (ἢ πάντα τἆλλα φρονεῖν ἄνευ τοῦ ἀγαθοῦ, καλὸν δὲ καὶ ἀγαθὸν μηδὲν φρονεῖν;)?[8]

Com esta citação que indica o bem como ponto culminante das discussões acerca do comportamento filosófico, é possível alicerçar certa compreensão da noção de inteligível a partir dos desdobramentos do debate, seguindo os passos da *República.*

Mais especificamente sobre o bem, Monique Dixsaut,[9] em tradução e comentário dos livros VI e VII de *A República*, argumenta no sentido de dizer que o bem pode ser interpretado a partir do que chamo, aqui, de uma polivalência conceitual, pois é considerado tanto uma ideia, como, também, aquilo a que toda ação tem por finalidade: *A Ideia do Bem é capaz de nos fazer descobrir uma maneira de ser (a essência) que não é sensível, à qual somente a inteligência pode aceder.* E ainda: *O bem é* supremamente *'causa'; pois é a causa que nos permite perceber diferenças, distinções, sem as quais não poderíamos compreender nada e não teríamos nada para compreender.*[10] Por outro lado, mas não contrariamente, Dixsaut sustenta que: *A Ideia do Bem, objecto da mais alta ciência – a ciência da dialética -, será, depois de conhecida, princípio de uma ação refletida e inteligente.*[11]

O *bem*, neste momento das reflexões platônicas, ampara a resposta à pergunta pelo ser. O bem é *arkhē* e *télos* ao mesmo tempo porque se mantém como princípio cosmológico e orienta o

[8] Platão. *A república,* 505a2-b3.

[9] Monique Dixsaut, *Platão. República. Livros VI e VII.* Tradução de A. Maria da Rocha (Lisboa: Didáctica Editora, 2000), 96.

[10] *Ibid*,97.

[11] *Ibid*,98.

discurso epistemológico que investiga uma possível verdade, servindo, ainda, de amparo ético à condição humana que busca por uma ação justa. O *bem*, neste caso, é a ideia posta enquanto um paradigma para o devir – no qual se encontra o *kósmos* -, e para o agir que leva à boa convivência.

Sobre as motivações do pensamento de Platão, Harold Cherniss, em *A economia filosófica da Teoria das Ideias* argumenta no sentido de dizer que:

> Os fenômenos que Platão precisava explicar eram de três tipos : ético, epistemológico e ontológico. Em cada uma dessas esferas desenvolveram-se teorias tão extremamente paradoxais no século V que não parecia haver qualquer possibilidade de reconciliação entre elas, ou entre elas e os fatos observáveis da experiência humana. Creio que os diálogos de Platão fornecem evidências para mostrar que ele considerava necessário encontrar uma hipótese única que simultaneamente solucionasse o problema dessas diversas esferas, e que também criasse um cosmo racionalmente unificado, estabelecendo a conexão entre as separadas fases da experiência.[12]

Adicionado ao que Cherniss apresenta na tentativa de fazer compreender o pensamento de Platão que culmina no plano da *ideia*, David Ross,[13] em seu livro intitulado *Teoria das Ideias*, pretexta dizendo que *as sementes da teoria das Ideias aparecem mais definitivamente no* Laches. Diálogo em que Platão se ocupa em saber o que é a coragem. Para Ross, uma discussão mais contundente acerca do que se denominou de teoria das Ideias, tem inicio no livro V da *República* (476a4-7) e teve sua elaboração mais acabada no livro VI:

> Aí seguem três passagens conectadas nas quais a teoria das Ideias recebe uma elaboração adicional - (1) a passagem sobre o Sol e a Ideia de bem (504e7-509c4), (2) a passagem sobre

[12] Harold Cherniss, "A economia filosófica da Teoria das Idéias". Tradução de Irley Franco. *O que nos faz pensar*, v.2, n.2 (Janeiro de 1990): 110 <http://www.oquenosfazpensar.fil.puc-rio.br/index.php/oqnfp/article/view/24>

[13] David Ross. *Plato's Theory of Ideas* (London: Oxford University Press, 1966 (1951)), 11. Tradução minha do inglês para o português de todas as passagens de *Plato's Theory of Ideas*, de David Ross.

a Linha dividida (509c5-511e5), (3) O símile da Caverna (514a1-5-518b5).[14]

Para os fins a que se propõe este escrito, e na concordância com o desenho teórico realizado por David Ross, centrar-se-á na passagem sobre a linha dividida, principalmente, porque nela há um arrazoamento acerca do inteligível e também do visível. Ofertando, assim, um delineamento para a compreensão de ambos os conceitos ao aparecem no pensamento platônico.

Mesmo em concordância com Ross é importante lembrar, aqui, também do que diz Julia Annas em *An Introduction to Plato's* Republic[15] em capítulo intitulado *The 'Theory' of Forms*:

> Os livros sobre Platão freqüentemente se referem à 'Teoria das Formas' de Platão, mas isso deve ser tratado com cuidado. Platão não apenas não tem uma palavra para "teoria"; ele em nenhum lugar dos diálogos tem uma discussão extensa sobre as Formas na qual põe juntas as diferentes linhas de pensamento sobre elas e tenta avaliar as necessidades encontradas e se elas conseguem atendê-las.

Feito este adendo, também é importante dizer que Annas não discorda de Ross no que toca ao que corresponderia a uma Teoria das Ideias/Formas no pensamento de Platão, contudo, ela salienta que:

> A *República* é freqüentemente tratada como uma fonte importante para a 'Teoria das Formas', mas mesmo aqui não há um tratamento aberto de que elas contribuam para o argumento. A discussão explícita sobre elas não é muito proeminente: existem apenas três passagens onde a encontramos, embora as longas passagens figurativas do Sol, da Linha e da Caverna, bem como algumas referências mais casuais, obviamente têm as Formas em vista.[16]

---

[14] *Ibid*, 39.

[15] Julia Annas. *An Introduction to Plato's* Republic (New York: Oxford University Press, 1981), 217. Tradução minha do inglês para o português das passagens utilizadas.

[16] *Ibid*, 217.

Mesmo considerando que Platão tenha desenhado as imagens do Sol, da Linha e da Caverna pensando nas Formas, Annas localiza uma discussão mais detida e mais direta acerca delas em outras partes da *República*. Neste ponto específico, discorda-se da posição de Annas, por se entender que uma "Teoria" pode ser construída também fora da literalidade discursiva e pragmática das palavras, como nos indica o próprio Platão quando utiliza das imagens sensíveis para dizer acerca do inteligível, por exemplo. Muitos são os lugares na *República* que têm em vista as Formas, mesmo não as tendo como objeto direto do discurso. No caso da linha, especificamente, elas não aparecem de forma figurada, elas "aparecem literalmente". O plano das Ideias aparece para explicar o que fora apresentado páginas antes no texto de Platão – a importância da compreensão e da ação humana, em função do *bem*, àquele que serve ao estado, o seu governante.

Neste sentido, Sócrates, ao discutir acerca do que seja o *bem*, elabora uma teia conceitual que aparece no texto da *República*, de modo sintetizado, por meio da imagem de uma *linha* — uma linha segmentada e, portanto, dividida. Antes, porém, de chegar à linha como analogia do procedimento explicativo da relação entre visível e inteligível, opinião e conhecimento, Sócrates expõe os termos dessa relação, elucidando-os desde o contexto que exige saber o que seja o *bem*. Na busca por essa definição, distinções são necessárias; é preciso discutir a relação entre a multiplicidade e a unidade, sendo estes os aspectos que diferenciam cada uma das secções da linha descrita, como se observará.

Em uma medida considerável, é possível dizer que o conhecimento da dimensão inteligível do mundo parece ser pautado pelo modo de ser da dimensão sensível, e a distinção do que seja uma e outra é passo fundamental para conhecer como elas interagem e como a alma humana acessa essa interação, uma vez que ao elaborar o processo investigativo, a alma tece hipóteses que possam ser o ponto de partida para explicar a lógica de aparecimento do mundo. Nesse caminho investigativo, é preciso discernir as partes que compõem um todo. Para isso, aqui, parte-se da hipótese de que nem o discurso nem a dinâmica da realidade refletida no discurso admitem uma separação do que se chamou de *Idea*. Antes, são distinções no âmbito da linguagem que espelham as diferenças no âmbito da dimensão afecciosa do mundo, como mostra o trecho que abre esta sessão e que é repetido aqui:

> - E que existe o belo em si, e o bom em si (Καὶ αὐτὸ δὴ καλὸν καὶ αὐτὸ ἀγαθόν), e, do mesmo modo, relativamente a todas as coisas que então postulámos como múltiplas (καὶ οὕτω περὶ πάντων ἃ τότε ὡς πολλὰ ἐτίθεμεν), e, inversamente, postulámos que a cada uma corresponde uma ideia, que é única, e chamamos-lhe "o que é" (πάλιν αὖ κατ' ἰδέαν μίαν ἑκάστου ὡς μιᾶς οὔσης τιθέντες, "ὃ ἔστιν" ἕκαστον προσαγορεύομεν).
>
> - É isso.
>
> - E diremos que aquelas são visíveis (Καὶ τὰ μὲν δὴ ὁρᾶσθαί φαμεν), mas não inteligíveis (νοεῖσθαι δ' οὔ), ao passo que as ideias são inteligíveis, mas não visíveis (τὰς δ' αὖ ἰδέας νοεῖσθαι μέν, ὁρᾶσθαι δ' οὔ).[17]

Sócrates, nesta passagem, discorre acerca de dois domínios distintos e se serve de palavras que marcam essa diferença. Uma delas é o αὐτὸ, que qualifica o modo de ser do que é belo (καλὸν) e do que é o *bom* (ἀγαθόν).[18] Mas o que significa isto: ser em si mesmo (αὐτὸ) belo e bom? Ser em si mesmo qualquer coisa é ter autonomia de ser, não ter nenhum tipo de dependência de algo que o torne isso que é. Algo nestas condições não pode admitir, em sua constituição, a interferência de algo outro qualquer, por isso, essa dimensão do todo, que é em si mesma, é também denominada de una. O αὐτὸ é a qualidade de uma ἰδέαν μίαν (ideia una), como é dito no texto platônico acima.[19]

Por que é necessário supor que a realidade das ideias seja una em si mesma? Porque a unidade, quando lida ontologicamente,

---

[17] Platão. *A república*, 507b5-10.

[18] Apesar da tradução por *bom*, se trata da noção de *bem*.

[19] Sobre a questão da unidade, especificamente, segundo Julia Annas, explicando a passagem 523b-525b, há um erro no pensamento de Platão que se apresenta na *República*. À explicação do porque do erro, porém, a intérprete diz que são razões muito complexas para se ampliar aqui (219-220). Segundo ela, o argumento de Platão não prova o que quer provar nesta referida passagem e acrescenta: *E se a unidade pode ser percebida desta forma, por que não a duplicidade da lista do Livro 5?*

não indica um numeral, mas a utilização de um número para marcar o que não se contabiliza. A unidade, enquanto marca distintiva da ideia, designa o seu caráter, a sua personalidade frente a tudo o que ela não é, designa um tipo específico de caráter que não está à mercê do tempo. Ela é própria porque persiste sendo o que é (ὃ ἔστιν). Por ter a propriedade de ser sempre a mesma e única. Esse domínio tem sua diferença demarcada em relação àquilo que ele não é. O bem e o belo têm, cada um, um caráter uno (ἰδέαν μίαν). Isso quer dizer que eles não se decompõem, por não serem sensíveis. Esse aspecto das ideias, de serem unas, é uma das qualidades ontológicas a ser distinguida quando se quer marcar a diferença com o que elas não são.

As ideias não são visíveis. Os visíveis, por sua vez, são multiplicidades em movimento de mudança, pois eles têm, em sua constituição, uma diversidade de componentes afetando-se. Na explicação de Sócrates, essa determinação ontológica dos visíveis se apresenta por meio da palavra πολλὰ (múltiplos). Os visíveis são múltiplos. Nesse domínio, aquilo que vemos e dizemos ser belo ou ser bom, e todas as outras coisas que são qualificadas a partir da relação com os sentidos de modo geral, são uma complexidade reunida; com isso se quer dizer que os visíveis, que estão à mercê do tempo, são constituídos por uma complexidade de afecções. Apesar de elas não aparecerem à percepção isoladamente, reunidas as afecções geram uma espécie de 'bloco', que é apreendido e compreendido pela alma, o qual chamamos, a partir do encontro entre a alma e as afecções, de sensação; como a rosa que, instante após instante, é bela e cheirosa, até não ser mais nem bela nem cheirosa nem rosa.

A beleza é um dos componentes da rosa, pois ela também tem o verde no caule, o vermelho na pétala e espinhos. Todos esses componentes sensíveis, reunidos a partir de certo arranjo, fazem aparecer a beleza, que, apesar de não ser sensível, é apreendida por meio de uma combinação de afecções que não permanece a mesma; a rosa fenece e se transforma em outra coisa que pode, ou não, ser bela. Por isso se diz que os visíveis são múltiplos (πολλὰ). Esta multiplicidade, todavia, é κατ' ἰδέαν μίαν (segundo uma única ideia); ou seja, o múltiplo está de tal maneira conectado à unidade, que é em si mesma, que ele é dito conforme (κατά) ela. A possibilidade de dizer o visível é garantida por aquilo que, nele, é (ὃ ἔστιν), concedendo-lhe determinação para ser apreendido, mesmo que a apreensão não seja constante.

Os visíveis não são pensados em si mesmos[20], isto é, não se pensa em coisas visíveis, se pensa por meio de imagens que significam coisas visíveis. Essa é a razão de Sócrates dizer que os visíveis não são inteligíveis, pois inteligíveis são apenas as ideias e elas não são visíveis (τὰς δ' αὖ ἰδέας νοεῖσθαι μέν, ὁρᾶσθαι δ' οὔ). Se a diferença entre o domínio inteligível e o visível existe, a semelhança de igual modo, uma vez que o visível, mesmo sendo múltiplo, aparece como sendo uno, conforme as ideias; ainda que essa unidade sensível se reconfigure constantemente. É possível pensar que a relação entre a complexidade visível e a unidade inteligível é condição para o aparecimento do sensível.

Dizer *unidade* não é se referir ao número um, posto que isso não daria conta da proposta platônica de caracterizar a natureza do aparecimento sensível por meio de um critério inteligível. Ao dizer que essa unidade é *o que é* (ὅ ἐστὶν), Sócrates fornece uma das caracterizações do que sejam as ideias. Elas são o que são por não perderem a característica disso que são com o passar do tempo, por isso essa natureza, que não sofre as consequências do devir, é tão necessária ao que é constituído por muitos (πολλά) — os múltiplos/complexos —, uma vez que ela oferece a eles a condição para o seu aparecimento; a saber, a sua unidade. A ideia, nesse sentido, é o que confere unidade e faz os sensíveis aparecerem. Sem ser ela própria visível, ela é aquilo que, do que aparece, pode ser pensado, sua dimensão inteligível (νοεῖσθαι). Com isso se pretende dizer que a ἰδέα é o nome dado ao que fornece a

---

[20] Não é difícil relacionarmos tal compreensão do aspecto sensível do mundo com a compreensão gorgiana das coisas apreendidas pelas sensações, como descrita no *Tratado do não-ser*. Estas não podem ser ditas. A palavra não as comporta. Não parece que Platão seja contrário a tal posição. Talvez a contrariedade esteja justamente na significação do que seja o lógos para o pensador de Leontinos e para o ateniense.

capacidade de os sensíveis, durante um período de tempo, constituírem-se numa unidade a partir da reunião de distintas partes. Essa capacidade, no entanto, não é sensível, uma vez que, quando ela não estiver presente, nenhum algo sensível vem a ser, visto ser a ideia a unidade inteligível que, presente no sensível, permite sua compreensão por parte do pensamento, mas antes ainda, permite seu ser, mesmo que em estado de dissolução constante.

Nesse sentido, no ato da percepção, o que se dá a perceber está em uma relação tal com a unidade que lhe garante aparecer, que não é possível pensar na multiplicidade sem pensar também na unidade; pois, coisas visíveis não são pensadas, somente o são os seus aspectos (*eidę*), aquilo com o que os sensíveis são conforme. Com isso, para pensar a ideia ou mesmo fazer nascer no ouvinte, ou leitor, a necessidade do domínio inteligível, Platão, ao menos nesses trechos da *República*, coloca-a em relação com os sensíveis. Estes estão dispersos pela falta de consistência, ela lhes confere a unidade que lhe é própria.

Esta unidade se expressa, nesses trechos, como parte de uma imagem sensível construída pela linguagem. Ao articular palavras que descrevem uma imagem sensível, Sócrates indica as condições presentes no processo dialético e que permitem o conhecimento. Os olhos, a visão e a luz seriam partes constitutivas de uma imagem indicativa da instância não sensível, mas inteligível, e que se forma, no pensamento, quando este investiga a causa última de algo — *o que é* (ὃ ἔστιν) o mesmo (αὐτὸ), sempre. A analogia:

> - Ainda que exista nos olhos a visão, e quem a possui tente servir-se dela, e ainda que a cor esteja presente nas coisas, se não se lhes adicionar uma terceira espécie (γένος τρίτον), criada expressamente para o efeito (ἰδίᾳ ἐπ' αὐτὸ τοῦτο πεφυκός), sabes que a vista nada verá, e as cores serão invisíveis.
> - Que é isso a que te referes?
> - É aquilo a que chamas luz (Ὃ δὴ σὺ καλεῖς, ἦν δ' ἐγώ, φῶς).[21]

[21] Platão, *A república*, 507d11-e4.

A luz, na esfera sensível, é o que sinaliza, por meio da analogia, ao inteligível que permite ser conhecido. Ela é a possibilidade do conhecimento, uma vez que é meio para conhecer. A frase: *Ainda que exista nos olhos a visão,* poderia ser lida assim: *ainda que a alma tenha a capacidade de conhecer.* A outra: *ainda que a cor esteja presente nas coisas: ainda que o inteligível permita ser conhecido.* E, por último: *se não se lhes adicionar uma terceira espécie... sabes que a vista nada verá, e as cores serão invisíveis*, assim é possível ler: *Se não lhes agregar a reflexão, a alma não conhecerá e o termo próprio do conhecimento não será conhecido.* Poder-se-ia dizer, ainda, que o ser humano tem todas as capacidades para conhecer e que o cognoscível que gera a verdade está disposto ao conhecimento. Se não houver, todavia, um caminho que conecte dialogicamente essas duas instâncias — o ser humano e o cognoscível —, não há conhecimento efetivo; ou, ainda, não há um discurso que reflita as causas primeiras, fundamentais; não haveria a possibilidade de uma verdade. A luz, por essa via interpretativa, decorre da alma quando esta se exercita dialeticamente e encontra o que lhe é próprio. O discurso que deriva desse encontro é a verdade. Acerca desta questão, Dixsaut argumenta no sentido de mostrar que:

> É necessário uma faculdade de conhecer (a alma), objetos conhecidos e um elo de ligação que os una: a verdade. Ora, a fonte, a causa da luz é o Sol. Portanto, o Bem estará para a verdade como o Sol para a luz, porque ele é a sua fonte, a sua causa e não se confunde com ela. Trata-se de uma analogia e não de uma semelhança natural entre o Bem e o Sol, que se chamaria comparação. O Bem e o Sol têm a mesma *função*, e é nisso e somente nisso que podemos aproximá-los. A sua função consiste em ser a causa que permite que uma faculdade se exercite e a causa que oferece a esta faculdade os seus objectos.[22]

A verdade, nos termos de Dixsaut, é a ponte, construída pela alma, responsável por conectar alma e inteligível. O *bem* e o sol teriam a mesma função epistêmica em dimensões distintas do

[22] Dixsaut, *Platão.República. Livros VI e VII*, 90.

todo. São, os dois, causas distintas, mas causas. Contrariamente, argumenta Lima Vaz:

> Nesse texto aparece claramente o 'finalismo' do Bem, a saber, em função do objeto e em função do sujeito. A 'ciência' (*epistéme*) é propriedade do intelecto, como conhecedor das Ideias; a 'verdade' (*alétheia*) é propriedade das Ideias e identifica-se com a 'existência' delas. Assim como as Ideias não têm sua 'verdade', seu 'ser' senão pelo Bem, assim também o intelecto não adquire perfeitamente 'ciência' senão enquanto se converte para a Ideia do Bem e se torna, ele mesmo, 'conforme ao Bem' (*agathoeidés*).[23]

Dependendo de como se interpreta o que seja o *bem*, há um impacto na interpretação do que seja a luz. Ambos, Dixsaut e Vaz admitem que o *bem* possa ser uma ideia. Divergem, contudo, acerca do que seja uma ideia e o modo de acessá-la. Se a comentadora francesa diz que *o Bem estará para a verdade, assim como o Sol para a luz,* Vaz defende que *a verdade é uma propriedade do Bem.* Esta última interpretação implicaria conceder que a verdade seria a própria Ideia do *bem*, não sendo uma capacidade discursiva, mas uma propriedade do inteligível. Parece ser coerente defender, com Dixsaut, que a luz corresponderia à verdade atribuída, pelo *lógos*, ao domínio da ideia do *bem*. O pensamento reflexivo ou, como diz a analogia, a luz, é essa ponte, criada por meio do *lógos*, para decifrar aquilo que no visível não é visível, o seu fundamento, uma vez que o visível é, conforme indica a linha 507b6, em vista da ideia (κατ' ἰδέαν). Por isso, talvez, Sócrates insista na relação baseada em três termos (o que vê, o que é visto e a luz) como condição para o aparecimento do sensível e para a sua percepção.

Vale, também, recordar a posição de Adam, na nota para a passagem 508b-509a de sua edição da *República*, acerca desse tema:

[23] Henrique Lima Vaz, *Contemplação e Dialética nos Diálogos de Platão*. (São Paulo: Edições Loyola, 2012), 209.

> A descendência e imagem do Bem é o Sol, cuja relação com a Visão e seus objetos é a mesma que a do Bem com o Pensamento (νοῦς) e os objetos do Pensamento. O análogo da Luz é a Verdade; como não podemos ver sem Luz, então, onde a Verdade está ausente, não podemos conhecer. A Idéia do Bem é a fonte da Verdade e do Conhecimento, embora ela mesma seja apreendida pelo Conhecimento. Assim como a Luz e a Visão se assemelham ao Sol, a Verdade e o Conhecimento se assemelham ao Bem, mas o Bem não é idêntico a nenhum deles, pois transcende ambos.[24]

A luz (φώς), em um primeiro momento, é descrita como condição literal do aparecer, uma vez que, em sua ausência, o visível não chega aos olhos de um percipiente qualquer, tampouco os olhos 'tocam' os sensíveis, pois o meio em que esse encontro acontece não está dado. Em um segundo momento, ao ler a analogia, ela também aparece como indiciadora de uma esfera que não pode ser tocada, mas apenas inteligida. Ao pensar acerca dos componentes da imagem elaborada por Sócrates, para, por meio de uma analogia, referir-se ao inteligível, é possível identificar que ela não é de pouca importância. A analogia proposta apresenta, na ordenação do aparecimento visível, a estrutura desde a qual o inteligível é pensado. Essa ordem sensível vem a ser o resultado de um encontro que faz aparecer algo que não é nem só o olho nem só a coisa vista, mas o resultado de um encontro que ocorre *entre*[25] um e outro — encontro esse possibilitado por um ambiente visível, graças à luz que, ao conectar tais polos — a vista e o visto —, é o fundamento do fenômeno da visão. Esse fenômeno reúne, por sua vez, as diferenças, dois polos, no ato de ver. Nesse sentido, a luz é a unidade que é a condição do fenômeno. Sua presença (παραγίγνομαι) é própria (ἴδιον) ao encontro dos dois polos, por

---

[24] James Adam. *The Republic of Plato*. (Cambridge: Cambridge University Press, 1980), 58.

[25] Similar ao que aparece descrito em *Teeteto*, 156a-c. Mesmo assim, no entanto, ao descrever o processo da percepção, neste diálogo, Platão não pressupõe esse terceiro termo. A relação dá-se somente entre percebido e perceptor. O que não quer dizer que Platão não estivesse consciente da complexidade do processo da percepção, eis que, para os propósitos dialéticos do *Teeteto*, não se fazia necessário considerar tal dimensão, uma vez que essa teoria é ali atribuída a Protágoras e aos defensores da doutrina do fluxo.

isso é seu terceiro termo ou, ainda, um terceiro tipo (γένος τρίτον) que compõe a relação e permite ao olho ver e ao que é visível ser visto; sempre a partir de um movimento que causa mudanças.

A descrição do comportamento sensível é uma espécie de analogia que se mostra a partir da interação dos elementos envolvidos no fenômeno do aparecimento, ou seja, o visível nasce desde uma proporção[26] que estabelece a relação entre os elementos envolvidos:

> Podes, portanto, dizer que é o Sol, que eu considero o filho do bem (τοῦ ἀγαθοῦ ἔκγονον), que o bem gerou em analogia[27] consigo mesmo (ὃν τἀγαθὸν ἐγέννησεν ἀνάλογον ἑαυτῷ), o qual bem é, para o inteligível, em relação à inteligência e ao inteligível, o mesmo que o Sol é para o visível em relação à vista e ao visível (αὐτὸ ἐν τῷ νοητῷ τόπῳ πρός τε νοῦν καὶ τὰ νοούμενα, τοῦτο τοῦτον ἐν τῷ ὁρατῷ πρός τε ὄψιν καὶ τὰ ὁρώμενα.).[28]

A relação que o inteligível tem com os inteligidos e a que a vista tem com o que é visto, tem um termo em comum: a proporção (ἀνάλογον). No primeiro caso da citação, o bem fornece a condição para o inteligível se comunicar com o inteligido; ao passo que, no caso do sensível, o Sol é condição para o aparecer. Ao dizer que a relação entre os visíveis é análoga à relação entre os

[26] Holly G. MOORE, "Plato's Analogical Thought" (PhD diss., *College of Liberal Arts & Social Sciences. DePaul University,*2009), 13-14, defende uma concepção de analogia com a qual concordo: "[...] analogy will be taken to refer to an either explicit *or* implied assertion of similarity between two sets of relations. In addition to its capacity to express things both implicitly and explicitly, analogy will have the basic form A:B :: C:D. A few things follow from this. First, although analogy contains four term positions, it need not contain four distinct terms. For example, e.e. cummings writes the following analogy about love: "as yes is to if, love is to yes".This is an example of continuous analogy, which, like a sort of rhetorical syllogism, repeats a 'middle' term in each of the two *relata*, or analogates. In this case, one term ("yes") has been repeated, which, by intensifying the links in the analogy, also artfully reflects the point of the analogy itself: love is a kind of affirmation as far beyond assent as certainty is beyond possibility. While this repetition changes the *effect* of the analogy, it does not change its structure as an analogy".

[27] Grifo meu.

[28] Platão, *A república*, 508b13-c2.

inteligíveis, Sócrates admite a existência de um termo comum em ambas as relações. De fato, há algo que é comum tanto quando se percebe algo como quando se pensa em algo. Esse elemento comum é a proporção. Há proporção tanto na ação de perceber algo como na atividade do pensamento que conhece algo. Sem a presença da proporção não se poderia apreender nada por meio dos sentidos, tampouco conhecer algo seria possível. O *lógos*, nos dois casos, é o elemento comum que permite à alma apreender os sensíveis que se constituem no devir. Ele também é o responsável por apreender o que é em si mesmo e não sofre corrupção.

No caso dos sensíveis, essa proporção se expressa na métrica[29] existente entre os termos envolvidos no processo que gera o fenômeno sensível; no caso dos inteligíveis, a proporção pode ser observada por meio da capacidade que o *lógos* tem de investigar alguma coisa. Nesta última situação, o *lógos* se torna o responsável por dar as causas dos sensíveis. Sócrates se utiliza do poder de investigação do *lógos* para compreender as duas dimensões do todo — a visível e a inteligível —, e, para ilustrar essa relação entre visível e inteligível, recorre a um diagrama. Ele imagina uma linha e a divide conforme duas perspectivas, ao menos: aquela das coisas mesmas e aquela da apreensão, por parte da alma, dessas mesmas coisas. Nas palavras de Monique Dixsaut: "*[...] cada secção corresponde a um gênero (genos) de objectos e, ao mesmo tempo, um estado (pathema) da alma*[30],concordando, neste ponto, com Cornford.[31] Ao descrever a linha, Sócrates cria as condições necessárias para que uma imagem se forme na alma do ouvinte.

Dentre as partes que constituem essa imagem, há uma, em especial, que corresponderia à alma humana, mesmo sabendo que a linha nada diz explicitamente acerca da alma, mas se refere à totalidade de dimensões que estão presentes no aparecimento do todo: tanto daquelas que são visíveis e sensíveis como daquelas

[29] Segundo Adam, *The Republic of f Plato,* 59 (nota 508c15), o ἀνάλογον ἑαυτῷ deve ser compreendido: "[...] in its strict sense of proportionate or 'geometrical equality'".

[30] Dixsaut, *Platão. República. Livros VI e VII,* 99.

[31] Francis M. Cornford, *The Republic of Plato.* (New York: Oxford University Press, 1973), 221: "The four sections correspond to four states of mind or modes of cognition, each clearer and more certain than the one below".

que são invisíveis e inteligíveis; não sendo tais dimensões separadas, mas coparticipes de um mesmo fenômeno sensível.

3.

Conceber o que é a dimensão ou aspecto inteligível do sensível, ou do *kósmos*, é conceber o que é para o *kósmos* seu princípio unificador, que, a despeito de seu caráter sempre mutante, permite-lhe aparecer e vir a ser apreendido e conhecido pela alma que deseja saber. O que Platão nomeia de *bem*, neste percurso que constitui o corpo de sua própria filosofia, é a tomada de posição em relação ao estabelecimento de um critério. O bem é concebido na condição de uma *Idea*, um paradigma que norteia o devir, uma vez que lhe permite unidade suficiente para aparecer. Para, literalmente, desenhar o procedimento explicativo desta situação, Platão pensa na imagem entre o sol e o *bem*: *Ainda que não queiras ir mais longe, ao menos trata de novo da analogia com o Sol, a ver se escapou alguma coisa.*[32] Então poderíamos pensar que o *bem* é justamente o percurso inteligível, realizado pela alma desejante de conhecimento, quando se coloca em busca. O *bem* também pode ser pensado como paradigma primeiro que orienta o emergir do *kósmos*, sendo em si e por si mesmo. Ao pensar que o nome da estratégia desenvolvida pela alma e que busca ao conhecimento é um *bem*, é possível pensar também que este *bem* estaria na alma que busca por conhecimento; se ele é paradigma primeiro para o emergir do *kósmos*, ele não apenas está naquele que busca, mas está em tudo, sustentando o todo.

A pergunta pelo *bem* não foi respondida pelo pensamento de Platão, tampouco por seus intérpretes. A reflexão proposta na *República*, contudo, pode nos ajudar a pensar possibilidades conceituais que extrapolam a dimensão da linguagem, que de fato sejam orientadoras e questionadora das ações humanas. A pergunta pelo *bem* tem seu lugar garantido porque ela nunca foi estancada. Ainda jorra em nós a ausência da resposta. Por isso é preciso,

[32] Platão, *A república*, 509c5-7.

contra os estados autoritários, na dimensão psíquica individual e na coletiva, agir com ousadia de pensamento, refletindo, perguntando: *o que é o bem?*

Bibliografia

ALESSI, Gil. "'Absoluto desastre': Bolsonaro libera porte de armas para mais de 19 milhões de pessoas". *El país*, 10 de maio de 2019, https://brasil.elpais.com/brasil/2019/05/08/politica/1557 344559_959983.html.

ANNAS, Julia. *An Introduction to Plato's* Republic. New York: Oxford University Press, 1981.

CHERNISS, Harold. F. "A economia filosófica da Teoria das Idéias". Tradução de Irley Franco. *O que nos faz pensar*, v. 2, n. (02, jan. 1990):109-118. <http://www.oquenosfazpensar.fil.puc-rio.br/index.php/oqnfp/article/view/24>

CORNFORD, Francis. M. *The Republic of Plato.* New York: Oxford University Press, 1973.

DIXSAUT, Monique. *Platão. República (livros VI e VII).* Tradução de A. Maria da Rocha. Lisboa: Didáctica Editora, 2000.

JAMES, Adam. *The Republic of Plato*, v. 2. Cambridge: Cambridge University Press, 1980.

LIMA VAZ, Henrique. C. *Contemplação e Dialética nos Diálogos de Platão*. Tradução do latim para o português feita por Juvenal Savian Filho. São Paulo: Edições Loyola, 2012.

MOORE, Holly. G. "Plato's analogical thought" PhD diss., *College of Liberal Arts & Social Sciences. DePaul University,* 2009.

PLATÃO. *A República*. Tradução e notas de Maria Helena da Rocha Pereira. Lisboa: Fundação Calouste Gulbenkian, 2001.

_______. *Teeteto-Crátilo.* Tradução de Carlos Alberto Nunes. Belém: EDUFPA, 2001.

_______. *Timeu-Critias.*Tradução do grego, introdução e notas de Rodolfo Lopes. Coimbra: Centro de Estudos Clássicos e Humanísticos, 2011.

_______. *The Republic*. Trad. Paul Shorey. Vol I, II. Cambridge: Harvard University Press, 1934 (1930).

PROCLO. *Commento alla* Reppublica *di Platone*. A cura di Michele Abbate. Milano: Bompiani, 2004.

ROSS, David. *Plato's Theory of Ideas*. London: Oxford University Press, 1966 (1951).

O Conceito de Alteridade na Primeira Parte do *Sofista* de Platão

Jean Carlos Herpich

Tradicionalmente quem estuda o diálogo *Sofista* preocupado com o conceito de alteridade restringe sua investigação a segunda parte do diálogo. O objetivo do nosso texto é mostrar que a ideia de alteridade é fundamental para a interpretação da primeira parte do diálogo, pois é através dela que ganham maior inteligibilidade os temas centrais desta parte do diálogo, a saber, a escolha do protagonista do diálogo, o Estrangeiro de Eleia, o uso do método da divisão e 'as definições' do gênero sofista. Sabemos que o *Sofista* como diálogo platônico se estrutura organicamente de forma contínua, mas pode ser dividido artificialmente para fins hermenêuticos em duas partes; uma primeira parte onde se apresenta o problema da definição do sofista, e outra, em que o diálogo adentra na questão ontológica propriamente dita.

Por que o Estrangeiro de Eleia?

Nada é aleatório nos diálogos de Platão. O bom escritor é aquele que como bom retórico sabe compor suas obras de forma orgânica, sem acrescentar ou retirar nada que prejudique a unidade de sentido. Como é dito por Platão "todo discurso constituir-se como um ser animado, tendo um corpo que seja o seu, de modo a não ficar sem pé nem cabeça, mas ter partes centrais e extremas, escritas de modo a se ajustarem entre si e com o todo" (*Fedro* 264c-d). Assim, no texto não pode estar faltando ou sobrando nada. Além disso, as suas partes devem estar interligadas de forma harmônica. O escritor não deve dispor de modo arbitrário os conteúdos, nem atropelar os passos lógicos. Nesta configuração até mesmo os detalhes devem estar integrados no sentido do texto.

Se nos atentarmos para estas regras da boa retórica não seria um exagero afirmar que na obra platônica até a escolha dos personagens é intencionalmente delineada com um objetivo filosófico. Platão, como bom escritor, parece estar preocupado em sincronizar o elemento dramático com o filosófico. Os personagens que aparecem em cada diálogo não estão ali por acaso. Eles desempenham uma função no ordenamento do sentido do diálogo. Além disso, suas ações no interior do diálogo encarnam posturas filosóficas, éticas e políticas que interligam-se logicamente com seus dados pessoais.

> Os personagens criados por Platão, mais do que simples recursos de expressão, constituem um esforço para tornar explícitas e inteligíveis atitudes éticas e posições teóricas fundamentais, detectáveis entre os cidadãos, artesãos, homens políticos, poetas e pensadores de sua época, de modo que a invenção de personagens constitui uma dinâmica na qual retórica e filosofia são inseparáveis (Marques, 2006, p. 40).

Como bem observa Marques, os personagens platônicos carregam na sua identidade sempre algum posicionamento teórico, mais ou menos explícito. O processo platônico de fabricação de um personagem não é, portanto, arbitrário, mas está intimamente conectada com o seu processo de reflexão teórico. Neste sentido, estudar a escolha dos personagens dos diálogos platônicos tem um peso importante na interpretação do próprio pensamento filosófico de Platão.

Se a escolha de personagens nos diálogos platônicos não é aleatório, mas é feita segundo objetivos teóricos, o que poderia ter levado Platão a escolher um estrangeiro, externo aos círculos socráticos, para ser o protagonista do diálogo *Sofista*? Por que Platão não escolheu Sócrates como protagonista? Por que escolher um personagem anônimo? No mínimo parece estranho escolher um personagem anônimo como protagonista da discussão acerca da questão do ser.

Ter Sócrates como o protagonista do *Sofista* pareceria a escolha natural. Sócrates foi mestre de Platão. Como discípulo Platão encontrou em Sócrates o paradigma do filósofo. A *persona* de Sócrates e sua conduta funciona na maioria dos diálogos platônicos como o modelo do que é o próprio do modo de vida filosófico. Com a figura de Sócrates, Platão é capaz de distinguir nitidamente o modo de ser da filosofia em contraste com os modos de ser de outras figuras de 'sábios', como as dos artesões, políticos, sofistas e poetas. As posturas e ações que, na visão de Platão, se espera de um verdadeiro filósofo estão refletidas na *persona* de Sócrates.

Mas, então, por que Platão escolheu o Estrangeiro de Eleia para ser o protagonista do *Sofista*? Por que escolher um personagem estrangeiro? Por que escolher um personagem anônimo? Não seria mais óbvio e coerente manter Sócrates na sua posição habitual?

Para responder estas perguntas, precisaremos, primeiro, investigar quem é o Estrangeiro de Eleia através dos elementos que o identificam no *Sofista*. Platão é econômico na descrição deste personagem, mas há sinais importantes que podem ser explorados na tentativa de explicar o motivo de o Estrangeiro de Eleia ter sido escolhido como protagonista.

O diálogo *Sofista* começa com uma apresentação. Teodoro apresenta um estrangeiro. Fiéis ao compromisso selado no dia anterior, no qual teria ocorrido o colóquio descrito no *Teeteto,* Teodoro e Teeteto, acompanhados de um estrangeiro, encontram-se com Sócrates. Quem é o estrangeiro? Sua pessoa está envolta em mistério. Ninguém sabe exatamente quem ele é, embora Teodoro afirme se tratar de "um verdadeiro filósofo" (216a2). O fato de não ter sido nomeado aumenta a estranheza. Com efeito, é próprio de todo estrangeiro um certo ar de mistério. O estrangeiro representa o que não é familiar, o estranho. Do estrangeiro dizemos inicialmente que não é confiável, pois, por desconhecermos, não sabemos o que esperar dele. Sabemos, contudo, que o estranhamento pode estar ligado também a curiosidade, isto é, certo desejo de descobrir a *identidade* daquilo que desconhecemos. O estranhamento, desta forma, pode servir de impulso investigativo. Ele pode nos conduzir a busca pela definição (*horismós*). É próprio da vontade humana desejar maior conhecimento sobre aquilo que parece estranho, desconhecido e misterioso. Por isso, frente ao estrangeiro buscamos investigar sua procedência: donde é, a que família (*génos*) pertence, o que faz, quais são suas preferências etc.

Podemos interpretar a simples busca pela identidade do personagem Estrangeiro como uma analogia do que no percurso do *Sofista* será a busca dialética da definição do sofista. Pois, procurando a *identidade* do estrangeiro, investigando sua procedência e tentando defini-lo, não temos senão uma caracterização preliminar do que seja o impulso de toda dialética platônica. O desejo de conhecimento, a busca pela definição, o amor ao saber, tudo isso, que define a dialética platônica, é gerado por certo impulso humano – o impulso investigativo.

O ar de mistério na apresentação do Estrangeiro insinua, antecipadamente, que o *Sofista* é um diálogo zetético, isto é, um diálogo que busca a definição do sofista. A figura do estrangeiro, como alguém estranho, desconhecido e misterioso, já indica o ar detetivesco que subjaz a toda busca de definição. A pergunta sobre 'quem é o estrangeiro?' (identidade pessoal) já antecipa a pergunta central do diálogo, a saber, 'o que é o sofista?' (definição do gênero). O sofista assim como a figura do estrangeiro não é uma figura familiar. Ele é, no mais das vezes, um estrangeiro e é tratado como alguém exótico – lembremos que historicamente os sofistas eram, sobretudo, professores itinerantes. Tanto a pequena investigação sobre quem é o estrangeiro como a questão central do diálogo sobre a definição do gênero do sofista são, na verdade, tentativas de definir e descobrir o ser de algo. Ambas são tentativas de responder a questão clássica da filosofia: *o que é isso*? A pergunta filosófica busca revelar a essência, o que não aparece aos sentidos, que está oculto aos olhos, mas que deve ser acessado pela inteligência dialeticamente.

Quem é o estrangeiro apresentado por Teodoro? Qual a sua procedência? Ele é natural de Eleia, cidade na Magna Grécia, famosa por ser a cidade de Parmênides. O fato de ser de Eleia indica, a princípio, a filiação do Estrangeiro com a filosofia parmenídica. Mais adiante o Estrangeiro não se embaraçará em considerar Parmênides como seu pai espiritual. Tendo ou não pertencido ao séquito de Parmênides e Zenão[1], é inegável a ligação dramática

[1] A primeira frase do diálogo *Sofista*, na qual Teodoro apresenta o Estrangeiro de Eleia, contem uma questão filológica controversa. Na versão do texto grego da edição de Oxford (1995), a passagem é: "*THEO – Katà tèn chthès homologían, ô Sókrates, hékomen autoí te kosmíos kaì tònde tinà xénon ágomen, tò mén génos ex Eléas, hetaîron dè tôn amphì Parmeníden kaì Zénona, mála dè ándra philósophon*". A tradução de Jorge Paleikat e João Cruz e Costa, baseada nesta versão do texto grego, é: "Teodoro: - Fiéis ao compromisso de ontem, caro Sócrates, aqui estamos. Trouxemos conosco este estrangeiro natural de Eléia, e que, aliás, é realmente um filósofo, *pertencente ao círculo de Parmênides e Zenão*"(cf. 1965). Nestor Cordeiro propõe uma modificação do texto grego cuja tradução em espanhol fica: "TEODORO – Aquí estamos tal como corresponde, Sócrates – según habíamos acordado ayer – y traemos además a este extranjero, que es originario de Elea, *aunque diferente de los compañeros de Parménides y de Zenón*; este hombre. no obstante, es todo un filósofo" (cf. 1988). A modificação consiste na alteração do termo *hetaîron,* presente na versão da Oxford, por *héteron.* Cordeiro justifica a alteração pelas seguintes razões: "Varios manuscritos (entre ellos, Y, Vat. gr. 1030, un corrector de T, etc.) proponen *héteron*" (diferente, dístinto), en lugar de *hetaîron* (compañero), que también tiene una sólida tradición. *héteron*, que había sido ya preferido por M. FICINO en su traducción latina (1433), es lección también de la *editio princeps* de Platón (1513), así como de la edición clásica de STEPHANUS (Ginebra, 1578). La mayor parte de los editores modernos, en cambio, han elegido *hetaîron*, según una propuesta de J. F. FISCHER (1771), inspirada, a su vez, en la traducción latina de CORNARIUS (1561). La confusión entre *héteron* y *hetaîron*, que es fácilmente explicable desde el punto de vista paleográfico (ambos términos se pronuncian igual, y la técnica del autodictado era frecuente entre los copistas), ha de haberse producido en época muy temprana, pero es muy probable que el texto original fuese *héteron*. En efecto, una de las incógnita del *Sofista* es el papel que juega el Extranjero de Elea. ¿Por qué un eleata refuta al elealismo, al punto de cometer un parricidio? Platón – a nuestro juicio – adelantaba la solución: porque el Extranjero, aunque es originario de Elea (su posible "eleatismo" es otra cuestión – cf. *infra*, n. 165 -), es "diferente" de los compañeros de Parménides y de Zenón. La adopción de *héteron* permite solucionar también dos cuestiones que quedan sin resolver - y por eso suelen ser soslayadas – en todas las versiones que aceptan *hetaîron*: a) en primer lugar, no exige el rechazo de un segundo *hetairôn*, en genitivo plural (cf. n. sig.), transmitido por todos los manuscritos y eliminado por FISCHER por "redundante". En efecto, si se acepta el primer *hetaîron*, la expresión "compañero de los compañeros"

que Platão estabelece entre o Estrangeiro e a filosofia parmenídica. Essa filiação é reafirmada quando o personagem Sócrates relembra seu encontro com Parmênides – encontro fictício relatado no diálogo *Parmênides.* Neste momento Sócrates aconselha o Estrangeiro a seguir o método de argumentação de perguntas e repostas breves, método que fora usado outrora pelo velho Parmênides. Platão estabelece aqui claramente uma ligação entre o *Sofista* e o *Parmênides*, cuja mediação é feita pela figura do Estrangeiro de Eleia.

Teodoro assegura que o Estrangeiro é um "verdadeiro filósofo" (216a1-2). Sócrates, no entanto, parece duvidar. Por acaso, questiona o ateniense, "não terias trazido, sem saber, um deus em lugar de um estrangeiro?" (216a5-6) A desconfiança socrática é compreensível. Por um lado, trata-se de um estrangeiro do qual não sabemos muita coisa, de outro, há sempre a possibilidade de ser um deus disfarçado. Não é incomum que um deus se passe por mortal e venha observar a conduta dos homens – lembremos, por exemplo, do mito de Deucalião e Pirra, no qual conta-se que Zeus teria se transformado em hóspede de Licáon para confirmar a má fama deste mortal. Homero, a quem Sócrates remete nesse contexto, também aconselha na *Odisseia* a tomar cuido com os estrangeiros:

> Antino fizeste mal em bater no infeliz viandante.
> Insensato! E se ele é na verdade um dos deuses do céu?
> Pois os deuses, assemelhando-se a estranhos de terras
> estrangeiras, sob todas as formas, visitam as cidades
> para verem a insolência e a justiça dos homens.
> (Canto XVII 483-7).

---

es redundante (*contra*, cf. V. LI CARRILLO, pág. 90, n. 17, quien encuentra aquí un "superlativo poético"). Según nuestra versión, en cambio, la expresión no tiene nada de redundante: "diferente de los compañeros". b) Y, en segundo lugar, permite explicar la frase fuertemente adversativa con que culmina la intervención de Teodoro: "este hombre, no obstante (*dè*), es todo un filósofo". Si el Extranjero fuera un "compañero" de Parménides y de Zenón, la frase sería inoportuna: si, en cambio, es "diferente" de ellos, la observación es pertinente. Es curioso que S. ROSEN, quien afirma que "estamos autorizados a reconocer que Platón introduce varios de los términos técnicos del Extranjero en las primeras observaciones de Sócrates" (pág. 65), no haya reparado en la necesidad de conservar *héteron*, que será el término clave del diálogo (cf. 256d1 s.)" (Cordeiro, N. Nota 5 e 6 de sua tradução. In.: Platón: 1988, p. 332-3).

Talvez, continua a dúvida socrática, trate-se de um deus que chega até nós para "observar e contradizer como refutador divino" (216b5). Quem sabe em vez de um simples estrangeiro, trata-se de um deus refutador (*elenktikós*)?! Tendo ouvido que o estrangeiro é de Eleia, Sócrates teme encontrar-se diante de um expoente da erística, cujo interesse não é a verdade, mas a simples refutação dos oponentes. Segundo Cornford, a erística é uma vertente da sofística que "estava associada com a escola megárica, a qual, embora fora fundada pelo socrático Euclides, tomou sua doutrina principal dos eleáticos" (Cornford: 2007, p. 216). Teodoro, porém, certifica Sócrates de que se trata de um verdadeiro filósofo. Ele é "mais comedido do que os ardorosos amigos da erística" (216b8). Não parece se tratar propriamente de um deus, mas de um verdadeiro filósofo que participa do divino apena na medida que a filosofia pode participar do divino.

Contudo, ninguém parece seguro sobre a *identidade* do novo personagem. Assim como será admitido em relação ao sofista mais tarde, o Estrangeiro, no início do diálogo, é um ser múltiplo. Nesta apresentação inicial do Estrangeiro, já está posto em evidência o jogo entre identidade e diferença – mesmo e outro – que perpassa todo *Sofista*. Quem é o Estrangeiro? Ele é ou não é (é outro que) um deus? Ele é ou não é (é outro que) erístico? Por fim, é ou não é (é outro que) um filósofo? A confusão e a dificuldade em definir a identidade do Estrangeiro de Eleia aponta para um tema fundamental no *Sofista*, a saber, a *alteridade*. Além do desconhecido, outra marca do estrangeiro é a alteridade. O estrangeiro é outro que o nativo. Ele representa a diferença. Além disso, por não ser familiar, o estrangeiro pode tomar várias formas. Como definir sua real identidade? Sócrates percebe que frente a um estrangeiro pode ser que estejamos diante de um deus, o qual "assumindo a aparência de estrangeiro vindo de outro lugar, toma todas as formas, percorrendo as cidades" (*Rep.*, II, 381d3-4). O sofista, semelhante aos deuses, também se caracteriza por assumir a aparência de estrangeiro e percorrer diversas cidades, tomando muitas formas, usando diferentes máscaras e representando muitos papéis. Percebemos como ao sugerir que o Estrangeiro de Eleia pode ser um deus, Sócrates está, na verdade, insinuando que ele seria um sofista.[2]

Assim, no início do *Sofista* o Estrangeiro de Eleia representa esta figura misteriosa e, ao mesmo tempo, polivalente. Sobre ele não sabemos muito, sobre ele podemos supor várias coisas, que seja um deus; que seja erístico; que seja filósofo; que seja sofista. Mas quem é, de fato, não sabemos. O Estrangeiro de Eleia toma tantas formas diferentes na boca de Sócrates e Teodoro que talvez sua melhor identidade seja a de sofista, uma vez que é próprio do sofista a pluralidade de formas e a dissimulação cênica. Mas também poderia significar que ele seja, de fato, um filósofo, pois, como dirá Sócrates, na cidade o filósofo é confundido diversas vezes com os sofistas e políticos. A ambiguidade sobre a identidade do Estrangeiro projeta, antecipadamente, o problema da diferença entre o sofista e o filósofo. Para acabar com a ambiguidade, será preciso, primeiro, esclarecer cada gênero, isto é, definir exatamente o que é a sofística e o que, por outro lado, é a filosofia. Passamos, assim, do problema da identidade pessoal do Estrangeiro para o problema da definição dos gêneros. O prólogo do *Sofista* não é senão essa transição da pergunta "quem é" para a questão filosófica "o que é?".

O que é a sofistica? O que é a filosofia? O que é a política? Sócrates quer saber se são gêneros idênticos ou distintos. Sócrates tem consciência que estes gêneros não são fáceis de definir – basta ver a constante confusão em que estão envolvidos. O filósofo, por exemplo, para alguns parece nada valer, e a outros, valer tudo; toma diversas aparências na vida pública, ora parece como político, ora como sofista, e, por vezes, chega até ser considerado um homem completamento louco (216c1-217a2). O sofista, o filósofo e o político são a mesma pessoa ou não? Eis o problema que Sócrates coloca para Estrangeiro de Eleia. A tarefa do Estrangeiro consiste, portanto, nesta diferenciação dos gêneros filósofo, sofista e político.

[2] Cf. Marques, 2006, p. 47.

A tarefa é difícil e penosa[3], sobretudo, porque entre estes gêneros há grande proximidade. Como o lobo em relação ao cão, dirá Estrangeiro, é o sofista em relação ao filósofo. Não é fortuito que o filósofo possa ser tomado como sofista ou considerado um político pela maioria. O filósofo tem aparência de sofista e de político. "A diversidade das aparências própria dos filósofos é devida ao modo humano de ver as coisas" (Marques, 2006, p. 50). O aparecer é inevitável e está ligado a percepção imediata dos homens. Ora é "justamente porque as coisas não podem não aparecer, deste ou daquele modo, aos seres humanos, que as aparências merecem ser examinadas" (idem.). Em outros termos, é justamente porque o filósofo não pode deixar de aparecer, deste ou daquele modo, que as aparências das quais ele se reveste merecem ser examinadas. Isso significa que as aparências do filósofo devem ser conhecidas, pois unicamente pelo esclarecimento das aparências é possível *diferenciar* o ser mesmo da simples aparência. Deste modo, não é casual que o Estrangeiro de Eleia comece sua investigação pela busca da definição do sofista.

Constatamos aqui como a questão da aparência e da diferença estão na gênese do diálogo Sofista. Sócrates quer saber sobre as aparências do filósofo; por qual gênero ele é tomado pelas pessoas em geral. Ora, as pessoas comuns consideram o filósofo um simples sofista. Segundo a multidão não há diferença entre o filósofo e o sofista. Mas eles são realmente idênticos? Eis o mote do diálogo: descobrir a diferença do filósofo e do sofista, revelando o que funda a *alteridade* entre eles. Assim, é sintomático que Platão tenha colocado o personagem Estrangeiro de Eleia para guiar a conversação. Pois nele está estampado o semblante da alteridade. "O Estrangeiro é o protagonista do discurso sobre o outro" (Marques, 2006, p. 61). Ele é o símbolo da alteridade, sua figura alude a *diferença*. Nele convergem muitas diferenças: enquanto estrangeiro é outro em relação ao círculo de discussão socrático, é outro que o deus, é outro que o erístico, é outro que o sofista. Em

[3] "Sócrates - [...] Temo, entretanto, tratar-se de um gênero [do filósofo] que não é em nada mais fácil de determinar do que o gênero divino.."(216c2-4); "Estrangeiro - [...] Mas defini-los claramente[os gêneros do sofista, filósofo e do político], um por um, não é trabalho fácil nem pequeno" (Platão, *Sof.*, 217b2-4).

relação a outros personagens de Platão, o Estrangeiro é outro que Sócrates, outro que Parmênides. A identidade do Estrangeiro vai se formando a partir de suas diferenças, assim como a definição do filósofo ganha contornos a partir da busca pelo gênero do sofista e do político. O contraste também ajuda a revelar os seres, uma vez que pelo não-ser de algo somos capazes de compreender melhor seu ser. Ora, isso não é senão o espírito do método de divisão dicotômico, no qual partindo de uma *reunião* sinóptica, dividimos de modo dicotômico (dualista) espécies contrapostas, a fim de, após sucessivas divisões, chegar a uma definição do objeto buscado. O método diairético é uma forma de *diferenciação* de classes que se baseia, sobretudo, no contraste e na comparação dicotômica.

Método da divisão dicotômica e alteridade

O problema do *Sofista* é definir o gênero do sofista. Não somente para que se venha a conhecer a essência da *téchnē sophistikē*, mas sobretudo para evitar a confusão entre o sofista e o filósofo. Pois se, por um lado, o *Sofista* e o *Político* têm objetivos bem específicos, a saber, definir o gênero do sofista e do político, por outro lado, sabemos que ambos os diálogos estão implicados na tarefa mais geral de esclarecer o gênero do filósofo. É no intuito de não confundir o filósofo com outros os gêneros que nasce o projeto cujo resultado são os diálogos *Sofista* e *Político*. Isso mostra que tanto na investigação acerca do sofista quanto na do político subjaz a tensão em relação a definição do filósofo.

Como definir o sofista? O Estrangeiro sabe que não é uma tarefa simples defini-lo, porque o sofista é um ente multifacetado. Contudo, é preciso ser dócil com o anfitrião. Sócrates quer saber e o Estrangeiro, como bom hóspede que é, não pode ser descortês a ponto de negar-lhe esse desejo. Por onde começar? Não há dúvida, é preciso partir do *nome* (ónoma). Diferenciamos inicialmente o filósofo do sofista pelos nomes. Isso já é um indício que o filósofo e o sofista são diferentes. Porém, diz o Estrangeiro, nomes distintos não garantem a diferença das coisas. Ademais, o nome não garante nem mesmo que estejamos falando da mesma coisa: "até aqui só concordamos, tu e eu, quanto a seu nome [nome de sofista], mas a função (érgon) que por esse nome lhe cabe poderia ser, para cada um de nós, uma noção toda pessoal" (218c1-3). Assim, devemos passar para o *lógos.* Pois, em qualquer investigação, "é sempre indispensável, antes de tudo, estar de acordo sobre o próprio objeto servindo-nos de razões (*dià lógon*) que o definam – e não apenas sobre seu nome, sem preocupar-nos com a sua definição [...]" (218c4-5). Em outras palavras, para investigar qualquer coisa é preciso partir do nome, mas "o nome compartilhado e as noções particulares não bastam" (Marques, 2006, p. 62). O caminho de investigação deve ir além, ou seja, precisa "homologar" – estar de acordo sobre – a coisa mesma, por meio dos discursos, formulações, razões e definições.

O método da divisão proposto aqui no *Sofista* visa investigar a coisa mesma a partir dos discursos, das formulações e das definições. Isso marca previamente como o método diairético de Platão é distinto do atribuído ao sofista Pródico. A distinção está na ênfase dada por Platão ao *lógos,* em detrimento do ónoma. Segundo a tradição, a arte da divisão, proposta por Pródico, limitava-se a diferenciação dos significados das palavras. O exemplo paradigmático da divisão em Pródico é sua divisão dos sinônimos – distinção dos termos aparentemente equivalentes. O objetivo do seu método consistia "em pôr dois nomes um contra o outro a fim de abstrair deles o sentido básico que partilham e descobrir as sutilezas de sentido em que diferem" (Kerferd, 2003, p. 128). Assim, a busca de Pródico com o método da divisão não era responder a pergunta 'o que é x?', mas simplesmente diferenciar duas coisas através da 'análise dos nomes x de y'. O método de Pródico permanecia no domínio da linguagem, preocupado apenas em reconhecer as sutilezas dos significados aparentemente próximos. O fim de Pródico era, sobretudo, retórico, isto é, apreender como usar a palavras certas nos contextos apropriados. Platão, ao usar o método da divisão, preocupa-se igualmente com a diferenciação entre x e y, mas, por um lado, sempre visando a real definição de x, isto é, preocupado com a responda à pergunta socrática 'o que é x?'; e, por outro lado, sem permanecer apenas no domínio dos nomes. Platão propõe uma divisão baseada nos *lógoi* que buscam revelar as divisões das coisas mesmas. Depreendemos, portanto, que o método platônico da *diaíresis* é, por um lado, um método eminentemente heurístico, ou seja, é, sobretudo, um instrumento de busca que visa descobrir e definir os seres, e, por outro lado, que ele é um caminho de diferenciação, separação e contraste entre os entes. Em suma, em Platão o método da divisão tem o objetivo de revelar o ser dos entes, e para alcançar esse fim avança, por meio dos discursos, num processo de separação e diferenciação.

Como funciona o método da divisão no *Sofista*? O objetivo da *diaíresis* é alcançar a definição (*hóros*), seu processo parte de uma ideia genérica (*génos*) e abrangente, que indiferenciada vai sendo gradualmente "diferenciada até chegar a uma ideia específica indivisa" (Schramm, 2012, p. 91). Antes de tudo, o método prevê a identificação de uma noção genérica que abrange muitas outras noções de modo indefinido. A noção genérica serve de ponto de partida para as divisões. O paradigma do Estrangeiro é a noção de *téchnē* que é uma noção abrangente cuja diferenciação nos delimita uma gama de *téchnai*. O processo de divisão não é senão o processo de diferenciação das noções implicadas na ideia abrangente. Assim, no paradigma do Estrangeiro, subdividimos a *téchnē* diferenciando a *téchnē ktētiké* (técnica aquisitiva) e a *téchnē poiétikē* (técnica produtiva). O modo de diferenciação padrão é o da divisão dicotômica. Ele é o mais usado, mas não é o único. Uma ideia genérica pode ser dividida em várias ramificações quando uma subdivisão contínua é objetivamente exigida – por exemplo, a divisão das letras no *Filebo* (16d). Embora a divisão não precise ser dicotômica, é fato que o modo dicotômico de divisão tem uma primazia. Isso se deve a certa motivação lógico-ontológico, apontado por Stenzel, de que "em cada estágio da *diaíresis* as supremas ideias de ser e não-ser ou diversidade (alteridade) interagem de tal modo que a cada diferença ou a cada espécie corresponde algo que não é essa diferença ou essa espécie e, por isso, é diferente delas" (Schramm, 2012, p. 92). Um segundo motivo desta primazia está na maior facilidade de manejar as divisões dicotomicamente, pois basta encontrar o ser e sua respectiva oposição. A metafísica dos *megista tôn genôn*, que garante a participação de *Ser* e do *Outro*, fundamenta o fato de que a cada posição de algo exista uma negação correspondente, que expressa a alteridade. Na divisão dicotômica ao encontrar uma noção que participa do gênero basta pensar o seu oposto; assim se encontra também a diferença, e o gênero pode ser dividido. O processo dual de posição e negação é mais dinâmico na divisão do que se tivéssemos que buscar a esmo subdividir as ideias abrangentes.

O processo de divisão começa com a noção genérica, abrangente e indiferenciada, que vai sendo dividida dicotomicamente e revelando as espécies implicadas, até chegar a subdivisão que aponta para o objeto buscado. Assim, por exemplo, da *téchnē* dividimos *téchnē ktētiké* e *téchnē poiétikē*, e da *téchnē ktētiké*, por já apontar para o pescador com anzol, subdividimos dicotomicamente em apropriação e troca, e, assim, sucessivamente até chegar na definição. A definição será, portanto, o resultado de todas as divisões e subdivisões. Ela não é senão a "reunião (*sunagōgḗ*) de todos os traços distintivos produzidos na *diaíresis*" (Schramm, 2012, p. 91). A ação da *sunagōgḗ* não consiste em outra coisa que "levar o que está disperso em multiplicidade" a uma "só ideia em visão de conjunto" (*Fedro*, 265d), e, com isso, possibilitar a definição. Como vemos no paradigma do pescador com anzol apresentado no *Sofista*:

> O pescador possui uma técnica simples cuja forma é uma potência de aquisição (não de produção) – um modo de apropriação (não de troca, locação ou compra) que é a captura de (não a luta com) seres vivos animados (não de seres inanimados), isto é, em síntese, a caça. Caça aos animais nadadores (não aos animais que caminham), aquática (não aérea), na qual se atinge a presa (não através de cercas) e que é feita de dia (não à noite): é a pesca que prende a vítima pela cabeça ou pela boca e puxa de baixo para cima (não de cima para baixo), ou seja, a pesca com anzol (Marques, 2006, p. 62).

O resultado da *diaíresis* é uma pluralidade determinada. A definição é o fio lógico que reúne nesta pluralidade apenas as noções específicas que estão ligadas ao objeto buscado. No percurso da divisão os cortes criam uma rede de sentidos bem delimitados. A definição consiste em encontrar o caminho dos sentidos referentes ao objeto buscado e reuni-los numa única noção. A definição precisa explicitar todas as diferenciações. Pois "é característico da *diaíresis* o fato de nenhuma distinção diferenciadora poder ser omitida" (Schramm, 2012, p. 91). Isso faz com que as definições sejam "grandes", uma vez que nelas devem estar contidas todas as diferenciações (cortes) e as espécies que possibilitaram chegar até elas. Apesar da "grandeza" das definições, que pode ser vista como um aspecto negativo da divisão platônica, a complexidade taxiológica que a *diaíresis* possibilita é, sem sombra de dúvida, algo vantajoso do ponto da avaliação e da ordenação, pois a *diaíresis* fornece uma visão sinóptica da rede de sentidos que orbitam em torno da noção buscada. Este mapeamento de sentidos pode ajudar na escolha da melhor direção para encontrar a definição de algo, como também, possibilitar um esclarecimento maior sobre as semelhanças e diferenças de objetos próximos.

Esta breve caracterização do método platônico da divisão já revela até que ponto este método está comprometido com a noção da *alteridade*. O caminho da divisão se mostrou um caminho de *diferenciação*. O ato de dividir ou separar não significa aqui outra coisa que diferenciar. Diferenciar consiste em mostrar o outro – ressaltar o outro a fim de compreender melhor o que é cada coisa. "A divisão consiste em opor um ser a um não-ser, ou a não-seres. [...] Trata-se, desde o início, de um método *heterológico* [...]" (Marques, 2006, p.75). A *diaíresis* é, assim, um processo de distinção e diferenciação que põe em evidência *as alteridades* a fim de alcançar maior inteligibilidade.

O uso padrão das dicotomias na *diaíresis* mostra a tendência platônica de pensar a partir da contraposição. O contraste entre conceitos realça os sentidos distintos. Nisso está um dos méritos maiores do método da divisão, a saber, ser capaz de realçar as diferenças e, assim, colocar em evidência o que é cada coisa. Comparando esclarecemos melhor os conceitos. Nisso consiste o valor do método *heterológico.* Além disso, o método da divisão proporciona um mapa de alteridades. A partir dele conseguirmos localizar diferenças, estabelecer semelhanças e projetar novas divisões. O método da divisão contém também esse aspecto taxiológico. Ele apresenta um mapa de similitudes e diferenças.

Sofista e alteridade

O paradigma do pescador com anzol apresentou o método, mostrando como se chegar a definição da arte do pescador. Bastaria aplicar o mesmo método com o sofista para alcançarmos a definição da sofística. Pena que as coisas não sejam assim tão simples. Diferente da arte do pescador, a do sofista não é tão clara. No caso do sofista, nada é claro. O sofista gosta de se esconder na obscuridade do *não-ser*. Revelar a essência da sofística é muito mais complexo do que a arte da pesca porque o sofista é um ser complexo, multifacetado, mestre na arte das aparências.

A pretensa superioridade do sofista está fundada nas capacidades múltiplas e *téchnai* diversas que o sofista assume ensinar. O sofista é familiarizado com todas as artes, e se diz especialista em cada uma. Ao contrário do pescador, o sofista se destaca por dominar mais de uma arte; a pesca é uma atividade simples, específica e facilmente definível; a sofística é uma arte complexa que remete a uma multiplicidade de atividades e "conhecimentos". Embora o pescador seja o modelo para definir o sofista, esse modelo não manifesta todas as dificuldades ligadas à definição do sofista. Há consenso em relação à atividade do pescador – a pesca é uma atividade simples. As atividades relativas ao sofista, por outro lado, não são simples. Não há consenso em relação ao que o nome 'sofista' remete. Assim, encontrar sua definição não será tão fácil como no caso do pescador. O érgon do sofista não é óbvio. Há certa confusão em relação ao ser do sofista (cf. Dixsaut, 1985, p. 337).

A natureza multifacetada do sofista justifica a pluralidade de definições que são propostas para ele na primeira parte do diálogo. A *téchnē sophistikē* não se deixa apreender facilmente:

> O sofista não é um objeto comum, face ao qual o caçador filósofo poderia permanecer indiferente; ele é múltiplo, não se deixa circunscrever por um discurso usual, que busque a identidade imediata da definição entendida como fórmula proposicional (Marques, 2006, p. 35).

Em poucas palavras, se há uma pluralidade de "definições" do sofista no diálogo, isso se explica pelo próprio fato do sofista ser um ente plural. Como ressalta o Estrangeiro a Teeteto no decorrer da caça ao sofista: "compreendes agora a razão ao afirmar-se que este animal é mutável e diverso, e que bem justifica o provérbio: 'não o apanharás com uma só mão'" (226a). Como não se pode apalhar o sofista "com uma só mão" é preciso rastrear os sinais dos sofistas, e quando encontrar uma verdadeira pista, mover todos os recursos na captura da definição do sofista. Muito esforço é exigido porque o sofista é um animal fugidio. O caminho na busca da definição do sofista exige assim um cuidado redobrado. Ele exige um longo percurso de diferenciações e aproximações que vão gradativamente cercando o sofista. A caça ao sofista é uma tarefa complicada, sobretudo, porque a cada momento aparece um novo percurso a trilhar, uma nova aproximação a fazer, uma nova possibilidade a pesquisar. Cada momento da investigação do sofista revela um aspecto do sofista. A busca pela *téchnē sophistikē* progressivamente se complexifica por causa da pluralidade de modos que o sofista aparece.

O método de investigação sobre a arte sofística no *Sofista* pode ser descrito, como um método prospectivo:

> Trata-se, a meu ver, de um método de "caça" ou do que chamo de "diferenciação prospectiva". Trata-se de uma caça particularmente difícil, pois também o sofista assume diversas aparências perante os olhares dos homens: é preciso mostrar

os diferentes aspectos deste ser diverso e complexo, atacando-o segundo perspectivas diferentes, até que seja possível abordá-lo, cada vez mais de perto, buscando o acordo sobre seu ser mesmo. A abordagem é lenta, mas persistente; parte-se do fácil e conhecido, mas o foco é o difícil e desconhecido. Busca-se um caminho na medida da multiplicidade de aspectos que a presa oferece (Marques, 2006, p. 68).

Quais são as "definições" do sofista que o método propicia? São encontradas sete caracterizações do sofista, em cada caracterização o sofista é comparado com outra arte mais simples:

O caçador interesseiro: a primeira definição da sofística compara o sofista ao caçador. A sofística é definida como uma arte (*téchnē*) de aquisição (não produção), através da caça (não troca) de presas animadas (não inanimadas), em terra (não na água), caçando animais que são mansos (não selvagens), procedendo por persuasão (não pela violência), em privado (e não em público); uma arte praticada por recompensa (não como um dom gratuito) e que diz respeito ao pagamento para o ensino de virtude (não para dar prazer) (221c-223b).

O vender de bens relativos à alma: as próximas três definições comparam o sofista ao comerciante. Na segunda definição, o sofista emerge como possuidor de uma arte de aquisição por meio de troca (não caça) que assume a forma de venda (não doação) de coisas que são feitas por outras pessoas (e não produções próprias); ele viaja de uma cidade para outra e *vende bens referentes à alma* (não ao corpo), especificamente, itens de conhecimento sobre a virtude (e não alguma outra técnica especialidade) (223c-224d). A terceira definição apresenta o sofista como um praticante da arte de aquisição (não produção), procedendo por meio de troca (não caça), com venda (não doação) de coisas que os outros fazem (não que ele próprio produz); ele se estabelece em uma cidade (não viaja de uma cidade para outra), e vende objetos de varejo relativos à alma (não ao corpo): itens de conhecimentos referentes à virtude (e não outros objetos de especialização) (224d-e). A quarta definição segue a terceira, diferindo apenas na caracterização dos objetos de negócio do sofista como objetos feitos por ele mesmo (e não por outros). Assim, o sofista é considerado agora como praticante da arte de aquisição (não produção), por meio de troca (não caça), sob a forma de venda (não doação) das coisas que ele faz por si mesmo (não coisas feitas por outros); produzindo estabeleceu-se em uma cidade (não viaja de uma cidade para outra), e vende objetos de varejo relativos à alma (não ao corpo): itens de conhecimentos referentes à virtude (e não outros objetos de especialização) (224d, 231d).

O erístico: a quinta definição rompe o padrão. A sofística deixa de ser comparada com o comércio para ser comparada às *artes de combate*. A sofística é a aquisição através de combate, que prossegue através da discussão (não através da luta corporal), por meio da controvérsia (não violência), por *antilogia* (não através de um longo discurso público) que é feita habilmente (não ao acaso) e envolve controvérsia sobre questões gerais, incluindo a justiça e a injustiça; é, ainda, uma forma de debate em que se ganha dinheiro (em vez de se desperdiçar) (225a-e).

O purificador do falso saber: a próxima comparação traz um novo paradigma, que é o das artes da divisão. Este paradigma levará a uma nova caracterização da sofística, uma caracterização muito próxima ao método refutativo de Sócrates. Esta "nobre sofística" (*gennaîa sophistikḗ*) é caracterizada como uma arte de discriminação que lida com a limpeza ou purificação, separando o pior do melhor (não simplesmente o semelhante do semelhante) e mantendo o melhor em detrimento do pior. Consiste na purificação do pensamento, isto é, é relativo às coisas da alma (não do corpo), além disso, funciona através do ensino (não de coerção) – especificamente através da educação (não como um ensino de ofícios) que procede por interrogatório (não por admoestação) em vista da refutação das falsas crenças de sabedoria (226b-231b).

O ilusionista: finalmente é proposta a sétima definição do sofista. A sofística é uma arte produtiva (não mais aquisitiva), produtiva de imitação do tipo humano (não divino), imitação por meio de imagens falsas – simulacros (não cópias) –, e baseada no desconhecido (não no saber); imitação que se apresenta através de discursos breves e que busca levar os interlocutores a contradição em conversas privadas (não públicas) (232a; 268d).

O que fica claro na apresentação das caracterizações do sofista é como cada uma segue o modelo ou paradigma de uma outra *téchnē* mais simples. Platão investiga a sofística se valendo de um estudo comparativo com outras artes. "Na realidade, é para alcançar a penetração de espírito (*noûn*) que, investigando todas as artes, ele [o método da divisão] se esforça em descobrir as suas afinidades e as suas dissemelhanças" (227a). Trata-se em cada uma das caracterizações da arte sofística de estabelecer uma analogia com outras artes mais simples. O Estrangeiro vai, desta forma, propondo aproximações da *téchnē sophistikē* com artes já mencionadas pelo método da divisão: na primeira definição a sofística é comparada com a caça; na segunda, terceira e quarta com o comércio; na quinta com as artes de combate; na sexta com as artes da divisão; por fim, na sétima com as artes miméticas. As comparações iluminam diversos aspectos da atividade dos sofistas e conduzem a sua maior inteligibilidade.

Se focarmos as primeiras divisões do *Sofista* e aproximarmos delas a tripartição funcional da cidade, tal como ela é proposta na *República* (II, 369a-376c; IV, 434a-b; 435b), de fato, perceberemos como as *téchnai* apontas pelas divisões "cobrem de modo bastante completo os domínios fundamentais de toda a atividade humana" (Marques, 2006, p.81-2): função de subsistência (caça), função guerreira (luta) e função de sabedoria (purificação, educação, produção de discursos e imagens). São as diferentes funções no interior da *pólis* que marcam, desde já, a complexidade dos assuntos humanos. O método da divisão possibilita percorrer as diferenças e as similitudes entre estas funções, a fim de esclarecer *o que é o que* dentro da *pólis*. A divisão não deixa de comparar as funções, assim, a cada vez que há a descoberta dos limites de uma *téchnē* percebemos ressoar outra *téchnē* que a esta se assemelha. Pois é próprio do método alcançar novas divisões e definições seguindo padrões, modelos e paradigmas.

Nas caracterizações do sofista Platão faz largo uso do pensamento comparativo e analógico. A partir de modelos e paradigmas e comparações, Platão gradativamente vai mapeando sentidos dados a *téchnē sophistikḗ*. Podemos distinguir dois usos da comparação neste contexto: o explícito uso de artes paradigmáticas (a comparação da sofística com a caça, o comércio, a luta, as artes da divisão e as artes miméticas); e o uso implícito, cuja comparação consiste na constante tensão entre o sofista e o filósofo. Em cada nova caracterização do sofista, observamos ressoar outra vez a figura do filósofo. Se o sofista e o filósofo são como o lobo em relação ao cão, então, não é aleatório que encontrando um, estejamos perto do outro. Cada caracterização do sofista aponta para uma faceta do sofista, mas também para uma do filósofo, e isso não é acidental, haja vista as semelhanças e afinidades aparentes entre sofista e filósofo. Não é apenas o sofista que é persuasivo e que anda em volto de jovens ricos – basta lembrar como Sócrates era próximo dos jovens aristocráticos de Atenas e como Platão considera a persuasão importante até mesmo para a filosofia (cf. *Fedro*). Não é apenas o sofista que trata dos *bens da alma, relativos a virtude* – basta lembrar a afirmação socrática de que ele incitava qualquer pessoa a não se preocupar com os bens materiais, mas sim da alma, para que ela se torne virtuosa (cf. *Apologia*). Não é apenas o sofista um mestre da argumentação e das contradições – basta mencionar o método dialético de argumentação. Todos estes são exemplos de como o cão está próximo do lobo. De fato, embora semelhantes, não equivalem, não são o mesmo, e, por isso, não devem ser confundidos. Mas a semelhança sempre pode confundir, sobretudo, a maioria desavisada. Aos olhos das pessoas comuns a sofística e a filosofia são a mesma coisa. A confusão se explica pelas afinidades: ambas tratam do discurso – mesmo que, na perspectiva platônica, uma trate o discurso de modo tirânico e a outra incitando ao uso próprio do *lógos*; ambas lidam com a persuasão – mesmo que uma seja má retórica e a outra, boa; ambas se preocupam com os bens da alma – mesmo que uma vendendo e a outra, chamando a atenção para o cuidado da própria alma; ambas são versadas na argumentação – mesmo que uma seja erística e a outra dialética. Assim como Pródico quando distinguia os sinônimos também Platão sabe que é, sobretudo, em relação às coisas afins que é preciso se preocupar em distinguir, mostrando as diferenças, e definindo de modo exato o ser próprio de cada uma. Eis precisamente o objetivo do *Sofista*: diferenciar os que se semelham – o cão e o lobo.

Conclusão

Como podemos perceber a ideia de alteridade perpassa todos as questões centrais da primeira parte do diálogo *Sofista.* A figura do Estrangeiro de Eleia simboliza este não-ser relativo que será ontologicamente caracterizado na segunda parte do diálogo. Ele encarna a alteridade do estrangeiro que se liga à filosofia parmenídica, mas que será o agente do parricídio. Como negação o Estrangeiro de Eleia não poderia não ser o protagonista do *Sofista.* Por outro lado, o método da divisão, como vimos, poderia ser renomeado de método da diferenciação dicotômica, uma vez que é uma forma de definir que apresenta uma rede de comparações que esclarece por meio do contraste. Por fim, "as definições" do sofista que são fruto da caça zetética ao mestre de discurso nascem do jogo de semelhança e diferença que há entre as três figuras do saber, o filósofo, o sofista e o político. O sofista é, na sua última definição, tratado como um mestre do disfarce que joga com a alteridade. Que ele seja o senhor do não-ser se evidencia pela pluralidade de artes que ele aparentemente encana na sua atividade. Ele aparece como caçador, comerciante, lutador e até mesmo como terapeuta da alma, mas ele é realmente um ilusionista, mestre no jogo da alteridade.

Referências bibliográficas

CORNFORD, F. M. *La teoria platônica del conocimiento. Teeteto y el Sofista*. Barcelona, 1983.

DIXSAUT, Monique. *Le Naturel Philosophe: Essai sur les dialogue de Platon.* Paris: Vrin, 1985.

HOMERO. *Odisseia.* Tradução de Frederico Lourenço. São Paulo: Penquin Classics Companhia das Letras, 2011.

KERFERD, G. B. *O Movimento Sofista*. São Paulo: Edições Loyola, 2003.

MARQUES, M. P. *Platão, pensador da diferença: uma leitura do Sofista*. Belo Horizonte: UFMG, 2006.

PLATO. *Platonis Opera. Vol. I: Eutyphro, Apologia, Crito, Phaedo, Cratylus, Theaetetus, Sophista, Politicus*. Recognovit brevique adnotatione critica instruxerunt E. A Duke, W. F. Hicken, W. S. M. Nicoll, D. B. Robinson, J. C. G. Strachan (revision of the edition published by John Burnet, 1900-1907). Oxford: Oxford University Press, 1995.

PLATÃO. *Diálogos (Banquete, Fédon, Sofista, Político)*. 2. ed. Trad. J. C. de Souza, J. Paleikat e J. C. Costa. Sao Paulo: Abril Cultural, 1979. (Coleção Os Pensadores).

PLATÃO. *Fedro*. Tradução Carlos Alberto Nunes. Universidade Federal do Pará. 1975.

PLATÃO. *A República*. Tradução Maria Helena da Rocha Pereira. Lisboa: Fundação Calouste Gulbenkian, 2001.

PLÁTON. **Sofista**. Tradução Nestor Cordeiro. In. *Diálogos V: Parménides, Teeteto, Sofista y Político*. Madrid: Gredos, 1988, p. 329-482.

SCHRAMM, Michael. Diérese (*diairesis*). In.)SCHAFER, Christian (org.). *Léxico de Platão*. São Paulo: Loyola, 2012, p. 90-93.

Platão e o Ceticismo. Alguns caminhos para se pensar essa relação

Alice Bitencourt Haddad

1. Introdução

Quais as relações entre Platão e o ceticismo? A convite do professor Guilherme Motta[1], recebi a tarefa de expor o que tenho pensado sobre o assunto desde que comecei a me interessar sobre o tema. Gostaria de começar deixando expressamente marcado que o que exponho e os argumentos que defendo são apenas um ponto de vista, uma perspectiva, um modo de ler Platão. Assumo não apenas que ofereço uma versão de Platão, mas reconheço que há várias outras, muitas delas possíveis, coerentes e persuasivas, apesar de às vezes conflitantes, dentro dos limites que o texto permite. Aliás, penso que podemos todos falar a partir

[1] Um primeiro esboço deste texto foi escrito com vistas a uma apresentação oral que fiz em fevereiro de 2021, em ambiente remoto, num evento promovido pelo departamento de Filosofia da UFOP, a convite de um querido amigo, o professor Guilherme Motta, e pelo professor Gabriel Xavier, a quem tiver o prazer de conhecer durante outros seminários promovidos por eles, nesse mesmo ano, no âmbito da UFOP. A pedido de Guilherme, entrego o texto para a publicação, com algumas modificações necessárias na transição para o formato "escrito para ser lido por outro", acrescentando as indicações de passagens que justifiquem minhas posições e desdobrando com mais detalhes algumas explicações. Todas as traduções do grego são minhas. Para o latim, usarei as de Campos (CÍCERO, 2015).

do texto e não contra o texto. Porém, mesmo admitindo este pressuposto, o texto de Platão oferece uma pluralidade riquíssima de interpretações, o que deve, em minha cética e modesta opinião, ser valorizado e não rechaçado.

O que me fez despertar para o tema foi um estudo muito introdutório que comecei sobre o diálogo *Teeteto* e sua recepção. Intrigavam-me duas coisas: uma, que era a apropriação do diálogo por Aristóteles em sua breve discussão da doutrina protagórica no livro IV da *Metafísica*[2], e que contém um ataque muito semelhante ao que se costuma fazer contra o ceticismo (conhecida como a acusação da *apraxía*, ou *anenergesía*, inatividade[3]), apesar de o suposto fundador do ceticismo, Pirro de Élis, nem qualquer outro reconhecido cético sequer ser mencionado por ele. E outra era a recorrência de vários argumentos protagóricos (do diálogo *Teeteto*) nos 10 tropos de Enesidemo[4], um cético sobre o qual se sabe muito pouco, mas que ficou conhecido principalmente pelos textos de Sexto Empírico e Diógenes Laércio. Esses dois usos do *Teeteto*, direto ou indireto, e suas conexões com o ceticismo me intrigavam, e isso me fez começar a estudar o Ceticismo, para tentar entender essas conexões entre a escola e Platão.

Aqui não vou retomar o *Teeteto*, que foi meu ponto de origem nessa investigação, mas vou tentar mostrar como alguns argumentos posteriormente utilizados pelos céticos já circulavam

---

[2] Ver, em especial, Arist. *Metaph.* 4.1007b20-24, 1010b9-14, 1011a3-6, 1011a28-b1, 1011b4-6, 1012b15-18.

[3] Arist. *Metaph.* 4.1008b12-17: "διὰ τί γὰρ βαδίζει Μέγαράδε ἀλλ᾽ οὐχ ἡσυχάζει, οἰόμενος βαδίζειν δεῖν; οὐδ᾽ εὐθέως πορεύεται εἰς φρέαρ ἢ εἰς φάραγγα, ἐὰν τύχῃ, ἀλλὰ φαίνεται εὐλαβούμενος, ὡς οὐχ ὁμοίως οἰόμενος μὴ ἀγαθὸν εἶναι τὸ ἐμπεσεῖν καὶ ἀγαθόν; Por que caminha para Mégara e não fica parado, acreditando que é preciso caminhar? Por que eventualmente nem anda ininterruptamente na direção de um poço ou de um abismo, mas se mostra cuidadoso, como alguém que acredita que a queda não é indiferentemente não boa e boa?" Em Sexto, a questão é respondida em *P.* 1.21-24, onde o autor distingue o critério de verdade (que garanta que as coisas sejam como nos aparecem) do critério de ação. Sem um critério de verdade, não seria possível abdicar, todavia, de um critério de ação, de modo que o fenômeno serve de guia, sem que se possa garantir sua veracidade. Entre os acadêmicos, a solução é semelhante, no sentido de distinguir os critérios, porém Carnéades defende (e é seguido por Cícero nisso) que haja representações mais persuasivas que as outras, de modo que a persuasão (*pithanón* em Carnéades; *probabile* em Cícero) serviria como critério de ação. Ver CÍCERO, *Luculo*, 99-101.

[4] Essa questão me levou a escrever HADDAD, 2015.

em textos platônicos. Essa ideia de que o ceticismo tem seus precursores aparece tanto na narrativa de Diógenes Laércio, na vida de Pirro, quanto nos *Academica* de Cícero, obra de que trataremos mais detidamente. Especificamente nos *Academica* um conjunto de pensadores além de Platão, como Sócrates, Demócrito, Empédocles, Parmênides e Xenófanes, é mobilizado pelo ataque que empreendem à possibilidade de conhecimento da *phýsis*, seja por ela ser tomada como algo obscuro em si mesmo, seja pela debilidade dos nossos sentidos. Este é o ponto que nos é caro nessa abordagem que faremos de um Platão influenciador do ceticismo. Outra, também destacada por Cícero, poderia ter sido feita, mas a deixaremos para outra oportunidade, apenas aludindo a ela brevemente em alguns momentos. Trata-se da expressão ou da forma (depois adotada tanto por acadêmicos quanto por pirrônicos) que é a argumentação que visa a exposição de dois lados, a ideia de que a uma tese sempre é possível formular uma contrária, sendo ela considerada um saudável antídoto contra o dogmatismo. Esse traço que Cícero reconhece em Platão, assim como em Sócrates, aqui não esmiuçaremos. Fiquemos, então, por agora, com a primeira abordagem possível de um Platão influenciador do ceticismo. Para já, precisamos, antes de mais nada, esclarecer o que estamos entendendo por "ceticismo" e assim remover alguns obstáculos para o leitor mais desconfiado.

"Ceticismo" é um termo muito abrangente, que é aplicado a muitas atitudes e disposições diferentes, às vezes inconciliáveis. Então penso que primeiro seria importante delimitar o que *eu* estou compreendendo por Ceticismo aqui – o que não se identificará com uma definição de Ceticismo em geral. Para isso, eu gostaria de partir de Sexto Empírico, que eu já citei, um cético pirrônico que escreveu, se supõe, na segunda metade do séc. II d.C. Sexto escreveu um livro intitulado *Hipotiposes pirrônicas*, ou *Esboços pirrônicos*, em que ele esclarece em linhas gerais o que seria uma conduta cética, uma prática cética, e, em seguida, expõe seu modo de argumentar contra filósofos e escolas filosóficas. Mas, como eu estava dizendo, o primeiro livro das *Hipotiposes* é uma fonte muito importante e que joga luz sobre como os céticos daquele período estavam *se* enxergando. Vejamos uma citação extraída do livro I, cap. 1 das *Hipotiposes*, na minha tradução:

> [...] com relação às coisas investigadas pela filosofia, uns disseram terem descoberto a verdade, outros afirmaram não ser possível que ela seja apreendida, enquanto outros ainda investigam. Os que parecem ter encontrado são chamados particularmente de dogmáticos – por exemplo, os que seguem Aristóteles, Epicuro, os estoicos e alguns outros; aqueles que afirmaram acerca da inapreensibilidade são os que seguem Clitômaco, Carnéades e os demais acadêmicos; e os que buscam são os céticos.[5]

Então o primeiro critério de separação entre os que são céticos e os que não são céticos é que os céticos continuam investigando, não afirmando nem que têm a verdade, nem que ter a verdade é impossível. Ainda, no capítulo 3, ao tratar da conduta cética (*skeptikè agogé*), Sexto afirma que ela é investigativa (*zetetiké*) – por sua atividade nas investigações e exames –, suspensiva (*ephektiké*) – por conta da afecção (*páthos*) que surge após a investigação e o exame –, aporética (*aporetiké*) – por cair em aporia acerca de tudo e investigar; e pirrônica, por Pirro ter sido o que mais incorporou e manifestou a *sképsis* em face dos que vieram antes dele. Chamo atenção especialmente para a primeira característica mencionada: a conduta cética é investigativa, e isso se depreende de sua atividade (*enérgeia*) de investigar e examinar (*sképtesthai*). O nome "cético" vem desse verbo *sképto*, examinar, pesquisar, investigar. Portanto, um cético como Sexto se vê como um investigador que ainda não encontrou a verdade. É comum o enfoque na característica suspensiva do cético, mas é preciso ver também que a

5 "[...] ἐπὶ τῶν κατὰ φιλοσοφίαν ζητουμένων οἱ μὲν εὑρηκέναι τὸ ἀληθὲς ἔφασαν, οἱ δ' ἀπεφήναντο μὴ δυνατὸν εἶναι τοῦτο καταληφθῆναι, οἱ δὲ ἔτι ζητοῦσιν. καὶ εὑρηκέναι μὲν δοκοῦσιν οἱ ἰδίως καλούμενοι δογματικοί, οἷον οἱ περὶ Ἀριστοτέλην καὶ Ἐπίκουρον καὶ τοὺς στωικοὺς καὶ ἄλλοι τινές, ὡς δὲ περὶ ἀκαταλήπτων ἀπεφήναντο οἱ περὶ Κλειτόμαχον καὶ Καρνεάδην καὶ ἄλλοι Ἀκαδημαικοί, ζητοῦσι δὲ οἱ σκεπτικοί." *P.* 1.2-4. Um parêntese importante aqui é que os acadêmicos também se viam como investigadores, se pudermos confiar no que diz Cícero, por exemplo, em *Luculo*, 7-8.

suspensão é uma afecção, é algo que ocorre após a investigação e não uma atividade deliberada[6].

Como vimos, Sexto diferencia os céticos dos dogmáticos, mas também de um grupo, que ele exemplifica com Clitômaco e Carnéades, que afirma, segundo ele, que a verdade é inapreensível. Nesse grupo estão os acadêmicos. A escola de Platão tem um lugar importante na história do ceticismo, e vai ser frequentemente mencionada por Sexto, em sua recorrente e insistente tentativa de mostrar que, apesar das muitas semelhanças, pirrônicos e acadêmicos não se confundem[7]. Curiosamente, apesar de os próprios acadêmicos não se autointitularem céticos, uma larga tradição de estudiosos verá na Academia de um certo período uma conduta muito próxima daquela apresentada pelos céticos pirrônicos, chamando-a de Nova Academia, de Academia Cética. E não é à toa. O que eu vou tentar mostrar é a maneira como essa Academia via Platão, Sócrates, e também de que maneira ela procurou se distanciar da chamada Antiga Academia; em primeiro lugar, numa tentativa de resgatar um espírito investigativo perdido, e, em segundo lugar, numa rivalidade exacerbada contra o estoicismo. Então vejam que são questões de um tempo que não é mais de Platão, mas que buscará e encontrará em Platão os elementos necessários para esse empreendimento.

2. Platão e sua filosofia em *Academica*

Da chamada Nova Academia não temos senão testemunhos esparsos aqui e ali. Uma das nossas fontes é Cícero, o orador e

[6] É claro que se pode questionar essa descrição da *epokhé* como algo não visado ou planejado, pois o que se vê nos textos de Sexto Empírico é a reiterada busca pela equipolência que conduz à suspensão. De alguma maneira a suspensão, portanto, estaria prevista, ainda que não fosse o objetivo explícito das investigações.

[7] Aliás, toda a insistência em discernir só mostra que eram confundidos. Para as diferenças, da perspectiva de Sexto, ver o capítulo 33 do livro 1 das *Hipotiposes Pirrônicas*, intitulado “Em que o ceticismo se difere da filosofia acadêmica” (TINI ΔΙΑΦΕΡΕΙ ΤΗΣ ΑΚΑΔΗΜΑΙΚΗΣ ΦΙΛΟΣΟΦΙΑΣ Η ΣΚΕΨΙΣ). Para uma visão detalhada do problema das semelhanças e diferenças entre as duas escolas, recomenda-se a leitura de BOLZANI FILHO, 2013.

filósofo, que escreveu no séc. I a.C., portanto dois séculos antes de Sexto. E Cícero se considerava, ele mesmo, um membro da Academia platônica e era tido como um representante da dita Nova Academia (embora ele mesmo contestasse essa designação[8]). Isso porque um dos escolarcas da Academia desse período, Fílon de Larissa, passara um tempo em Roma, e Cícero então o frequentou. No fim da vida, num período de afastamento da política, Cícero se dedicou a escrever sobre filosofia, e é então que a gente tem as obras mais importantes para entender a Academia. Em edição moderna esses textos foram reunidos sob o nome de *Academica*, ou *Acadêmicas*, em português. Cícero originalmente escreveu duas edições de *Acadêmicas*, conhecidas como *Academica Priora* e *Academica Posteriora*. Porém, as duas circularam e sobreviveram parcialmente. Na primeira edição, ele dividiu o livro em duas partes. Dele, nós só temos a segunda, em que o foco expositivo fica em Luculo e Cícero. Por isso é comum a remissão a esse livro com o título de *Luculo*. A obra *Academica Posteriora* corresponde à segunda edição do livro. Esta Cícero teria dividido em 4 livros, e o único que restou foi ¼ dessa totalidade, o primeiro livro desse conjunto de 4. Sendo seu personagem principal Varrão, assumimos, para facilitar a identificação, o título *Varrão*. Nas edições modernas, encontram-se também fragmentos da parte perdida da segunda edição. E nesses dois livros que mencionei, *Luculo* e *Varrão*, Cícero expressa na forma dialógica a controvérsia entre a Nova Academia e a filosofia de Antíoco, assumida por este como uma continuação da Antiga Academia (o que também é controverso, na medida em que Cícero reconhece nela muitos

[8] Os personagens de Pisão (*De finibus* 5.7) e Varrão (*Varrão* 13) o caracterizam como filiado à *Nova Academia*. Sua hesitação com relação a essa expressão ocorre em *Varrão* 46: "A esta forma de pensar dão alguns o nome de 'Nova Academia', que a mim me parece mais a Antiga, desde que nela incluamos Platão [...]." A disputa pelo nome é, claro, uma disputa também pelo legado platônico e pelo legítimo pertencimento à Academia, se recordarmos que, tanto em *De finibus* 5 quanto em *Academica*, o conflito se estabelece entre Cícero, continuador da filosofia de Fílon de Larissa, e Antíoco de Ascalão, também discípulo desse escolarca, que rompeu filosoficamente com ele e ainda assim manteve o nome da Academia quando constituiu seu próprio grupo de discípulos. Cícero menciona essa história em *Luculo* 69-70.

traços estoicos[9]), e trata das características de cada uma delas. Esse Antíoco de Ascalão é uma figura importante para nossa discussão. Tanto Cícero quanto Antíoco foram alunos do mesmo professor, o já mencionado Fílon de Larissa. Porém, já na velhice, muitos anos depois de advogar pela Nova Academia, Antíoco teria assumido uma postura dogmática, acatando, para a surpresa de Cícero, o critério estoico de conhecimento que ele tinha contestado a vida inteira (*Luculo* 69.4-6).

Em *Varrão*, o expositor principal junto com Cícero é o personagem que dá nome ao diálogo, que teria frequentado Antíoco. A controvérsia entre Varrão e Cícero na obra gira em torno das diferenças entre a filosofia antioquiana e a da Nova Academia, que repousam sobre maneiras diferentes de entender a Filosofia em si mesma e a filosofia platônica. Varrão entende que de um lado está Sócrates. Sua principal contribuição para a filosofia teria sido a de tê-la conduzido para as questões da vida comum, investigando as virtudes e os vícios, e se afastando de qualquer pesquisa sobre as coisas celestes, dos assuntos relativos à *phýsis*, considerados obscuros e inúteis. Esse Sócrates é caracterizado como alguém que nada afirma, que refuta, que diz que nada sabe a não ser isto mesmo (que nada sabe). Então todo o seu discurso se voltava ao louvor da virtude e a exortar os homens em sua direção (*Varrão* 15-16). Até aí o personagem Cícero está concordando. Onde as interpretações bifurcam? No entendimento que cada um tem da filosofia platônica e de seu legado. Na leitura feita por Varrão, da fertilidade de Platão teriam se gerado duas escolas com nomes diferentes, mas coincidentes na doutrina: acadêmicos e peripatéticos. E cita três nomes de herdeiros da filosofia platônica: Espeusipo, Xenócrates e Aristóteles. Varrão considerava que a Antiga Academia não se diferia da escola aristotélica. E mais, que já em Platão haveria um conjunto de doutrinas estabelecido em que estaria incluído também o estudo da Natureza (*Varrão* 19)[10].

[9] "[...] apesar de costumar ser tido por Académico, se alterasse num ou noutro ponto a sua doutrina, poderia passar por um Estóico de gema". Luculo 132.8-10.

[10] "Remonta já ao próprio Platão a tripartição da filosofia numa parte consagrada ao estudo da vida e dos costumes, uma segunda ao estudo dos segredos da natureza, e uma terceira acerca do discurso [...]."

Haveria uma física platônica, em contraposição àquela orientação socrática de concentração nas questões morais. E assim pensavam, segundo Varrão, Espeusipo, Xenócrates, Pólemon, Crates e Crantor, congregados nessa chamada Antiga Academia. Esse Pólemon teria sido professor de duas figuras importantíssimas: Zenão, o fundador do estoicismo, e Arcésilas, considerado o fundador da Nova Academia. Curiosamente, Varrão atribui a Zenão uma *correção* (*Varrão* 35) da doutrina platônica e diz que é assim que explicava Antíoco. Então vejam que Antíoco, o rival de Cícero, embora tenha começado com Fílon, ou seja, como alguém do círculo da Nova Academia, considerou que o estoicismo *corrigia* a doutrina platônica. Adotando várias dessas correções, Antíoco foi acusado por Cícero de, *grosso modo*, estoicizar a Academia[11], que sofre posteriormente várias outras influências e modificações, mas não retornará jamais, depois de Antíoco, à postura cética. Das correções propostas por Zenão, aquela que se destacará na discussão entre Varrão e Cícero será sua teoria da *phantasía*, termo que se traduz, em geral, por representação ou impressão. É em torno desse problema que a disputa se acirra. E se se entende esse nó, entende-se, em larga medida, o que há de comum entre a Nova Academia e o Ceticismo Pirrônico, e entende-se também em que medida a filosofia platônica oferece argumentos para o ceticismo.

Mas antes de entrar nesse assunto específico, eu gostaria de voltar à primeira discrepância entre Cícero e Varrão. Como

[11] O assunto é mais complexo do que o narrado por Cícero. Isso porque poderíamos considerar não só que Antíoco misturou elementos estoicos às doutrinas na Antiga Academia, mas também que Zenão poderia ter sido influenciado por ela e, em alguma medida, a teria também continuado. Sabemos que Zenão foi discípulo de Xenócrates e Pólemon (DL 7.2), que há fragmentos de Xenócrates que sinalizam que ele teria influenciado o estoicismo (ver, por exemplo, fr. 213, sobre teologia, cujo final transcrevemos – "ταῦτα δὲ χορηγήσας τοῖς Στωικοῖς τὰ πρότερα παρὰ τοῦ Πλάτωνος μεταπέφρακεν – Tendo puxado o coro desse assunto antes dos estoicos, parafraseou Platão", e 231, sobre ética, que remete à doutrina do bem, do mal e dos indiferentes, compartilhada com os estoicos). Há uma passagem da vida de Zenão em Diógenes Laércio que também indica que ele teria se apropriado de doutrinas acadêmicas e propagandeado como suas: "[...] conta-se que Polêmon lhe dirigiu as seguintes palavras: 'Não me passa despercebido o fato de entrares pela porta do jardim para te encontrares comigo e me roubares a minha doutrina para dar-lhe uma aparência fenícia.'". (DL 7.25, trad. Kury).

vimos, Varrão defendia uma diferença radical entre Sócrates e Platão, atribuindo a Sócrates a única sabedoria de nada saber, o afastamento dos estudos da *phýsis* e a dedicação às questões morais. Em Platão, por sua vez, ele via já uma filosofia positiva e consolidada, que incluía os estudos da *phýsis*. A perspectiva de Cícero, todavia, não é a mesma de Varrão. Em primeiro lugar, ele coloca Sócrates lado a lado com outros filósofos que também questionaram a possibilidade de conhecimento: cita Demócrito, Anaxágoras e Empédocles. E mostra Arcésilas, o dito fundador da Nova Academia, como uma espécie de continuador de Sócrates, porém mais radical:

> Arcesilau negava, portanto, que houvesse algo susceptível de ser conhecido, nem sequer aquele único conhecimento que Sócrates reivindicava para si mesmo: o saber que nada sabia. [...] Por estas razões seria preferível para todos nós nada admitir, nada afirmar, a nada dar o nosso assentimento, mas sim precavermo-nos do erro evitando decisões apressadas [...] (*Varrão* 44-45)

Além disso, buscava conduzir todos à suspensão, dissertando contra as teses de todos, fazendo com que se encontrassem iguais razões a favor e contra uma mesma questão. Essa teria sido a conduta de Arcésilas, muito semelhante ao Sócrates aporético que encontramos em vários diálogos de Platão, e que, assim como ele, nada escreveu. E é com ele que passam a designar a Academia de *Nova* Academia. Cícero, nessa descrição, parece insatisfeito com esse nome, porque entende que essa Academia não tem nada de nova na medida em que a Academia começa com Platão, e o próprio Platão estaria de acordo com essa conduta.

A esta forma de pensar dão alguns o nome de "Nova Academia", que a mim me parece mais a Antiga, desde que nela incluamos Platão, já que nos seus livros também nada se afirma, também se argumenta a favor de uma tese e do seu contrário, numa palavra, tudo se investiga e nada de certo se conclui. (*Varrão* 46)

> O enfoque, portanto, dado a Platão por Arcésilas e seus seguidores está no caráter investigativo dos diálogos; o que há de central nos livros são as discussões em si mesmas. "Nada se diz como certeza", diz o personagem Cícero. Penso que o que contribui para essa divergência é a compreensão do que é o diálogo. Pela ótica de Varrão, ficamos com a impressão de que o caráter dialógico e investigativo são pretextos para a exposição de um determinado conteúdo que compõe a doutrina platônica. Pela ótica de Cícero, ficamos com a impressão de que o fundamental é o caráter procedimental, dialógico e investigativo, e não os resultados da investigação, que, afinal de contas, podem sempre ser retomados, questionados, ou mesmo conflitar com aqueles que ocorrem em outros livros. Como Platão não se colocava como um personagem nas discussões, a dúvida sobre o que ele, de fato, pensava se coloca e se mantém[12].

Em *Luculo*, a controvérsia se dá entre o personagem do título, um erudito de memória incrível e que também ouviu Antíoco quando esteve em Alexandria, e Cícero. Nesse livro, em sua exposição introdutória de sua prática filosófica, herdada da Nova Academia, Cícero enfatiza seu caráter investigativo:

> "[...] não pretendo mais do que procurar a verdade com todo o interesse e esforço, mas sem facciosismo. [...] não é sem razão, que os mais antigos e cultos filósofos duvidaram da possibilidade de encontrar o que procuravam; mas mesmo assim nem eles desistiram, nem eu abandonarei, cansado, o meu empenho em investigar a verdade. Além disso nas minhas discussões apenas pretendo exprimir e escutar as razões de ambas as partes, de modo a chegar-se a uma conclusão que seja verdade, ou que desta se aproxime.

A acusação de Cícero contra os seguidores de escola é que eles se aferram a doutrinas que foram prescritas ou impostas, sem investigá-las. Ao aderirem a um discurso qualquer, julgam a respeito

[12] A verdade é que mesmo a presença de um personagem que tem o nome do autor não elimina dúvidas sobre eventuais diferenças entre o que pensa o autor e seu personagem. Temos percebido isso em nossa pesquisa atual sobre a forma dialógica no próprio Cícero.

do que não conhecem, e se comportam como esses mariscos que grudam numa rocha. Eles não julgam após ouvirem os diferentes argumentos, mas se refugiam na autoridade da escola[13], preferindo errar defendendo uma doutrina pela qual se apaixonaram do que investigar o que é o mais consistente. A partir do que foi dito, é possível compreender a crítica de Cícero e da Nova Academia à própria Academia Antiga. Na medida em que esta extraiu conteúdos e sistematizou[14] uma suposta doutrina platônica dos diálogos, todo o procedimento dialógico, refutativo, dialético, em suma, a investigação e a pesquisa teriam sido abandonadas.

Luculo, por sua vez, representando a postura de Antíoco, assim como Varrão no primeiro diálogo citado, entende que Platão deixou uma perfeitíssima disciplina, herdada e continuada por peripatéticos e acadêmicos. Há discrepância, todavia, entre os dois personagens no que diz respeito à compreensão da figura de Sócrates. Enquanto no discurso de Varrão ele poderia ser qualificado como cético, no de Luculo ele aparece como um dissimulado, como alguém que se valia da ironia, não dizendo exatamente o que sentia (*Luculo* 15). Sua confissão de ignorância seria entendida como uma estratégia retórica que visava à refutação.

Mas voltemos à figura de Platão, que é a que aqui no momento nos interessa. Além dessa visão conflitante de Varrão e Luculo contra a de Cícero, que gira em torno da filosofia de Platão – se o filósofo tinha uma doutrina consolidada ou se não, se o que importa é mais o aspecto procedimental da investigação –, encontramos, ainda, nos dois diálogos com esses interlocutores aquele

---

[13] Dei uma palestra em junho deste ano apenas sobre esse assunto, de título "O ceticismo de Cícero contra o argumento de autoridade", que está disponível em: https://www.youtube.com/watch?v=VPIAV5kcTS0. O evento foi promovido pelo Programa de Pós-Graduação em Lógica e Metafísica da UFRJ, que então organizava um ciclo de debates sobre o ceticismo.

[14] Evidente que Cícero reduz a complexidade da Antiga Academia. Que tenham sistematizado ou "organizado" a filosofia de modo dogmático é uma afirmação aceitável. O que ele não diz, entretanto, é que esses pensadores contribuíram com seu pensamento original para o desdobramento da filosofia de origem platônica. Uma leitura superficial dos fragmentos de Espeusipo e Xenócrates deixa ver que eles foram criativos e não meros reprodutores de um suposto e assumido conjunto de doutrinas. A própria possibilidade de surgimento de um escolarca como Arcésilas faz desconfiar da rigidez da escola.

ponto ao qual eu prometi voltar, a saber, a teoria estoica da *phantasía*. Esse é um assunto que ocupa tanto espaço nos *Acadêmicas* (sendo depois retomado por Sexto), que parece que não dá para entender como se constitui o ceticismo antigo sem entender isso, sem entender um dos seus principais alvos. E, nesse sentido, neoacadêmicos e pirrônicos convergirão. Ambas as escolas têm um inimigo privilegiado em comum quando o debate gira em todo do problema do conhecimento: o estoicismo.

Sugiro, entretanto, antes de entrarmos definitivamente no assunto, uma incursão rápida num tema preliminar: o da fiabilidade dos sentidos. É como um desdobramento desse desafio que surgem tanto a teoria estoica da *phantasía*, como uma correção de Platão (aquela que Zenão teria realizado), quanto a formulação de que se deve suspender o juízo sobre todas as impressões, numa radicalização do problema (a conduta de Arcésilas e seus seguidores).

3. Platão e a insuficiência dos sentidos

Ao descrever o sistema platônico, Varrão divide a Filosofia em três partes: Ética, Física e Lógica[15]. Nessa terceira parte que se encontra a tal correção de Zenão que nos interessa. É preciso lembrar que isso que se entende por Lógica abrange, além de questões de linguagem (argumentos e expressão), isso que hoje compreendemos

[15] Essa divisão é nos mais das vezes remetida ao estoicismo, talvez pela atenção que Diógenes Laércio dá ao tema em 7.39-41, com as conhecidas imagens do ser vivo, do ovo e do campo fértil. Porém uma passagem no *Contra os Lógicos* de Sexto Empírico aponta para pensadores anteriores que a adotaram, incluindo Xenócrates: "Πλὴν οὗτοι μὲν ἐλλιπῶς ἀνεστράφθαι δοκοῦσιν, ἐντελέστερον δὲ παρὰ τούτους οἱ εἰπόντες τῆς φιλοσοφίας τὸ μέν τι εἶναι φυσικὸν τὸ δὲ ἠθικὸν τὸ δὲ λογικόν· ὧν δυνάμει μὲν Πλάτων ἐστὶν ἀρχηγός, περὶ πολλῶν μὲν φυσικῶν [περὶ] πολλῶν δὲ ἠθικῶν οὐκ ὀλίγων δὲ λογικῶν διαλεχθείς· ῥητότατα δὲ οἱ περὶ τὸν Ξενοκράτην καὶ οἱ ἀπὸ τοῦ περιτάτου ἔτι δὲ οἱ ἀπὸ τῆς στοᾶς ἔχονται τῆσδε τῆς διαιρέσεως." "Porém estes [os cirenaicos] parecem ter se engajado [no tema da divisão da Filosofia] de maneira incompleta, enquanto, comparados a eles, há os que dizem, de maneira mais completa, que são próprias à Filosofia a Física, a Ética e a Lógica: disso Platão é, virtualmente, o inaugurador, por ter discorrido sobre muitas coisas da Física, muitas da Ética e não poucas da Lógica; mais precisos nessa divisão, entretanto, foram o círculo de Xenócrates e aqueles do Perípatos, e ainda aqueles que se mantinham na Stoá." (*M.* 7.16 = fr. 82 de Xenócrates em Isnardi-Parente).

por Teoria do Conhecimento. E a busca frequente nesse período entre os que querem entender como se dá o conhecimento é pelo critério de verdade. Assim, resume Varrão que para Platão e os primeiros acadêmicos o critério de verdade não estaria nos sentidos, mas na razão e no dissertar. A mente seria o juiz das coisas, uma vez que só ela seria capaz de discernir a *idéa*, caracterizada como aquilo que é sempre do mesmo modo e simples, em latim traduzida por *specie* (1.30). Quanto aos sentidos, seriam todos embotados e tardos, incapazes de perceber os sensíveis, ou por serem pequenos, ou móveis e rápidos, não havendo uma só coisa constante, idêntica, num fluxo ininterrupto. Dessas coisas não haveria senão opinião, enquanto a ciência existiria nas noções (*notionibus*) e raciocínios (*rationibus*) da alma (1.31-32). Essa interpretação de Varrão não foge do que encontramos nos diálogos platônicos[16] e que, na minha opinião, oferece munição aos céticos de maneira geral. São vários os lugares em que Platão descreve a impossibilidade de apreensão das coisas do mundo tal como elas nos aparecem. Vejamos alguns diálogos que se dedicam a esse problema.

O primeiro é a *República*, livro V, naquele trecho em que Sócrates está com a incumbência de explicar a Gláucon a diferença entre o filósofo e outras figuras que amam também um saber, mas não o saber em sua totalidade, que depois serão reunidos sob o nome de filódoxo, amante da opinião. Nessa passagem a que me refiro, Sócrates introduz, de maneira sutil como sempre, aquela que ficou conhecida como "teoria das Ideias".

> "Uma vez que o belo é o contrário do feio, eles são dois."
> "Como não?"
> "Então, uma vez que são dois, também cada um deles é um".
> "Isso aí".

[16] A sequência da descrição de Varrão é mais difícil de interpretar e ele claramente já não fala de Platão, mas da Antiga Academia, usando a terceira pessoa do plural. Em resumo, os primeiros acadêmicos davam importância à definição, à explicação dos sentidos das palavras (chamada de "etimologia") e usavam certas formas argumentativas para demonstrar suas conclusões. É muito sucinta a descrição da Dialética (como um ramo da Lógica) da Antiga Academia por Varrão, mas interessante, todavia, para quem quer pelo menos ter uma ideia do que foi a sistematização daquilo que em Platão aparece na forma dialógica, dramatizada e de modo (ao menos me parece) mais intuitivo e livre.

> "E esta mesma afirmação caberá ao justo e ao injusto, ao bom e ao mau e a todas as formas, a saber, cada uma delas é uma, mas, pela associação com ações, corpos, e de umas com as outras, cada uma delas aparece em todo lugar e se manifesta como [se fossem] muitas"[17]. (Pl. *R.* 5.475e-476a).

Importante esse diálogo porque dele depende a argumentação socrática de que a diferença fundamental entre filósofo e filódoxo é que o filósofo reconhece que há realidades (*tà* ónta), que são sempre e do mesmo modo, para além da multiplicidade aparente dos existentes corruptíveis; e somente essas realidades são cognoscíveis. Da multiplicidade não há conhecimento, *epistéme*, mas apenas *dóxa*. Queria me ater a esse segundo ponto. O que faz com que dos aparentes só haja opinião? Assim como acadêmicos e pirrônicos reconhecerão, o acesso pelos sentidos, a *aísthesis*, nos condena aos mais diversos tipos de relativismo. Num diálogo simulado com o filódoxo (*R.* 479a), pergunta Sócrates a ele:

> [S.] "Pois então, meu caro, dessas muitas coisas que diremos que são belas há alguma que não parecerá feia? E das coisas justas, que há alguma que não parecerá injusta? E das pias, uma que não seja ímpia?" [G.] "Não, mas é necessário", disse, "às próprias coisas belas de alguma maneira parecerem feias, o mesmo valendo para as pias e as demais pelas quais perguntas"[18].

Lembremos do diálogo *Hípias Maior*, e daqueles fragmentos de Heráclito (DK B 82, 83) que lá são citados por Sócrates: "Dos macacos, o mais belo é feio se comparado com o gênero humano."[19] "Dos homens, o mais sábio diante de um deus parece um macaco,

---

[17] [S.] ἐπειδή ἐστιν ἐναντίον καλὸν αἰσχρῷ, δύο αὐτὼ εἶναι. [G.] πῶς δ᾽ οὔ; [S.] οὐκοῦν ἐπειδὴ δύο, καὶ ἓν ἑκάτερον; [G.] καὶ τοῦτο. [S.] καὶ περὶ δὴ δικαίου καὶ ἀδίκου καὶ ἀγαθοῦ καὶ κακοῦ καὶ πάντων τῶν εἰδῶν πέρι ὁ αὐτὸς λόγος, αὐτὸ μὲν ἓν ἕκαστον εἶναι, τῇ δὲ τῶν πράξεων καὶ σωμάτων καὶ ἀλλήλων κοινωνίᾳ πανταχοῦ φανταζόμενα πολλὰ φαίνεσθαι ἕκαστον.

[18] [S.] 'τούτων γὰρ δή, ὦ ἄριστε, φήσομεν, τῶν πολλῶν καλῶν μῶν τι ἔστιν ὃ οὐκ αἰσχρὸν φανήσεται; καὶ τῶν δικαίων, ὃ οὐκ ἄδικον; καὶ τῶν ὁσίων, ὃ οὐκ ἀνόσιον;' [G.] οὔκ, ἀλλ᾽ ἀνάγκη, ἔφη, καὶ καλά πως αὐτὰ καὶ αἰσχρὰ φανῆναι, καὶ ὅσα ἄλλα ἐρωτᾷς.

[19] 'πιθήκων ὁ κάλλιστος αἰσχρὸς ἀνθρώπων γένει συμβάλλειν,' Pl. *Hp.Ma.* 289a.

tanto em sabedoria, quanto em beleza e em tudo o mais."[20] O relativismo aí se apresenta na comparação entre coisas. O homem é belíssimo se comparado a um macaco mas feio se comparado a um deus. O relativismo se faz presente também na comparação de uma mesma coisa mas em diferentes pontos do tempo: antes parecia belo e agora parece feio, por exemplo. Às vezes a mesma coisa parece bela sob um aspecto, mas feia por outro. Muito comum também que pareça bela a uma pessoa e feia a outra. Tudo isso Platão está reconhecendo. Sócrates menciona, na sequência do argumento na *República*, que o mesmo ocorre com as quantidades relativas, como metades e dobros; assim como com outras propriedades relacionais como grande e pequeno, leve e pesado. Todos devem se lembrar também daquela passagem do *Teeteto*, em que Sócrates levanta o paradoxo: como ele poderia de alto tornar-se baixo se ele não se altera? Teeteto, um jovenzinho que ainda não cresceu tudo o que tinha para crescer, acha Sócrates alto. Tempos depois, ultrapassaria a altura de Sócrates, e passaria a achar o mesmo Sócrates baixo (cf. Pl. *Tht.* 155b). Sócrates, no *Fédon*, chega ao ponto de relativizar a noção de igualdade. Nada se manifesta absolutamente igual a outra coisa, duas pedras que parecem iguais para um, parecem desiguais para outros (75b). As igualdades percebidas são diferentes do próprio Igual (75c). A confusão a que somos levados pelos sentidos, entretanto, nos despertaria para a necessidade de uma busca que abandone o corpo, o nosso corpo, como referência. É essa a proposta do *Fédon*, ao pensar a filosofia como exercício de morte, isto é, de separação da alma e do corpo; é essa a proposta da *República* também, quando da apresentação dos estudos preliminares à dialética, que forçam o aprendiz a pensar números, corpos, movimento, sem o auxílio dos sentidos. É claro que essa continuidade do argumento platônico não será tematizada pelos neoacadêmicos – ou, pelo menos, não temos registro disso. Entretanto, ainda que haja em Platão uma aposta no conhecimento pela dialética e pelo exercício da inteligência, e uma metafísica que postule Ideias eternas e imutáveis

[20] 'ἀνθρώπων ὁ σοφώτατος πρὸς θεὸν πίθηκος φανεῖται καὶ σοφίᾳ καὶ κάλλει καὶ τοῖς ἄλλοις πᾶσιν;' Pl. *Hp.Ma.* 289b.

– que certamente seria atacada por um cético impaciente com o que ela comporta de não-evidente –, duas coisas, ainda, contribuiriam para a visão de um Platão influente do ceticismo. A primeira delas, sobre a qual falaremos agora, diz respeito ao fato de essa crença na racionalidade, em sua filosofia, servir a buscas de caráter ético. A segunda delas, sobre a qual falaremos em seguida e com a qual talvez nem todo platonista concordará, é que Platão, assim como Sócrates, recusa a possibilidade de conhecimento verdadeiro e seguro da *phýsis*.

Com relação ao primeiro elemento que elencamos, recomendo relembrar, por exemplo, que todo o esforço de busca do conhecimento retratado tanto no *Fédon* quanto na *República* (diálogos que trazem as Ideias como objeto privilegiado de investigação pelo filósofo) tem em vista a felicidade, a boa vida. Na *República*, especificamente, está em jogo também a política. Esse filósofo que conhece as formas da beleza, da justiça, da temperança, é o mesmo caracterizado como um pintor de *politeîai*, de legislações. Ele tem a tarefa de concretizar na pólis esses modelos que ele carrega em sua alma. Nesse sentido ético, Platão não tem nada de cético. Há uma defesa muito firme desses paradigmas imutáveis do Bem, do Justo etc., que devem ser buscados por todo aquele que quer ser feliz. E muitos diálogos retratam essa busca. Podemos até discutir se realmente ele tem uma doutrina consolidada sobre o Bem, o Justo etc., mas acredito que todos concordariam que a metafísica das Ideias impede o relativismo moral. Ainda que, no plano humano, bens estejam misturados aos males, não se pode negar que exista uma compreensão platônica, explicitada em lugares diferentes, que exorta à virtude, o "assemelhar-se à divindade o máximo possível"[21]. Seja a referência a divindade, como no

[21] Ao invés de apontar todos os lugares em que fica claro que Platão recusa o relativismo moral, o que percebo como consenso entre os estudiosos, recomendo a leitura de uma passagem em que essa importância do modo de vida filosófico e virtuoso me aparece com as tintas mais fortes, a saber, *Teeteto*, 176a-177a. Segue o trecho que me parece o mais convincente nesse sentido: "ἀλλ᾽ οὔτ᾽ ἀπολέσθαι τὰ κακὰ δυνατόν, ὦ Θεόδωρε— ὑπεναντίον γάρ τι τῷ ἀγαθῷ ἀεὶ εἶναι ἀνάγκη—οὔτ᾽ ἐν θεοῖς αὐτὰ ἱδρῦσθαι, τὴν δὲ θνητὴν φύσιν καὶ τόνδε τὸν τόπον περιπολεῖ ἐξ ἀνάγκης. διὸ καὶ πειρᾶσθαι χρὴ ἐνθένδε ἐκεῖσε φεύγειν ὅτι τάχιστα. φυγὴ δὲ ὁμοίωσις θεῷ κατὰ τὸ δυνατόν: ὁμοίωσις δὲ δίκαιον καὶ ὅσιον μετὰ φρονήσεως γενέσθαι." "Mas nem é possível que os males tenham fim, Teodoro – pois necessariamente sempre há

Teeteto, ou as próprias Ideias, como na *República*, o que fica patente é que ela é estável e inalterável apesar da confusão inerente à vida no âmbito do humano.

Se, no que se refere à Ética, fica mais difícil (embora não impossível) entender a continuidade entre Platão e a Nova Academia[22], no que diz respeito à Física, todavia, a herança platônica parece mais defensável. Primeiro, vamos esclarecer o que queremos dizer com "Física". Esse é o termo utilizado por várias escolas do período helenístico, e também pela Antiga Academia, para designar essa parte da Filosofia que se dedica ao estudo da *phýsis*, dos fenômenos naturais, da origem do cosmo, dos seres naturais, sua composição material etc.

Bem, a explicação que Varrão dá da Física da Antiga Academia, suposta por ele como procedente de Platão, tem vários traços estoicos. Vejam-se as noções de causa eficiente e passiva

algo contrário ao bem –, nem que eles estejam estabelecidos entre os deuses, mas percorrem necessariamente a natureza mortal e este lugar aqui. Por isso também é preciso tentar fugir daqui para lá o mais rapidamente. A fuga consiste no assemelhar-se a deus o máximo possível; e o assemelhar-se consiste em tornar-se justo e piedoso com sabedoria."

[22] Digo que não é impossível porque também não é claro como os primeiros céticos lidavam com temas éticos. Cícero, por exemplo, atribui a Pirro a tese forte de que não apenas o sumo bem é o bem moral, mas que *o único* bem é o bem moral (*De finibus* 3.12). É interessante porque Pirro é trazido para o argumento como exemplo de um moralismo rígido, mais rígido do que o de Zenão de Cítio, que ele, Cícero, está combatendo em seu diálogo com Catão, e que consiste na ideia de que basta ser virtuoso para se obter a felicidade, não havendo interferência negativa nem por parte das adversidades, nem positiva por meio de outros tipos de bens. Bem, mas a questão é se podemos dar credibilidade à maneira como Cícero está compreendendo Pirro e nos perguntarmos se ela entra em contradição com os outros testemunhos de que dispomos. Acredito que não, mas isso seria tema para outro trabalho. Chamo atenção também para o fato de que abrir mão de uma Ética à maneira dos dogmáticos – que, *grosso modo*, estipule o que é o Bem e o Mal – não permite abrir mão de uma ética qualquer, uma vez que o cético terá que fazer escolhas ao longo da vida. E me pergunto se o *eúlogon* de Arcésilas também não é uma aposta na racionalidade para a busca da felicidade, como parece indicar a seguinte passagem de *Contra os lógicos*, 1.158: "Mas, uma vez que depois disso era preciso também investigar acerca da conduta de vida, a qual não se dá naturalmente sem um critério, a partir do qual também ocorre a felicidade (e esta é a finalidade da vida), Arcésilas diz que quem, suspendendo o juízo sobre tudo, regular suas escolhas, rejeições e ações em geral pela boa razão [*eúlogon*], acertará; pois a felicidade surge como resultado da sabedoria prática [*phrónesis*], e a sabedoria prática reside na ação correta [*katórthōma*], e a ação correta existe quando um feito tem sua defesa bem razoável [*eúlogon apologia*]. Portanto, quem se dedicar à boa razão agirá corretamente e será feliz."

como princípios do todo (CÍCERO, *Varrão* 24 e S.E. *M.* 9.11); a concepção de coesão da matéria por uma força (*Varrão* 24 e *M.* 9.80-85); a caracterização da matéria como desprovida de qualidades (*Varrão* 27 e *M.* 9.11); a concepção de que o cosmo é atravessado pela razão em todas as suas partes (*Varrão* 28 e *M.* 9.103-104). Platão, por sua vez, tem um único diálogo em que se demora nessas questões, que é o *Timeu*. E o *Timeu* não dá respaldo para várias das afirmações de Varrão, as quais, por sua vez, aparecem *ipsis litteris* em fragmentos estoicos (apontamos acima apenas alguns que se encontram em *Varrão*, de Cícero, e em *Contra os físicos*, de Sexto Empírico). Varrão, ainda, entende a alma do mundo como Deus, o que destoa da narrativa de Timeu, que menciona o demiurgo, ele sim divino, às vezes identificado como uma Inteligência (designado como *Noûs*). A alma do mundo é criação do demiurgo, que sequer aparece na exposição de Varrão. Chamo atenção, ainda, também para a ausência das Formas. Enquanto no *Timeu* elas são paradigmas a partir dos quais o demiurgo modela o mundo e os seres nele contidos, na explicação de Varrão, tudo se resume a uma relação entre qualidades primárias, como ele chama o ar, o fogo, a água e a terra, que, a partir de seus movimentos próprios, operam todo tipo de transformação. A Natureza é tida como consciente, dotada de uma Razão imanente. Dillon, o autor de um livro importante sobre médio-platonismo (*The Middle platonists, 80a.C-220*), lendo esse mesmo trecho, considera essa apresentação de Varrão um *blend*, uma mistura de estoicismo com o *Timeu*. Não deixa de ser uma leitura do *Timeu*, mas a partir de uma lente estoica, projetando categorias estoicas: como o conceito de matéria (ausente do *Timeu*) e o lógos imanente associado à alma do mundo (que também não está lá). E Dillon levanta a suspeita de que a ausência das Formas se deva à concepção estoica de que nada imaterial seja capaz de agir ou padecer. Não haveria, portanto, se a suspeita de Dillon for correta, nada de imaterial nessa Física que expõe Varrão (que Dillon atribuirá mesmo a Antíoco), o que contradiz frontalmente o texto platônico, que assume em todo lugar a alma e as Formas como imateriais.

Além dessas divergências que poderíamos chamar de doutrinárias, tem um ponto que me parece crucial e que antecede toda essa discussão, que é a maneira como o personagem Timeu entende sua própria narrativa. Ela praticamente joga para os ares qualquer tentativa de encontrar ali algo como uma Física, à maneira do que estoicos fizeram. Isso porque o existente, aquilo que nasce e morre, não pode ser objeto de conhecimento (*epistéme*). Lembremos de como isso era um problema na *República*. Daquilo que acesso somente pela sensação só tenho *dóxa*, opinião[23]. Aqui no *Timeu* esse problema retorna, só que agora o foco maior não está na Ética (embora o *Timeu* traga uma série de questões relativas à Ética também[24]), mas o foco está na possibilidade de se dissertar sobre o mundo, sobre a *phýsis*. Como o mundo é ele mesmo criado, ele nasce e é visível, ele está no rol das coisas apreendidas pela *dóxa* (28a). Não seria possível, então, uma ciência, uma *epistéme*, sobre a *phýsis*? Se o mundo é ele mesmo imagem, imitação do modelo inteligível, o que se pode ter dele não é discurso "científico", infalível, mas verossímil (*eikós*, 29c). Por isso Timeu afirma que basta (porque é isso que é possível), oferecer um *eikòs mŷthos*, uma narrativa verossímil. E ele não diz isso apenas no começo de seu longo discurso. Ele reforça essa premissa em vários momentos. Por exemplo, quando anuncia o tema da *khôra*, em 48d:

> Fiel ao que disse no começo sobre o valor dos [discursos verossímeis], tentarei apresentar uma interpretação dessas questões [...] tão verossímil [...] quanto muitas [...]. Assim, mais uma vez, no limiar de nossa exposição, invoquemos a divindade protetora, a fim de assegurar-nos livre trânsito nesta exposição estranha e insólita, até à [opinião – *dógma*] ditada pela [verossimilhança]. (Trad. de Nunes com alterações nossas entre colchetes).

---

[23] Vale a pena reler a distinção entre o filósofo e o filódoxo no livro V, especialmente 479d-e.

[24] Ver, por exemplo, *Timeu* 86e-87c e 90a-d.

Vejamos também o que ele diz depois de dissertar sobre a alma humana e suas diferentes localizações no corpo:

> Com referência à alma, explicamos qual seja sua parte mortal e qual a divina, onde, em companhia de que e por qual razão foram alojadas separadamente; contudo, a verdade de nossa exposição só poderá ser confirmada [pela divindade]. Mas que é bastante verossímil tudo o que adiantamos, tanto agora como depois de demorada reflexão, é o que ousamos afirmar, como, de fato, afirmamos. (72d-e, trad. de Nunes com alterações nossas entre colchetes).

O que estou tentando mostrar com essas passagens é que é avançar muito além do que permite o próprio texto entender que a narrativa de Timeu consiste na Física platônica *tout-court*. Penso, quando muito, que ela seria a melhor narrativa possível sobre a origem do cosmo, a mais adequada, conveniente e razoável, assumindo-se a premissa de que o mundo foi criado a partir de um modelo inteligível. Mas essa narrativa não se apresenta, em momento nenhum, como uma doutrina, e muito menos como aquela asseverada por Varrão.

Um parêntese (que não considero assim tão supérfluo): claro que é difícil saber o quanto de credibilidade o próprio Platão dava à narrativa que construiu no *Timeu*; e o que há de sério e o que há de jocoso em todas as suas fabulações explicativas. E um dado que impressiona é o fato de seus próprios discípulos não serem uníssonos quanto a interpretá-la de maneira metafórica ou literal. Não me refiro nem aos neoplatônicos, afastados no tempo, mas a Aristóteles e Xenócrates, que conviveram com Platão no período de composição do *Timeu*[25]. Esse é um ponto que fortalece a concepção de que o próprio Platão não estaria comprometido com a transmissão cerrada de uma Física.

[25] Cf., a esse respeito, frag. 155 de Xenócrates (Isnardi Parente) para a interpretação metafórica e ARISTÓTELES. *De Caelo*, 279b30-280a32, para a interpretação literal.

4. A incredibilidade dos sentidos e seu desdobramento na recusa da impressão apreensiva

Da discussão sobre a fiabilidade dos sentidos chegamos ao ponto nevrálgico da disputa entre neoacadêmicos e estoicos. Arcésilas é evidenciado por Cícero com sua guinada em recusa aos seus antecessores e por seu empenho em recuperar a dúvida socrática e a filosofia de cunho investigativo. Sua rivalidade com Zenão, o primeiro estoico, também é destacada. Essa rivalidade será revivida por Cícero em sua oposição a Antíoco (gerando um paralelismo interessante entre as duas disputas), que reformulou a doutrina da Antiga Academia em vários pontos, assumindo declaradas posições estoicas. Digamos, portanto, que o inimigo comum e preferencial dos membros da Nova Academia, mas também dos céticos pirrônicos, são os estoicos. Agora, então, penso que seria a hora de tratar do tema central dessa rivalidade, que é a teoria estoica da *phantasía*.

Como disse antes, pouco ou nada se salva da ética platônica na Nova Academia, porém se há um tema que revela a convergência de Platão e neoacadêmicos é a já tratada condenação do conhecimento pelos sentidos, o inevitável relativismo quando precisamos nos apoiar nas sensações. Zenão, entretanto, propõe uma solução que Antíoco adota. Com um novo vocabulário, ausente de Platão, Zenão teria chamado o conteúdo da sensação em nossas almas de *phantasía*, que alguns traduzem por "representação", outros por "impressão". Essas representações podem ter origens diferentes, mas fiquemos com o tipo mais relevante pro nosso assunto, a *phantasía* originada de um existente (*tò gignómenon*), que é como Zenão se referia às coisas exteriores a nós. Sendo originada de um existente, haveria duas possibilidades: ela ser uma representação apreensiva, ou uma representação não-apreensiva. A apreensiva seria acompanhada de um signo característico, a *enárgeia*, a evidência. A não-apreensiva não viria acompanhada de evidência, de modo que o próprio percipiente não daria fé à representação. A representação apreensiva, por sua vez, seria a impressão do existente tal como ele aparece, de modo que seria informativa e confiável. Daríamos assentimento a esse tipo de representação. Confiando, assim, nos dados dos sentidos a partir do critério de evidência, mais um passo poderia se dar, com o teste pela razão. Se a apreensão não puder ser arrancada pela razão, temos ciência. Por trás desse raciocínio, subjaz a convicção de que a Natureza é racional, opera por fins, e que não haveria motivos para sermos dotados dos cinco sentidos se eles fossem inteiramente vãos, se eles não pudessem captar a realidade tal como ela nos aparece[26].

A questão é que essa "correção" de Zenão praticamente reescreve Platão. Embora encontremos no *Timeu* e no *Fédon* uma concepção teleológica da Natureza, em momento nenhum Platão parece abrir mão do relativismo referente aos sensíveis. Lembremos que no *Timeu*, ao se tratar das percepções, claramente o nosso corpo aparece como partícipe da produção da sensação junto com o objeto percebido. Consideremos o exemplo de apenas um tipo de percepção, a visual, mas é possível conferir[27] que as percepções em geral operam de maneira semelhante, que elas ocorrem e são explicadas tendo o nosso corpo como partícipe e referência. Um dos gêneros sensíveis são as cores, definidas como "chamas que efluem de cada um dos corpos, partículas proporcionais à vista" (67c) de modo a produzirem a percepção (*aísth□ sis*). Primeiro, é preciso entender que o corpo visual não se restringe aos olhos, mas que o fogo de que compõe nossa vista eflui, se une ao fogo do dia (à luz do dia), de modo que tudo que o toca seja visto. É estranho para nós pensar assim, mas o que Timeu está dizendo é que o nosso corpo se estende para além dos limites que supomos. O fogo visual de cada um abrange tudo aquilo que está no seu campo de visão. A cor é chama, que é um tipo de fogo; o nosso fogo visual se choca com ela e vai transmitindo a afecção para os olhos e depois para *tò phrónimon*, a região sábia de nossa alma. Voltando às cores, a maneira como as chamas dos corpos

[26] Ver CÍCERO, *Varrão* 40-42.

[27] Ver *Timeu* 61c-67c.

se relacionam com o fogo visual determina as cores que vemos. Se as partículas forem de mesmo tamanho, a cor não é percebida e daí se explica o transparente. Se a partículas da coisa vista forem menores, elas operam no fogo visual uma *diákrisis*, uma dissociação, atravessando-o. Essa descrição atende à cor branca. Em caso oposto, quando as partículas da coisa vista forem maiores a ponto de gerarem uma compressão (*sýnkrisis*), se impondo contra o fogo visual, temos a cor preta. Se a dissociação for feita de maneira mais penetrante (*oxytéran*) e a partir de um fogo de outro gênero (que não somente chama), chegando ao líquido do olho de maneira violenta, o fogo visual escorre todo pra fora (por isso não conseguimos mais enxergar direito), assim como escorrem lágrimas. Esse *páthos* se chama ofuscamento, e uma profusão de cores é gerada nesse turbilhão que chamamos de brilhante, reluzente. Como intermediário entre o branco e o brilhante, o vermelho é a cor percebida quando há dissociação do fogo visual, o líquido do olho é atingido, mas não com a mesma intensidade do brilhante, produzindo nesse choque mais suave uma cor sanguinolenta. Com esse exemplo, estou querendo indicar que em Platão não há um mundo do lado de fora, coisas que existem por si mesmas, e que eu possa acessar de maneira precisa. A precisão é impossível, porque a minha percepção de mundo é determinada por mim, depende de mim, e eu não tenho como me desfazer de meu corpo para acessá-lo. Cores, sons, sabores, impressões táteis, odores, essas coisas nos aparecem de determinada maneira porque também somos corpos, constituídos de fogo, terra, água e ar, assim como tudo que há no cosmo. Se eu sinto algo como áspero, é porque a coisa que eu toco me agride; se eu sinto um sabor como ácido, é porque o alimento produziu dilatação dos vasos da língua. É assim que Timeu explica a produção de sensações. Então é claro que outros corpos terão percepções diferentes das mesmas coisas. Além disso, não há um lado de fora, estático, esperando para ser percebido e conhecido.

Platão, assim, dá mais munição para a artilharia acadêmica/cética contra a capacidade de os sentidos apreenderem as coisas do mundo, e isso porque, como dissemos, nosso corpo é partícipe da produção das impressões. Seria um erro, portanto, consolidar o processo de conhecimento partindo de qualquer impressão, mesmo da mais vívida[28]. Na refutação aos estoicos um argumento parecido está em jogo. Os neoacadêmicos se veem no dever de mostrar que não há apreensão sensível garantida. E o ponto nevrálgico de seu argumento é o de que a evidência não distingue a representação verdadeira da falsa. Esses termos utilizados por Cícero penso serem mais bem explicados por Diógenes Laércio em sua exposição do estoicismo no livro VII. É que, além disso que é a *phantasía*, que quase sempre provém de um existente[29], há também o *phántasma*, que não provém de um existente. Uma aparição, como aquelas dos sonhos e das alucinações. Parece que vemos algo, parece que ouvimos algo, mas depois percebemos que não era real. Isso seria o *phántasma*. É isso que Cícero parece estar chamando de representação falsa ou impressão vazia[30], porque não é, na verdade, uma representação ou uma impressão proveniente de um existente e que me afeta. Porém, o que os neoacadêmicos vão dizer é que os *phantásmata* também vêm acompanhados de evidência! Quando eu sonho que estou na praia, para mim é evidente que estou na praia, por exemplo. Quando eu acordo, eu percebo que não. Mas no momento em que estou sonhando, no momento em que me "aparece" a praia, ela me aparece como algo evidente. Eu não duvido. O delirante que alucina também acredita firmemente em suas alucinações. Então, como separar o *phántasma* da *phantasía*? Não é possível. Não tem um sinal que me

---

[28] O máximo que imagino que poderíamos aceitar, a partir dessa concepção de percepção, é que, por nós, humanos, termos corpos semelhantes e que funcionam de maneira semelhante, seria possível uma descrição dos fenômenos de uma perspectiva declaradamente antropocêntrica. Pela observação do que acontece com o nosso corpo quando em contato com outros corpos, tentamos dar explicações plausíveis para aquilo que nos ocorre de maneira regular. Mas não é possível atribuir às coisas mesmas cores, sabores, a qualidade de fria ou quente etc. Quando se faz isso, no tempo de Platão ou hoje, faz-se colocando entre parênteses que se parte de uma visão humana de mundo e que sequer é compartilhada por todos os humanos (dependendo da diversidade dos corpos).

[29] Há também aquelas originadas na razão, como, por exemplo, a impressão dos incorpóreos. O vazio não é percebido sensorialmente, mas ele nos aparece racionalmente. Ver DL 7.51.

[30] Ver DL 7.50. Em Cícero (*Luculo* 47), o *phántasma* e dito uma *visio inanis*, *impressão vazia*.

faça distinguir uma coisa da outra. Quem leu o *Teeteto* reconhece que alguns dos argumentos acadêmicos vêm dessa obra[31]. Quem leu Sexto Empírico também reconhecerá esses argumentos do diálogo, especialmente no quarto modo da suspensão[32]. Aliás, vários dos modos de Enesidemo, o cético "mais antigo" que Sexto apresenta no livro I das *Hipotiposes*, ocorrem em diálogos platônicos, seja pela boca de Sócrates, seja pela boca de seus interlocutores. No *Teeteto*, na *República*, no *Protágoras*[33]... É incrível como Platão dá munição para o ceticismo contra o estoicismo e sua confiança nos sentidos como base para a ciência. É claro que os estoicos serão também inspirados por ele, mas isso é já uma outra história, que merece um detalhamento e uma atenção maior.

Aqui meu objetivo era, primeiro, desfazer um preconceito contra o ceticismo de maneira geral, mostrando como ele reage às falsas certezas doutrinárias, tentando levantar problemas e questões onde o argumento de autoridade impera. No caso específico dos neoacadêmicos, a reação ocorreu contra um suposto sistema platônico, e um modo doutrinário de fazer filosofia que teria se consolidado ao longo do tempo, fazendo-se perder seu caráter propriamente investigativo. A reação ocorreu também contra a ameaça estoica, ou a estoicização da Academia, que foi algo que Cícero certamente não conseguiu interromper quando em face de Antíoco. "Como ele pode se declarar acadêmico", se pergunta Cícero, "estando ele muito mais próximo dos estoicos do que, até mesmo, da Antiga Academia?" Espero ter conseguido, ainda, apontar sob que aspectos a filosofia de Platão pode ser lida como uma resistência ao dogmatismo, seja pelo seu caráter dialógico,

[31] Ver a resposta ao argumento do louco, do bêbado e do dormente em *Teeteto*, 158c-e.

[32] P. 1.14.100-113.

[33] No *Teeteto*, o primeiro, o segundo e o quarto modos da suspensão ocorrem em 154a. Entendo também que o oitavo modo, o da relatividade, também se assemelha ao relativismo protagórico no *Teeteto* (não à toa Sexto Empírico dedicará um capítulo das *Hipotiposes* apenas para explicar em que o ceticismo pirrônico se difere da doutrina protagórica, reconhecendo que o pensador introduziu a relatividade – *P.* 1.32). No *Protágoras*, temos o primeiro modo em 334a-b. Na *República*, o quinto modo aparece em 10.602c, e o terceiro em 10.602d. Aliás, essa passagem da *República* é muito interessante porque ela soluciona a aporia oferecida pelos sentidos com o recurso à razão, ao trabalho do *logistikón*, que pode medir, calcular, pesar, e não ficar refém do que aparece.

seja por as Ideias aparecerem no horizonte como aquilo que *impulsiona* e *fundamenta a investigação* com vistas à vida feliz. É certo que Platão não foi o único pensador a fazer uso de certos argumentos que inspirarão o ceticismo, especialmente aqueles que colocam em dúvida a realidade dos fenômenos, daquilo que aparece, bem típicos dos modos de Enesidemo[34], mas entendo que reconhecer esse dado seja relevante para compreender por que não há um desvio "herético" numa vertente cética do platonismo.

Referências bibliográficas

ARISTOTE. *Du ciel*. Texto établi et traduit par Paul Moraux. Paris: Les Belles Lettres, 1965.

ARISTÓTELES. *Metafísica*. Ensaio introdutório, texto grego com tradução e comentário de Giovanni Reale. Tradução de Marcelo Perine. 2. ed. São Paulo: Loyola, 2005. v. 2.

BOLZANI FILHO, Roberto. *Acadêmicos* versus *Pirrônicos*. São Paulo: Alameda, 2013.

BURNET, Ioannes (ed.). *Platonis opera*. Oxford: Clarendon Press, 1900-1907. 5 v.

CÍCERO, Marco Túlio. *Textos filosóficos*. Tradução do latim, introdução e notas de

J. A. Segurado e Campos. 2. ed. Lisboa: Calouste Gulbenkian, 2018.

DILLON, John. *The Middle Platonists:* 80 B.C. to A.D. 220. Revised edition with a new afterword. Ithaca: Cornell University Press, 1996.

DIÔGENES LAÊRTIOS. *Vidas e doutrinas dos filósofos ilustres*. Tradução do grego, introdução e notas de Mário da Gama Kury. 2. ed. Brasília: UnB, 1987.

DIOGENES LAERTIUS. *Lives of eminent philosophers*. With an English translation by R. D. Hicks. Cambridge, MA: Harvard University Press, 2005. v. 2.

[34] Para quem tiver interesse em ler os 10 modos de Enesidemo traduzidos para o português, recomendo HUGUENIN; BRITO, 2020.

HADDAD, Alice Bitencourt. A doutrina protagórica do *Teeteto* e suas influências na composição do Ceticismo Antigo. Ágora, v. 17, p. 159-175, 2015.

HUGUENIN, Rafael; BRITO, Rodrigo Pinto de (trad.). *Esboços Pirrônicos* 1.36-163: Os 10 modos de Enesidemo. *Sképsis*, v. 11, n. 21, p. 107-142, 2020.

PLATÃO. *Diálogos: Timeu-Crítias, O Segundo Alcibíades, Hípias Menor*. Tradução direta do grego de Carlos Alberto Nunes. 3. ed. rev. Belém: EDUFPA, 2001.

SENOCRATE; ERMODORO. *Frammenti*. A cura di M. Isnardi Parente. Napoli: Bibliopolis, 1982.

SEXTUS EMPIRICUS. *Against Logicians*. With an English translation by R. G. Bury. Cambridge, MA: Harvard University Press, 2006 [reimp. de 1935].

SEXTUS EMPIRICUS. *Against the Physicists, Against the Ethicists*. With an English translation by R. G. Bury. Cambridge, MA: Harvard University Press, 2006 [reimp. de 1936].

SEXTUS EMPIRICUS. *Outlines of Pyrrhonism*. With an English translation by R. G. Bury. Cambridge, MA: Harvard University Press, 1933.

ARISTÓTELES

Notas sobre a segunda aporia do Livro Beta da *Metafísica* de Aristóteles

Marina Dos Santos

O presente texto[1] tem por objetivo apresentar a segunda aporia do livro Beta da *Metafísica* de Aristóteles e refletir sobre sua função no que concerne ao estabelecimento do corpo científico da ciência buscada. Para tanto, faremos uma apresentação sinóptica da aporia e, na sequência, teceremos algumas considerações acerca do que acreditamos ser a natureza e o papel do método diaporemático no interior da argumentação da *Metafísica*.

---

[1] O presente artigo consiste no concerto de extratos das pesquisas realizadas em minha dissertação de mestrado (Dos Santos, Marina. As aporias do Livro Beta da Metafísica de Aristóteles. Dissertação (mestrado) - Universidade Federal do Rio Grande do Sul. Instituto de Filosofia e Ciências Humanas. Programa de Pós-Graduação em Filosofia, Porto Alegre, BR -RS, 2006), e tese de doutorado (Santos, Marina. A unidade da Metafísica de Aristóteles a partir das aporias do Livro Beta . Tese (doutorado) - Universidade Federal do Rio Grande do Sul. Instituto de Filosofia e Ciências Humanas. Programa de Pós-Graduação em Filosofia, Porto Alegre, BR -RS, 2011), as quais contaram com bolsas de estudo financiadas pelo CNPq e Capes.

1.

Passemos ao texto da segunda aporia em B 2 996b26-997a15:

> Por outro lado, também sobre os princípios demonstrativos pode haver dúvida se são objeto de uma só ciência ou de várias (e chamo princípios demonstrativos as opiniões comuns com base nas quais todos demonstram; por exemplo, que tudo tem que ser afirmado ou negado e que é impossível ser e não ser ao mesmo tempo e as demais proposições desse tipo); Há uma só ciência que trata desses princípios e da substância ou há mais de uma? Se são distintas, a qual delas devemos dizer ser a que buscamos agora? Que sejam objeto de uma só não é, certamente, razoável. Por que há de ser mais próprio à Geometria ou a qualquer outra ciência entender desses princípios? Então, se é igualmente próprio a qualquer uma delas, mas não é possível que seja próprio a todas, assim como não é próprio às outras, tampouco é próprio àquela que investiga as substâncias conhecê-los. E, ao mesmo tempo, em que sentido haverá ciência deles? O que é, de fato, cada um desses princípios, pois chegamos a conhecê-los sem mais (ao menos, as outras ciências os usam como conhecidos). E, se há uma ciência demonstrativa deles, será preciso que algum gênero seja objeto e que deles, uns sejam atributos e outros sejam axiomas (pois é impossível que haja demonstração de todas as coisas), visto que a demonstração deve partir de algumas premissas, referir-se a algo e demonstrar algumas coisas. Resulta, pois, que, de todas as coisas que se demonstram, há algum gênero único, pois todas as ciências demonstrativas utilizam os axiomas. Por outro lado, se são distintas a ciência da substância e a que trata desses princípios, qual dessas duas é naturalmente superior e anterior? Pois os axiomas são universais em grau máximo e princípios de todas as coisas; e, se não corresponde ao filósofo, a qual outro caberá considerar o verdadeiro e o falso sobre deles?[2]

[2] As traduções das passagens citadas em língua portuguesa são sempre de minha responsabilidade e foram realizadas a partir do cotejamento do texto grego com as traduções de Yebra (Aristóteles, 1998), Ross (Aristotle, vol. ii, 1995, pp.1552 -1728) e Tricot (Aristote, 2003). Alexandre de Afrodísia e Tomás de Aquino serão, respectivamente, citados segundo a numeração da edição do texto grego de

A discussão da segunda aporia de Beta, ocorrida em B 2 996b26-997a15, suscita três questões: i) há uma única e mesma ciência que trate dos princípios comuns com base nos quais todos demonstram ou eles são objeto de mais de uma ciência? ii) há uma única ciência que trate desses princípios e da substância? iii) no caso da ciência que trata dos princípios da demonstração não ser a mesma que trata da substância, qual das duas deverá ser considerada a ciência que se busca? No entanto, Aristóteles não discute a questão *i* em Beta, mas apenas a menciona (996b26-29), passando diretamente à discussão das outras duas questões, as quais se desdobram em dois passos argumentativos. O primeiro deles consiste em expor a tese contra uma mesma ciência dos princípios da substância e da demonstração e o segundo passo consiste na defesa da tese a favor da unicidade. No que concerne ao primeiro passo, segundo Tomás de Aquino (§387), Aristóteles apresenta, em primeiro lugar, um questionamento acerca dos primeiros princípios absolutos da demonstração, a saber, se a investigação de tais princípios pode ser objeto de uma mesma ciência. Em segundo lugar, os caracteriza como crenças comuns, as quais servem de base às demonstrações de todos os homens. Um exemplo desse tipo de crença é o fato de não ser possível negar e afirmar algo de um sujeito ao mesmo tempo e sob o mesmo aspecto,o que Łukasiewicz (2005, p.3) chama da formulação lógica do princípio de não-contradição. "Outro" exemplo de princípio (ou a formulação ontológica do mesmo princípio de não-contradição, idem) é a proposição que estabelece que nada pode ser e não ser ao mesmo tempo e sob o mesmo aspecto. A questão agora é saber se tais princípios podem ser tratados por uma única ciência ou por muitas e, no caso de pertencerem a uma única, se tal ciência pode também ser ao mesmo tempo ciência dos princípios das substâncias. Caso não possa ser a mesma ciência que trata dos princípios das demonstrações e das substâncias, qual dentre as duas deve ser chamada de filosofia primeira?

Michael Hayduck e segundo a divisão e numeração do texto latino em parágrafos da edição de M. R. Cathala & R. M. Spiazzi.

Aristóteles passa, então, a apresentar dois argumentos a favor da tese que não há uma única ciência de todos os princípios das demonstrações e das substâncias. O primeiro argumento é o seguinte: se todas as ciências demonstrativas usam os mesmos axiomas para demonstrar suas proposições, então não há nenhuma razão para crer que uma dessas ciências, antes que qualquer outra, deva investigá-los. Parece menos razoável ainda que eles sejam tratados por todas elas, porque disso seguir-se-ia que a mesma coisa é tratada por diferentes ciências, o que, por sua vez, tornaria supérfluo o estabelecimento da filosofia primeira. E, pelas mesmas razões, também não competiria a nenhuma delas, antes que qualquer outra, considerar a substância.

O segundo argumento é o seguinte: na ciência há dois métodos mediante os quais o conhecimento é adquirido. Um deles concerne àquilo pelo que a quididade de cada coisa é conhecida, o outro concerne ao que é conhecido pela demonstração. Não cabe a nenhuma ciência particular produzir conhecimento dos princípios absolutamente primeiros da demonstração mediante o primeiro método, dado que o conhecimento de tais princípios deve ser anteriormente assumido para que o corpo de conhecimento de qualquer ciência possa ser construído. Assim, tais princípios não se fazem conhecer do mesmo modo como as proposições das demais ciências, pois eles são condição de toda produção de conhecimento, não sendo, portanto, passíveis de ser conhecidos mediante qualquer um dos métodos cognitivos supracitados. Visto que são condição de possibilidade de todo conhecimento alcançado mediante aqueles métodos, a apreensão de tais princípios por nós deve ser imediata, isto é, compreender o sentido da proposição que os expressa é suficiente para apreender sua verdade. Já no que concerne à questão de saber se esse conhecimento imediato dos princípios absolutamente primeiros da demonstração é produzido pela mesma ciência que trata dos primeiros princípios da substância, parece ser difícil defender uma única ciência para ambas as coisas. A razão disso é que, se nós temos conhecimento científico ou bem por definição ou bem por demonstração e, se existe uma ciência dos axiomas absolutamente primeiros, então tal ciência teria de demonstrar as propriedades essenciais das coisas das quais ela trata. Ora, as propriedades de seus respectivos objetos são imediatamente evidentes a todas as ciências. Portanto, se não é possível sequer afirmar que há ciência dos princípios da demonstração, com menos razão ainda poder-se-ia identificar tal ciência à ciência dos primeiros princípios das substâncias.

Aristóteles prova que o conhecimento de tais princípios não é produzido por qualquer ciência por meio de demonstração. Caso houvesse uma ciência demonstrativa deles, então far-se-iam necessárias a tal ciência as seguintes coisas: um gênero que lhe servisse de objeto de estudo, suas propriedades e seus axiomas. Contudo, não pode haver demonstração de todas as coisas, pois não pode haver demonstração da existência desses objetos (deles só há definição), mas apenas das propriedades que pertencem a eles, pois, para que uma ciência possa ser construída, é necessário supor de antemão que seus objetos são (cf. *Segundo analíticos* I 1 71a12). A explicação disso é que a demonstração deve proceder a partir de certas coisas que servem de princípio a ela, as quais são chamadas de axiomas, e também de coisas que sirvam de objeto a ela deve demonstrar outras coisas, as propriedades daquelas coisas que lhe servem de objeto. A partir disso, é evidente que os princípios ou axiomas absolutamente primeiros não podem ser demonstrados sob pena de ter de se supor outros axiomas "mais" primeiros que eles, o que é absurdo, pois, se eles são absolutamente primeiros, não pode haver, por definição, nenhum outro que lhes seja anterior. Por isso, não é possível haver demonstração de todas as coisas e, portanto, deve haver axiomas absolutamente primeiros que são, eles mesmos, indemonstráveis por serem condição de possibilidade de toda e qualquer demonstração.

Tendo refutado o argumento dado para mostrar que o método demonstrativo pode levar ao conhecimento dos princípios absolutamente primeiros da demonstração, Aristóteles prossegue reforçando a inviabilidade da tese analisada através de um terceiro argumento, o qual chama a atenção para o fato que, se houvesse ciência demonstrativa desses princípios, seria necessário a eles ter certos atributos essenciais que lhes possibilitariam fazer parte de um gênero, o qual é um elemento necessário à demonstração. Contudo, dada a definição de princípio absolutamente primeiro, não se pode eleger apenas um dentre os gêneros do ser para servir de objeto à ciência que investiga esses princípios; caso contrário, eles não poderiam servir de base a absolutamente todas as ciências, já que os gêneros do ser que servem de objeto a elas diferem uns dos outros. Dessa forma, não pode haver demonstração dos axiomas absolutamente primeiros por não pertencerem a nenhum gênero em particular. Pela mesma razão, os princípios da demonstração não pertenceriam à ciência dos princípios da substância porque toda ciência demonstra as propriedades essenciais de seus objetos específicos e, nessa medida, as diferentes ciências possuem diferentes coisas para provar e é isso que torna impossível os axiomas figurarem entre os objetos de demonstração de todas as várias ciências. Portanto, a ciência dos princípios da demonstração não pode ser a mesma dos princípios da substância, visto que, segundo essa visão, elas tratam de coisas diferentes.

No que concerne ao segundo movimento argumentativo dessa aporia, Aristóteles diz que, se ciências diversas tratam dos princípios da demonstração e dos princípios das substâncias, então fica difícil decidir qual das duas deve ser considerada filosofia primeira. Pois, se, de um lado, os axiomas absolutamente primeiros são o que há de mais universal na medida em que são capazes de embasar as demonstrações de toda e qualquer ciência, de outro, a substância é ser primeiro, isto é, o principal modo de ser e, dessa perspectiva, é evidente que a filosofia primeira tem de ser ciência da substância. No entanto, se não é a mesma ciência que trata das substâncias e dos axiomas absolutamente primeiros, então não se compreende à qual outra ciência, que não a da substância, cabe estabelecer a verdade sobre tais axiomas.

2.

A natureza do método diaporemático, na *Metafísica*, têm sido comumente classificada, conforme nos expõe Aubenque (2009a, p. 40) como portadora de três momentos: i) *aporia*: o impasse teórico inicial em que o investigador vê diante de si a possibilidade da defesa de teses contrárias e, por vezes, contraditórias, acerca de um mesmo objeto; ii) *diaporia*: o momento em que o investigador perfaz o caminho de cada uma das possibilidades de resposta ao impasse em questão e avalia suas consequências, compreendendo, assim, melhor as dificuldades que cada umas das vias de resposta envolvem; iii) *euporia*: o momento em que o investigador postula uma resposta ao impasse inicial que seja capaz de superar ou dissolver as consequências indesejadas das respostas anteriormente avaliadas.

Não é nosso intuito adentrar na questão formulada por Aubenque sobre se a discussão das aporias constitui uma exigência metodológica indicada para se livrar de impasses teóricos ou um estado anímico em que o filósofo encontra-se imobilizado pelo impasse que o impede de seguir adiante no curso de sua investigação. Além disso, acreditamos não ser possível identificar, sem mais, o método diaporemático como uma subclasse do método dialético, pois, como bem nota Aubenque, a discussão de aporias nem sempre envolvem a consideração de opiniões bem reputadas, o que parece ser a marca indelével do método dialético. A discussão através das aporias, em Beta, parece não envolver exclusivamente teses historicamente defendidas, mas também problemas mais abstratos que não foram formulados por filósofos anteriores ou contemporâneos a Aristóteles.

Parece-nos que mais relevante do que insistir na divisão tripartite em que os comentadores costumam classificá-las é mostrar que as aporias (ou, pelo menos, no que concerne à segunda) configuram um método capaz de estabelecer *a priori* a possibilidade dessa ciência. Para tanto, tentaremos extrair certas características desse método a partir da consideração da indicação de resposta a ela (e ao conjunto ao qual supomos que a segunda aporia pertence, o conjunto das cinco primeiras, as aporias "radicais").

David Ross afirma (in: ARISTOTLE, 1997, p.xv) que B possui natureza preliminar em relação ao tratado metafísico e aponta alternativas para a função que os problemas de B possuem com referência à estrutura da Metafísica:

> B pode ser um programa que Aristóteles levou até o fim em leituras posteriores. Pode ser um mero esboço que ele nunca completou. Ou pode ser algo entre esses dois extremos: pode ser que ele tenha discutido alguns daqueles problemas de B explicitamente do modo como eles são suscitados nesse livro, enquanto outros ele discutiu de um novo modo, talvez em novos agrupamentos, e outros ele deixou de lado ou nunca sentiu-se capaz de resolvê-los (idem, pp.xv-xvi).

O comentador, após enumerar essas alternativas, decide-se pelo caminho do meio, o qual faz com que ele rejeite a posição de Jaeger que considera B como um roteiro exclusivamente ligado a uma metafísica de inspiração platônica. Sir Ross considera que, de um modo geral, o programa de B pode ser reconhecido ao longo de quase toda a Metafísica (com exceção de α, Δ, K e Λ, conforme pp.xxiv-xxix).

> Como um todo, então, o programa de B é razoavelmente bem completado, embora muitos problemas não tenham sido tratados da mesma forma com que foram originalmente suscitados. É natural que o modo de Aristóteles conceber os problemas da Metafísica seja modificado no curso de seu estudo. Ele deixa seu pensamento seguir 'o fôlego do argumento'; mas ele nunca esquece inteiramente os problemas suscitados em B e ele lembra-nos deles de vez em quando (ibidem, p.xxiv).

Arthur Madigan (in: ARISTOTLE, 1999, pp.xxxiii-xxxviii) acredita que, tal como também sugeriu Ross, B não pode ser tomado, sem qualificação, como um programa para a Metafísica. Segundo ele, dentre os problemas suscitados em B, alguns são resolvidos por Aristóteles ao longo da *Metafísica* não tendo por base os mesmos argumentos apresentados em B quando da formulação original dos impasses, tendo sido reformulados e referidos de forma não predita no texto de B. Outros problemas não possuem a mesma importância que possuíam em B, passando a figurar como um aspecto secundário de algum outro problema.

Para mostrar que B não pode ser tomado inadvertidamente como um programa para a *Metafísica*, Madigan propõe ao leitor que opere dois experimentos de pensamento, tendo por base que a *Metafísica* é um único tratado conectado e não uma série de tratados independentes. O primeiro experimento consiste em supor que nós temos B, mas nenhum outro livro da *Metafísica*, e temos de reconstruí-la tão somente a partir desse livro. O segundo experimento consiste em supor que o livro das aporias tenha sido perdido e que nós tenhamos que o reconstruir com base na *Metafísica*. A partir da consideração dessas duas hipóteses, Madigan mostra que tanto o conteúdo da *Metafísica*, no caso da primeira hipótese, quanto o conteúdo de B, no caso da segunda hipótese, estão muito longe de coincidir com o conteúdo da *Metafísica* e do livro B de que dispomos.

Apesar da inteira razoabilidade das ressalvas que Madigan aponta àqueles que poderiam vir a tomar B como um programa para a *Metafísica* sem qualificações, as conclusões que ele extrai, a partir desses experimentos de pensamento, parecem ultrapassar as exigências que podem ser feitas em relação ao tipo de documento que configura a *Metafísica* de Aristóteles. Ou seja, é muito razoável concordar com a tese de Madigan que B não pode ser tomado como um programa, sem mais, para a *Metafísica*, mas os argumentos com os quais ele pretende embasar tal tese parecem exigir do texto de Aristóteles características que esse, dada a sua própria natureza, não pode oferecer. As conclusões de Madigan parecem ter por premissa a exigência, não só da unidade filosofico-investigativa da *Metafísica*, mas também da unidade literária dessa obra (unidade rejeitada tanto por Jaeger (1923) quanto por Ross (Aristotle, 1997)).

Nesse sentido, a reconstrução imaginária proposta exige que todas as aporias apresentadas em B sejam respondidas ao longo dos demais livros da *Metafísica* na mesma ordem em que foram suscitadas em B e que o conteúdo argumentativo dessas soluções encontre perfeito eco nas preliminares formulações dos impasses. Dessa forma, quando Madigan convida "o leitor a pensar a *Metafísica* como um único tratado conectado, antes que uma série de tratados relativamente independentes" (p.xxxiv), ele está utilizando o termo 'único' aqui não só em sentido investigativo, mas também literário.

Giovanni Reale resume a questão sobre a unidade da *Metafísica* da seguinte maneira:

> Hoje em dia não se pode duvidar de (*sic*) que os catorze livros que nos chegaram com o título de Metafísica não constituem uma unidade literária precisa, isto é, um todo organicamente predisposto e acabado. (...) A Metafísica não é uma obra unitária, mas uma coleção de escritos. Estes não nasceram num mesmo bloco de tempo, mas são fruto de um plurianual esforço de pensamento, de novas meditações e repensamentos. Não obstante isso, uma coisa é certa: existe neles uma unidade especulativa de fundo. Negando tal unidade, torna-se simplesmente impossível a filosofia dos livros chamados Metafísica, tanto em seu conjunto como individualmente. (...) Particularmente hoje, a nosso ver, não se soube ler as obras que nos chegaram de Aristóteles, em particular a Metafísica, justamente como cursos e material para lições reservadas aos alunos, ou seja, como obras intra-peripatéticas e, portanto, com finalidade, estrutura e feitio totalmente diferentes dos escritos preparados para a publicação. Repetições, rupturas formais, saltos, resumos, abreviações e rigidez lingüística e estilística são constantes. O leitor que pretendesse ler a Metafísica como os livros acabados que hoje se publicam (ou como o próprio Aristóteles compunha as obras que publicava) tomaria a pior via e muito dificilmente chegaria a compreender sua mensagem precisa. (2001, pp.33, 35, 36).

Apesar do modo como Madigan pretende justificar a tese que B não pode ser tomado, sem mais, como um programa para a

Metafísica, sua interpretação parece não obliterar a possibilidade de uma fundamentação, pelo projeto da obra, da distinção das aporias de B em dois grupos, na medida em que o próprio Madigan admite que, mesmo que o livro B não revele as mais notáveis perspicácias de Aristóteles ou seus mais complexos argumentos, ele nos permite ver aquilo que serviu de motor a essas notáveis formulações levadas a cabo nos livros subseqüentes (cf. p.xxxviii).

Nesse sentido, parece ser possível propor um agrupamento das aporias a partir da consideração do estabelecimento de cada uma das diferentes perspectivas nas quais a ciência buscada se desdobra. Tal possibilidade parece poder ser firmada a partir do fato de tais problemas girarem em torno de um pequeno número de conceitos, os quais, por sua vez, estão em jogo justamente no estabelecimento dessas perspectivas, a saber, os conceitos de causa ou princípio e de ser primeiro ou substância (talvez sejam esses conceitos aquilo que Madigan acredita ter motivado as posteriores formulações de Aristóteles). Se a unidade filosófica da *Metafísica* pode ser sustentada, a razão disso é que a diversidade das dimensões dessa ciência possui um conceito que lhes serve de base comum, a noção de ser primeiro. Cada uma dessas dimensões almeja desvelar o que é causa e princípio (aitiologia) daquilo que é ser (ontologia) em sentido principal (ousiologia) e como aquilo que é ser, em sentido absolutamente primeiro, é princípio (teologia). A divisão das aporias em dois grupos será guiada pelo duplo modo com que os problemas de B envolvem as noções fundamentais da filosofia primeira.

O primeiro modo como as aporias envolvem as noções centrais da filosofia primeira diz respeito à intensão do conceito dessa ciência e o segundo modo concerne à sua extensão. Uma parte das aporias de B põe em xeque a possibilidade mesma dessa ciência na medida em que, se não for dada necessariamente uma determinada resposta a cada uma delas, então o conceito de cientificidade em jogo, ciência das primeiras causas e princípios absolutos do ser, é inconsistente. E, se o próprio conceito dessa ciência não for consistente, então não haverá sentido em perguntar a que coisas ele se aplica no mundo. Por essa razão, as aporias (1-5) relativas à análise formal ou intensional do conceito de filosofia primeira serão ditas fundamentais em relação àquelas (6-15) que dizem respeito à análise material ou extensional desse conceito, pois tais aporias materiais só podem ser formuladas a partir da pressuposição que a ciência buscada é possível, isto é, que seu conceito não é inconsistente. Tentaremos mostrar, a seguir, as razões que podem ser suscitadas para subsumir a segunda aporia ao grupo das aporias radicais de cuja resolução depende a inteligibilidade mesma do conceito de cientificidade em questão ao longo da *Metafísica*.

Tomás de Aquino indica (§392) que Aristóteles responderá, em Γ, que a mesma ciência trata tanto dos princípios absolutamente primeiros da demonstração quanto dos princípios das substâncias na medida em que pertence à filosofia primeira considerar o ser em geral, o ser enquanto ser, do qual esses princípios são princípios e, nessa exata medida, são ditos primeiros, ou seja, é porque são princípios do ser enquanto ser que eles são princípios do discurso acerca do ser. Tomás de Aquino diz que isso é particularmente evidente no caso do princípio de não-contradição: nenhuma coisa pode ser e não ser ao mesmo tempo e sob o mesmo aspecto. Assim, enquanto as demais ciências tratam de uma juntura específica da realidade, a filosofia primeira trata do ser em geral, do ser enquanto ser. Dado que a ciência buscada deve ser absolutamente universal, ela não pode ser identificada a nenhuma ciência particular, a qual tem por objeto de estudo um domínio específico do ser, mas só pode ser identificada a uma ciência que trate de todos os seres enquanto eles são, transformando-se, dessa maneira na ciência do ser enquanto ser.

É comumente aceito pelos comentadores[3] que Aristóteles pretende estabelecer uma resposta explícita a essa aporia. Tal consenso parece bem assentado no fato que Aristóteles relembra a segunda aporia e afirma que a resposta afirmativa a ela é

[3] Veja-se, por exemplo, Alexandre de Afrodísia (269,30-35) Tomás de Aquino (§392), Ross (1997, vol.i, p.229), Madigan (1999, pp.41, 44-45), Crubellier (2009, pp.70-72) e Pradeau (2021, pp.27).

"evidente" quando de seu primeiro passo em direção à determinação de quais são os primeiros princípios do ser enquanto ser, bem como de seu principal modo, a substância. Lê-se na frase que abre Γ 3 (1005a19-22): "Deve-se dizer se é próprio a uma só ciência investigar sobre os chamados axiomas nas matemáticas e sobre a substância. É evidente que a investigação sobre essas coisas é própria a uma só ciência e, certamente, a do filósofo". Cabe, então, para que se possa identificar a resposta a essa aporia quais as condições de possibilidade da existência de uma ciência que trate tanto dos princípios absolutamente primeiros da demonstração quanto da substância e quais as exatas razões que a fazem ser uma e mesma.

O estabelecimento do viés ontológico da filosofia primeira depende da solução dessa aporia. O único modo pelo qual isso pode ocorrer é se for afirmativa a resposta à questão se pode haver uma única ciência que trate dos princípios absolutamente primeiros da demonstração e da substância. O primeiro passo que deve ser dado para que se possa alcançar uma resposta afirmativa à questão suscitada pela segunda aporia é transpor o obstáculo da multiplicidade dos modos em que o ser é dito. Tal obstáculo, como já foi afirmado, é transposto através do estabelecimento da 'homonímia por referência a um', a qual mostra que a substância é o modo principal do ser ao qual todas as outras categorias em que o ser sensível encontra-se disperso fazem referência. Nesse sentido, Owen (2005) afirma que "o objetivo primeiro dessa metafísica geral é o de mitigar a ambigüidade das palavras que têm diferentes usos nas diferentes categorias, mostrando que todos os seus sentidos possuem um foco, um elemento comum".

Outra premissa que permitirá a Aristóteles responder afirmativamente à questão é a prioridade do ontológico sobre o lógico, do ser sobre o verdadeiro: os princípios absolutamente primeiros da demonstração são verdadeiros do pensamento acerca das coisas porque eles são verdadeiros das coisas. A defesa ontológica do princípio de não-contradição (PNC), operada em Γ 5-6, fará claro que as razões que embasam a ciência do ser enquanto ser são fundantes em relação às razões que embasam a validade dos princípios que regem os raciocínios demonstrativos. A afirmação da negação desse princípio não pode cumprir a função lógica de um juízo, pois negar o PNC está fora da natureza da proposição na medida em que, para dizer algo de algo, para proferir um enunciado veritativo, isto é, um enunciado portador não só de sentido[4], mas também de valor de verdade, é necessário admitir sua vigência. Dessa maneira, o par de proposições contraditórias bipartem e saturam, por assim dizer, o espaço lógico e, sendo assim, só é possível a alguém dizer algo de algo quando exclusivamente afirma ou nega cada uma das proposições contraditórias. Se o negador do PNC o nega por ignorar a natureza mesma do enunciado veritativo é porque, em última análise, ignora a natureza do ser e do ser primeiro. É preciso trazer à baila, então, outra tese, a qual já foi afirmada, por ocasião da discussão final da primeira aporia, perpassar todo o desenvolvimento da filosofia primeira, a saber, a tese que ser é, em sentido principal, ser determinado. Desse modo, Aristóteles mostra que é impossível negar o PNC porque o fundamento ontológico da sua verdade, as coisas, elas mesmas, é determinado. A conjunção das teses da identificação do principal modo de ser à substância, em Γ 2, mediante o estabelecimento da noção de 'homonímia por referência a um', da prioridade do ser sobre o verdadeiro e da determinação do ser, é o motor da defesa ontológica do PNC, a qual fará possível o estabelecimento da filosofia primeira como a ciência que trata dos princípios absolutamente primeiros da demonstração porque trata do fundamento ontológico da verdade deles, ou seja, porque trata das substâncias, dos seres primeiros.

[4] Estamos assumindo aqui a tese que a distinção lógica entre as noções de substância e acidente parece ser a única exigência que Aristóteles faz aos negadores do princípio de não-contradição para que possa provar por retorção a sua validade:as condições de significação do discurso são o motor da defesa da validade lógica do PNC, realizada em Γ 4, bastando ao negador do PNC dizer algo e que este algo tenha um sentido delimitado para que o negador seja forçado, segundo Aristóteles, a aceitar sua validade. As condições de verdade só estarão em jogo quando da defesa da validade ontológica do PNC, pois a verdade do discurso depende da sua adequação ao estado de coisas pelo qual ele está. Para uma defesa da tese que a argumentação em favor do PNC prescinde, na primeira parte de Γ 4, do comprometimento com o essencialismo aristotélico, ver ZILLIG (2007).

Ao buscar progredir na determinação da máxima universalidade do objeto da "etiologia primeira", Aristóteles abrirá o livro Γ afirmando que:

> Há uma ciência que contempla o ser enquanto ser e o que lhe pertence por si. E essa ciência não se identifica com nenhuma das que chamamos particulares, pois nenhuma das outras especula em geral sobre o ser enquanto ser, mas, tendo separado alguma parte dele, consideram os acidentes dessa [parte]; por exemplo, as matemáticas. E, uma vez que buscamos os princípios e as causas mais altas, é evidente que serão necessariamente princípios e causas de certa natureza enquanto tal. Por isso, se também os que buscavam os elementos[5] dos seres, buscavam esses princípios, também é necessário que os elementos sejam do ser não acidental, mas enquanto ser. Por causa disso, também devemos compreender as primeiras causas do ser enquanto ser. (1003a21-32)

Nessa passagem ocorre a inauguração da ciência buscada como ciência do ser enquanto ser[6], da qual Aristóteles opera uma caracterização mediante o contraste de seu comportamento em relação ao das etiologias particulares. Se as ciências particulares tomam como objeto um determinado gênero do ser, tal como a filosofia segunda trata do ser enquanto móvel, a matemática, do ser enquanto mensurável e assim por diante, a ciência buscada tratará do ser não enquanto pertencente a um certo gênero da realidade, mas enquanto ser. Assim a ciência buscada deve ter seu caráter etiológico maximamente universal, conforme afirmara A2, compreendido enquanto ciência dos princípios e causas primeiros do

---

[5] A advertência que as questões que os antigos suscitavam acerca dos elementos, na verdade, deve ser enfrentada como a questão sobre os princípios talvez explique o fato da oscilação do vocabulário aristotélico entre os termos 'elementos' e 'princípios' na maioria das aporias que tratam sobre a natureza dos princípios, por exemplo, 6, 7, 9, 10, 14, 15.

[6] Note-se que é a primeira vez que tal expressão "o ser enquanto ser", τὸ ὂν ᾗ ὄν, ocorre na *Metafísica*, não sendo encontrada em Beta nem em A e α. Mesmo assim, parece ser possível afirmar uma continuidade na investigação sobre a natureza do objeto próprio à etiologia primeira, tal como caracterizada em A, na medida em que tal expressão visa a melhor determinar como o ser, tomado não restritamente a um certo gênero, deve operar, ao mesmo tempo, como objeto material e formal dessa ciência, conforme ver-se-á a seguir.

ser enquanto ser. Tal fórmula reduplicativa aponta para o fato que "o ser" é o objeto material dessa ciência e seu objeto formal[7] na medida em que a expressão "enquanto ser" diz respeito ou qualifica não o objeto material diretamente ou simplesmente, mas, antes, o modo como tal objeto material será tratado ou estudado[8]. Parece, então, que o fato de Aristóteles qualificar a etiologia primeira como a ciência dos princípios e causas do ser enquanto ser a torna uma ciência maximamente universal em dois sentidos, a saber, na medida em que terá um domínio de estudo universal (todos os seres, uma vez que não tomará apenas um gênero como objeto de estudo) e que tratará tal objeto de modo universal, pois o estudará tão somente enquanto é. A explicitação dessa dupla universalidade parece impedir que, caso se tome isoladamente o primeiro sentido em que a ciência buscada é dita universal, se conclua que, caso se pudesse admitir a existência de uma ciência para todos os gêneros do ser, ela poderia vir a ser considerada a mera soma das ciências particulares. No entanto, o modo universal com que a etiologia primeira estuda seu objeto universal impede que ela seja assim concebida, uma vez que ela trata seu objeto de modo totalmente distinto daquele com o qual as ciências particulares, que a comporiam, no caso da hipótese recusada, tratam seus objetos.

No entanto, parece haver um grande problema a ser enfrentado para que Aristóteles possa firmar a possibilidade de uma ciência maximamente universal nos moldes que a expressão "ciência do ser enquanto ser" a estabelece. O conceito de ser parece não oferecer um comportamento lógico adequado para preencher qualquer um dos lugares que ele ocupa na fórmula reduplicativa que ocorre

7 Para compreender o engendramento da distinção entre objeto formal e material da ciência do ser enquanto ser a partir da diferenciação entre conceptus formalis e conceptus objectivus, segundo Suarez (Disputatio II, 1, 1), ver AUBENQUE, 2009b, especialmente pp.334 e 335.

8 Barnes (2008, p.70) aponta para a distinção entre o domínio de estudo dessa ciência (o ser) e seu foco de estudo (enquanto ser). Nesse sentido, parece que a expressão ᾗ ὄν (enquanto ser) não visa a precisar ou qualificar a expressão τὸ ὄν (o ser), mas o verbo θεωρεῖ (contempla) na supracitada frase que inaugura a ontologia aristotélica (Ἔστιν ἐπιστήμη τις ἣ θεωρεῖ τὸ ὂν ᾗ ὄν). Tal leitura também é defendida por Kirwan (ARISTOTLE, 1980, p.77).

na definição que inaugura a ontologia aristotélica. Nesse sentido, Ética *Eudemia* I 8 1217b33-35 afirma que "assim como o ser não é um em tudo o que nós mencionamos, também o bem não o é; não haverá uma ciência do ser nem do bem". Assim sendo, o fato do ser ser dito de muitos modos, isto é, de ele ser um homônimo, o impediria de figurar como objeto de uma única ciência. Em *Categorias* 1 1a1-5, Aristóteles define a homonímia como uma relação entre coisas que possuem o mesmo nome, mas a definição do ser que corresponde ao nome é diferente. Sob o registro da homonímia podemos distinguir entre os homônimos por acaso (por exemplo, a palavra grega *kleis*[9] pode designar tanto um osso que compõe região escapular dos animais quanto um artefato que serve para fechar portas e janelas) e por semelhança (por exemplo, quando qualquer mão é decepada do corpo humano, pois, ao deixar de fazer parte do todo que a determinava como cumpridora de determinadas funções, ela continua sendo chamada de mão tão somente porque ainda mantém a aparência externa semelhante à mão propriamente dita, mas, na verdade, ela não passa de um aglomerado de matéria). Aristóteles não poderá negar que o termo 'ser' se diz de muitas coisas cujas definições são diferentes, isto é, que ele é um homônimo, no entanto, se ele for um homônimo por acaso ou por semelhança, o que poderá servir de base comum estável para que possa haver uma única ciência que o trate? Pois, assim como seria absurdo supor a possibilidade de uma única ciência capaz de tratar conjuntamente dos princípios e causas das clavículas e dos ferrolhos, enquanto acidentalmente, numa língua, tais coisas têm o mesmo nome, ou dos princípios e causas das mãos decepadas e daquelas que se encontram ligadas ao corpo humano, do mesmo modo, também seria absurdo supor que o conceito de ser possa ser tratado por uma única ciência, uma vez que possui aplicação tão equívoca. Parece que a única alternativa capaz de afastar essa consequência nefasta que impossibilita o estabelecimento da ciência buscada seria mostrar que a relação de homonímia existente entre todas as coisas que são tem outro fundamento do que o acaso ou a semelhança.

[9] Exemplo dado por Aristóteles em Ética Nicomaqueia V 2 1129a29-31.

Nesse sentido, Aristóteles teria de dar inteligibilidade ao modo nada acanhado com que o conceito de ser se comporta e que o impede de ter um comportamento lógico semelhante ao dos conceitos ordinários. Esses conceitos são capazes de identificar o conjunto ou classe das coisas às quais eles se aplicam e o conjunto complemento de tal classe e fazem tal operação justamente mediante o reconhecimento da identidade entre as coisas a que se aplicam e da diferença em relação às coisas a que não se aplicam. Já o conceito de ser não consegue identificar a classe das coisas a que se aplica mediante o recurso da diferenciação radical, pois não há conjunto das coisas que não são. Como, então, é possível fazer com que um conceito cujo comportamento lógico é tão pouco reservado possa transpor o obstáculo da homonímia, a qual o faz refratário ao um único e mesmo registro científico, tal como aquele que se pretende que a ciência buscada seja? Se o ser é um homônimo (por acaso ou por semelhança), então parece que ele restará irremediavelmente infenso ao tratamento de uma mesma ciência.

Para resolver esse impasse Aristóteles afirmará, em *Metafísica* Γ 2 1033a33-34 que "o ser se diz de muitos modos, mas em relação a uma só coisa e a uma única natureza e não homonimamente". A homonímia[10] que Aristóteles parece estar recusando pertencer ao ser é justamente a simples, isto é, aquela que se dá por acaso e por semelhança e, em troca, ele nos oferece aquela que ocorre "por referência a um". Para esclarecer a relação de referência que tudo o que é mantém com esse princípio unificador, Aristóteles prossegue:

> O ser se diz de muitos modos, mas em relação a um só princípio. Uns, pois, porque são substância, outros porque são afecções da substância, outros porque são caminho até a substância ou corrupções ou privações ou qualidades da substância ou porque produzem ou geram a substância ou as coisas ditas em relação à substância ou porque são negações de alguma dessas coisas ou da substância (Γ 2 1003b5-10).

[10] Ver discussão sobre o problema da homonímia do ser em ZINGANO (1997).

Nessa passagem, vê-se Aristóteles instituir a inteligibilidade do comportamento lógico do conceito de ser. Uma vez que ele não pode se comportar como um conceito ordinário que opera sempre mediante a execução de uma dupla função, a saber, identificar o conjunto das coisas às quais ele se aplica na medida em que o distingue do conjunto complemento dessas coisas, pois não há conjunto das coisas que não são, Aristóteles deslocará as funções de identidade e alteridade para o interior do conceito de ser, na medida em que tal conceito se distinguirá entre "ser por si", a substância, e "ser por outro", os acidentes, sendo que o "ser por si" servirá como o fundamento da "certa" unidade a que fazem referência todos os outros modos em que ser (sensível) encontra-se disperso.

O mecanismo da homonímia por referência a um ou sentido focal, tal como na feliz nomenclatura estabelecida por Owen (2005, p.180 e ss) é aquilo que permite a Aristóteles estabelecer a possibilidade geral da ciência buscada enquanto ela deve ser a etiologia dos primeiros princípios e causas do ser enquanto ser. Tal possibilidade geral diz respeito à consistência lógica do comportamento do conceito de ser o qual, para deixar de ser refratário ao registro científico, deve, de necessidade, distinguir-se logicamente entre as noções de 'ser por si' e 'ser por outro', 'substância' e 'acidente' respectivamente. Parece ser sob esse quadro de distinção lógica do conceito de ser entre substância e acidente que o mecanismo da homonímia por referência a um oferece resposta direta a duas aporias de Beta, a saber, se todas as substâncias podem ser objeto de uma mesma ciência, a buscada (aporia 3), e se a ciência buscada deve tratar tão somente da substância ou dos acidentes que lhe pertencem enquanto substância (aporia 4) e o fundamento sobre o qual se construirá a resposta à aporia 2, a qual questiona se os primeiros princípios absolutos da demonstração e a substância são objeto dessa mesma ciência.

Em relação à aporia 3, a qual suscita a questão se pode haver uma mesma ciência que trate de todas as substâncias, uma vez que elas são de vários tipos e, caso a resposta a essa questão seja positiva, caberá ainda decidir se tal ciência pode ser identificada àquela que se busca, o dispositivo da homonímia por referência a um também parece oferecer uma resposta diretamente afirmativa. A ciência buscada parece ter de tratar de todas as substâncias porque, caso contrário, como ela poderia satisfazer a universalidade que lhe é própria, a saber, de domínio e foco, caso ela não viesse a tratar de tudo aquilo que está sob o conceito principal ou focal, para usar a expressão cunhada por Owen, que permite ao conceito de ser ser abarcado por uma mesma ciência? Mais uma vez, a homonímia por referência a um oferece as condições que possibilitam à ciência buscada preencher os requisitos de cientificidade que lhe são exigidos. Se a ciência buscada não trata do ser enquanto restrito a um determinado gênero, como ela poderia manter seu caráter maximamente universal, caso tratasse do modo principal do ser de modo restrito? A homonímia por referência a um mostra que, em que pese o ser seja dito de muitos modos, há um modo entre eles que possui prioridade (por enquanto, é suficiente que ela seja apenas lógica) em relação a todos os modos: tudo é dito em relação à substância na medida em que é, conforme fora dito na supracitada passagem de Γ 2, afecções, caminhos, privações, gerações, corrupções da substância. Ora, se é assim, para preservar sua máxima universalidade de domínio e foco, de objeto material e formal, a ciência buscada não pode senão investigar os princípios e causas de todas as substâncias. Parece ser nesse sentido que se deve interpretar a passagem em que Aristóteles pretende responder à aporia 3 em Γ 2 1004a2-9:

> Tantas são as partes da filosofia quantas são as substâncias. Por isso, uma delas será necessariamente filosofia primeira e outra, filosofia segunda. Pois o ser e o um têm diretamente gêneros. Por causa disso também as ciências os acompanharão. Pois o filósofo é como o chamado matemático porque também esta [a matemática] tem partes e há, nas matemáticas, uma ciência primeira, outra segunda e assim por diante.

Aristóteles avançará no esclarecimento sobre a hipótese que parece embasar tal questão, a saber, que há mais de um gênero ou tipo de substância, com a discussão trazida à baila pela aporia 5: há substâncias de outro tipo do que as sensíveis?

Em relação à aporia 4, parece ser condição de possibilidade para que se possa decidir se a filosofia primeira deve tratar só da substância ou também dos acidentes que lhe pertencem enquanto substância que o conceito de ser possa ser bipartido nessas duas acepções. Nesse sentido, o mecanismo da homonímia por referência a um torna o comportamento lógico do ser aceitável ou consistente (na medida em que opera uma distinção lógica entre as noções do ser por si, a substância, e ser por outro, os acidentes) e parece dar uma resposta a priori à questão central da quarta aporia: uma vez que a ciência buscada deve tratar do ser enquanto ser (para que sua universalidade seja garantida, conforme fora visto acima) e tal conceito só pode operar como seu objeto se for distinguido entre substância e acidente, então ela deve, de necessidade, tratar de ambos. Basta olhar para as condições de possibilidade da consistência lógica do conceito de ser e do conceito de uma ciência absolutamente universal para decidir que o único modo do primeiro ser objeto de estudo da ciência a que corresponde o segundo é que a substância e os acidentes, que lhe pertencem enquanto substância, sejam investigados por essa mesma ciência. No entanto, não se pode dizer que a filosofia primeira trata do acidente próprio da substância do mesmo modo que as ciências particulares o fazem. Em *Segundos Analíticos* I 6, Aristóteles afirma que toda ciência deve demonstrar, mediante determinados princípios, o pertencimento dos acidentes próprios aos objetos que compõem o gênero do ser estudado por ela. Deve-se observar, em primeiro lugar, que a filosofia primeira não estuda apenas uma juntura da realidade, pois o ser não é um gênero. Em segundo lugar, mesmo que ela deva tratar dos acidentes próprios da substância, isto é, dos acidentes que lhe pertencem enquanto substância, então ela não poderá demonstrar, como as ciências particulares o fazem, o pertencimento de tais atributos a ela mediante certos princípios. À filosofia primeira cabe, pois, tão somente tratar dos princípios que são condição de possibilidade de toda e qualquer demonstração e, por isso mesmo, ela própria não pode operar provas de modo demonstrativo: se todo princípio tivesse de ser alcançado via demonstração apodítica, como se poderia chegar a (um) princípio(s) que impedisse(m), de alguma maneira, o regresso ao infinito do processo de justificação dos princípios? Assim, quer parecer que o modo como a quarta aporia questiona sobre a possibilidade da ciência buscada constituir um discurso científico unitário sobre as noções de substância e acidente está antes ligado às condições lógicas gerais que a obrigam a "tratar" de ambos na medida em que só assim ela poderia vir a investigar um conceito de ser (enquanto ser) passível de um comportamento lógico consistente e, portanto, não refratário ao registro científico. Parece ser tendo isso em vista que, em Γ 2 1004a32-b1, Aristóteles pretende responder afirmativamente à quarta aporia dizendo que "assim, pois, está claro [como dissemos nas aporias] que corresponde a uma só ciência investigar sobre essas noções e de substância e é próprio do filósofo poder contemplar todas as coisas".

Levando isso em conta, parece ser possível afirmar que a homonímia por referência a um biparte, de um ponto de vista puramente lógico, o conceito de ser em 'substância' e 'acidente' e como isso permite à ciência buscada satisfazer os requisitos para ser uma mesma ciência que trate de todas as substância bem como das substâncias e dos acidentes que lhe pertencem enquanto substâncias. Uma vez que ela seja capaz de operar tais investigações, não poderia caber senão a essa mesma ciência investigar tanto os princípios absolutamente primeiros em que todos embasam as suas demonstrações e os princípios e causas[11]

[11] O fato do conceito de 'princípio' ser mais abrangente que o conceito de 'causa' (nas quatro acepções que Aristóteles estabelecera na *Física* e em *Metafísica* A 3-10, a saber, material, eficiente, formal e final), de modo que tudo aquilo que é causa é também princípio, mas nem tudo que é dito princípio é causa (conforme Δ 1 e 2), parece trazer um problema à interpretação que a presente tese defende, a saber, que a questão suscitada pela primeira aporia, quais as causas que concerne à filosofia primeira investigar, incide sobre a investigação e estabelecimento das demais perspectivas em que a ciência buscada se desdobra. Tal problema parece afetar a defesa de tal tese em relação especificamente à perspectiva ontológica, pois só seria razoável afirmar que etiologia primeira investiga as causas do ser enquanto ser, enquanto ela investiga as causas do seu principal modo, a substância e dos atributos que lhe pertencem enquanto substância, mas não seria razoável afirmar que princípio de não contradição, por exemplo, seja dito 'causa', em

das substâncias. Assim, uma justificativa para a resposta afirmativa que Aristóteles oferece à aporia 2, na supracitada passagem de Γ 3 1005a19-22, é que a distinção lógica entre substância e acidente, a qual confere inteligibilidade ao comportamento lógico do conceito de ser, é a única exigência que Aristóteles faz aos negadores da validade do princípio que afirma que "nada pode ser e não ser ao mesmo tempo e sob mesmo aspecto". Tal princípio, afirma Aristóteles (1005a22-29), se aplica ou vale de absolutamente todos os seres tão somente na medida em que são e, exatamente nessa medida, uma ciência que se mostra apta a investigar os princípios e causas do ser enquanto ser, o qual, por sua vez, distingue-se em substância e acidente, deve ser a única capaz de investigar sobre tais princípios, uma vez que as ciências particulares só investigam os princípios do ser enquanto circunscritos a uma certo gênero (1005a29-b2). Tais princípios são condição de possibilidade de toda e qualquer investigação de modo que eles não podem ser provados do mesmo modo que os primeiros princípios das ciências particulares o são, a saber, externamente ao corpo científico no qual operam como primeiros princípios. Assim, não há nenhum argumento silogístico que, tendo partindo de certas premissas, tenha a proposição que expressa o princípio de não contradição como conclusão, seja tal argumento pertencente ou não ao interior do corpo científico da filosofia primeira. Caso isso ocorresse, ter-se-ia de admitir, respectivamente, um regresso ao infinito na cadeia "demonstrativa" da ciência primeira ou uma ciência anterior a ela, o que é contraditório pela sua própria definição. Tal argumento nos mostra assim, a verdade sobre uma das questões suscitadas pela segunda aporia, a saber, que se os princípios absolutamente primeiros em que todos embasam suas demonstrações devem ser objeto da ciência buscada. No entanto, parece ser plausível

quaisquer das quatro acepções do termo. Assim a denominação de "etiologia primeira" parece ser vedada à ciência buscada enquanto ela trata dos princípios absolutamente primeiros da demonstração. No entanto, tal problema parece ser atenuável ao passo que, durante a discussão da aporia, em B 2 996a18-b26, é possível observar que Aristóteles utiliza os termos 'princípio' e 'causa' como se eles fossem intercambiáveis, vide a ocorrência do termo 'princípio' no lugar de 'causa' em: 996a21, 22, 28, b23.

continuar perguntando por que a ciência que trata de todas as substâncias e desses princípios deve ser a mesma. A única coisa que parece estar na base dessa identificação é que tais princípios regem o comportamento dos conceitos de substância e acidente, tal como eles foram concebidos para que a ciência buscada pudesse ser uma ciência do ser, ou seja, tais princípios são os princípios absolutamente primeiros da demonstração porque toda e qualquer prova demonstrativa ou não é precisamente sobre o ser. Se fosse possível conceber simultaneamente proposições contraditórias acerca de um estado de coisas (quer se pressuponha ou não que tal estado de coisas possua qualquer relação com algo que esteja fora do pensamento) então implodir-se-ia a distinção lógica entre substância e acidente, a qual torna o comportamento conceito de ser logicamente consistente. Parece ser justamente isso que é trazido à baila por um dos argumentos que estão na periferia da prova por retorção da validade do PNC (cujo cerne parece estar em Γ 4 1006a21-28: só é possível pensar e significar determinadamente) tal como é possível observar em Γ 4 1006b13-20:

É impossível que ser um homem signifique a mesma coisa que não ser um homem, se 'homem' não é somente predicável de um sujeito, mas também tem um sentido (pois nós não identificamos 'ter um sentido' com 'ser predicável de um sujeito', uma vez que, nesse caso, 'musical', 'branco' e 'homem' significariam o mesmo, de modo que todas as coisas seriam uma, pois todas elas seriam sinônimas). E não será possível que uma coisa seja e não seja, a não ser por homonímia, assim como aquilo que nós chamamos 'homem', outros chamam de 'não-homem'.

Caso tudo pudesse ser e não ser ao mesmo tempo e sob o mesmo aspecto, voltar se-ia ao radical impasse da "aporia zero": não fosse a bipartição do conceito de ser entre substância e acidente, operada pela homonímia por referência a um, o ser não poderia ser objeto de ciência, dado que seu conceito voltaria a não poder discriminar nada, seja como consequência da homonímia total seja como consequência da sinonímia (o que parece ser a alternativa platônica na medida em que a Forma de ser (um e bem) é dita univocamente de tudo aquilo que está sob ela, conforme será objeto de discussão da aporia 11.

Referências bibliográficas

APHRODISIAS, A. *On Aristotle Metaphysics 1*. [Translated by W. E. Dooley]. London, Duckworth, 1989.

APHRODISIAS, A. *On Aristotle Metaphysics 2 & 3*. [Translated by W. E. Dooley & A. Madigan]. London, Duckworth, 1992.

APHRODISIAS, A. *On Aristotle Metaphysics 4*. [Translated by A. Madigan]. London, Duckworth, 1993.

AQUINAS, T. *Commentary on the Metaphysics of Aristotle*. [Translated by J. Rowan]. Chicago, Henry Regnery Company, 1961.

ARISTOTE. *La Métaphysique*. [Traduction et commentaire par J. Tricot]. 2 tomes. Paris, Vrin, 2003.

ARISTÓTELES. *Metafísica*. [Edición trilingüe por Valentín García Yebra]. Madrid, Gredos, 1998.

ARISTOTLE. *Metaphysics*. [A revised text with introduction and commentary by W. D. Ross]. 2 Vol., Oxford University Press, 1997.

ARISTOTLE. *Metaphysics – Books B and K 1-2*. [Translated with a commentary by Arthur Madigan]. Clarendon Aristotle series, Oxford, Claredon Press, 1999.

ARISTOTLE. *Metaphysics – Books* Γ, Δ, E. [Translated with a commentary by Christopher Kirwan]. Clarendon Aristotle series, Oxford, Claredon Press, 1980.

ARISTOTLE. *Nicomachean Ethics*. [Translated by W. D. Ross]. Complete Works of Aristotle, Vol. II.Jonathan Barnes (ed.). Princeton University Press, 1995, p. 1729- 1867.

ARISTOTLE. *Physics*. [Translated by R. P. Hardie & R. K. Gaye]. Complete Works of Aristotle, Vol. I. Jonathan Barnes (ed.). Princeton University Press, 1995, p. 314-446.

ARISTOTLE. *Posterior Analytics*. [Translated by Jonathan Barnes]. Complete Works of Aristotle, Vol. I. Jonathan Barnes (ed.). Princeton University Press, 1995, p. 115- 166.

AUBENQUE, P. "Sur la notion aristotélicienne d'aporie". In: *Problèmes aristotéliciens I – Philosophie théorique*. Paris, 2009a, pp. 39-52..

AUBENQUE, P. "Suarez et l'avènement du concept d'être". In: *Problèmes aristotéliciens I – Philosophie théorique*. Paris, 2009b, pp. 331-340.

BARNES, J. "Metafísica". *In* Barnes, J. (ed.). *Aristóteles* . São Paulo, Ideias e Letras. 2009, pp. 103-154.

CRUBELLIER, M. "Aporiai 1-2", *In*: Crubelier, M. & Laks, A. (ed.). *Aristotle's Metaphysics Beta. Symposium Aristotelicum*. Oxford University Press, 2009, pp.47-72.

ŁUKASIEWICZ, J. "Sobre a lei da contradição em Aristóteles". *In*: ZINGANO, M. (Org.): *Sobre a Metafísica de Aristóteles*. São Paulo, Odysseus, 2005, p.1-24.

OWEN, G. E. L. "Lógica e Metafísica em algumas obras iniciais de Aristóteles". *In*: ZINGANO, M. (Org.): *Sobre a Metafísica de Aristóteles*. São Paulo, Odysseus, 2005, p.177-204.

PRADEAU, Jean-François. *Métaphysique - Livre Bêta*. Paris, PUF, 2021.

REALE, G. Aristóteles – *Metafísica: ensaio introdutório*. Vol.I, São Paulo, Loyola, 2001.

ZILLIG, R. "Significação e não-contradição – O papel da noção de significação na defesa do princípio de não-contradição em Metafísica Γ4." *Analytica*, vol. 11, n. 1, 2007b, p.107-126.

ZINGANO, M. A homonímia do ser e o projeto metafísico de Aristóteles. *Dissertatio*, nº. 5, Pelotas, UFPel, 1997, p.5-31.

A Metafísica Aristotélica como Ciência dos Conceitos e Princípios Fundamentais: sobre a unidade filosófica do livro IV da *Metafísica* de Aristóteles

Nazareno Eduardo de Almeida

1. Introdução: o problema da unidade do livro IV da Metafísica

Muito já foi escrito sobre o Livro IV (Gama) da *Metafísica* de Aristóteles desde a antiguidade tardia até nossos dias. Contudo, até onde alcança minha longa "experiência" com a literatura interpretativa sobre este texto, *não encontrei nenhum texto explicitamente dedicado* ao que se pode chamar de 'problema da unidade do Livro IV da *Metafísica*'. Mesmo os poucos textos que procuram, de diferentes modos, fazer uma abordagem geral do Livro IV – seja na perspectiva de uma abordagem mais filosófica, seja na perspectiva de uma abordagem de comentário contínuo às suas partes e argumentos – não colocam claramente este problema. Afora esses poucos textos onde o problema pode ser por vezes pressentido (sem ser explicitamente tratado), os textos exegéticos modernos acabam por assumir uma divisão geral deste escrito em duas partes.[1] Essa divisão pode ser brevemente descrita do seguinte modo.

A primeira parte do Livro IV é composta pelos dois primeiros capítulos. No primeiro e breve capítulo, Aristóteles apresenta a existência (mais de direito do que de fato) de uma ciência do ser enquanto ser como uma ciência distinta das ciências particulares. O segundo capítulo se subdivide em duas partes: a primeira apresenta a noção de significação focal do conceito de ser (o célebre *pros hen legomenon* aplicado ao conceito de ser); a segunda parte desenha em linhas gerais um certo tipo de arquitetura dessa ciência em íntima relação com o conceito de unidade também tratado através da noção de significação focal. A segunda parte do Livro IV começa no capítulo 3 e se estende até o seu final, no capítulo 8. Essa segunda parte costuma ser subdividida em duas partes: a primeira, compreendendo a sequência dos capítulos 3 a 6, onde o Estagirita explicita e defende o caráter primário do princípio da não-contradição; e a segunda parte, composta pelos capítulos 7 e 8, onde explicita e defende o caráter primário do princípio do terceiro excluído. Quando olhamos a profusão de escritos interpretativos sobre o Livro IV, percebemos que eles giram em torno dessa divisão: uma parte tratando dos capítulos 1-2, especialmente no tocante à teoria da significação focal do ser; e outra parte tratando dos capítulos 3-8, com especial destaque para o capítulo 4 (que é o mais longo capítulo deste texto), no qual Aristóteles apresenta seus vários argumentos para demonstrar por refutação o caráter primário do princípio da não-contradição.[2]

[1] Os textos onde o problema é tangenciado de diferentes modos, embora não tratado de modo direto são BERTI, 1965, p. 157-163; LESZL, 1975, p. 301-09, 430-442; IRWIN, 1988, caps. 8-9; CASSIN, 1989; NARCY, 1989; HALPER, 2009, p. 289 ss.

[2] Destoando desta visão tradicional, em sua tradução e comentário Christopher Kirwan divide o livro em três partes: a primeira sendo o capítulo 1, a segunda composta pelos capítulos 2-3, e a terceira constituída pelos capítulo 4-8. Cf. KIRWAN, 1993, P. 75.

Malgrado esta divisão sugerida pelo próprio texto, quero defender, embora sucintamente, que há, sim, uma unidade entre as duas partes do Livro IV. Essa unidade pode ser vista de dois ângulos. De um ângulo ela é uma unidade estrutural. De outro, por assim dizer, é uma unidade de "andamento". Neste texto, apresentarei as linhas gerais apenas do primeiro ângulo de consideração desta unidade, deixando a unidade por "andamento" de lado.[3]

Essa unidade estrutural do Livro IV se encontra em uma correlação entre o objeto tratado e os dois modos de seu tratamento. Isso quer dizer: de um lado, a ciência delineada nas duas partes do Livro IV tem o mesmo objeto de investigação: o ser enquanto ser, cuja significação primária é a substância; de outro lado, a abordagem deste objeto se dá por meio de dois níveis epistemológicos articulados entre si: um nível dos *conceitos fundamentais* organizados em torno do ser enquanto ser (identificado primária mas não exclusivamente com a substância) e um nível dos *princípios fundamentais* que tornam possível a hierarquia destes conceitos fundamentais, bem como seu tratamento por parte de uma única ciência. Como Aristóteles explicitamente declara no capítulo 3, esses princípios fundamentais não são apenas princípios lógicos e epistemológicos, mas princípios metafísicos que se aplicam ao ser enquanto ser como um todo, independentemente de sua divisão em gêneros e espécies.[4]

[3] Chamo essa unidade por "andamento" (em uma metáfora musical) porque ela tem a ver com o uso de um mesmo conceito através das duas partes como um tipo de "motivo condutor", a saber: o conceito de significação. Na primeira parte, este conceito está associado à possibilidade de correta determinação da hierarquia entre os conceitos fundamentais. Na segunda parte, ele está associado à determinação com os conceitos de condições de sentido e de verdade do discurso declarativo (e do pensamento que o acompanha) sobre qualquer entidade, mas primariamente às entidades que são substâncias.

[4] Em uma linha similar de argumentação sobre o sentido geral da *Metafísica* podemos mencionar CODE, 1997 e DOS SANTOS, 2018. Em ambos os casos, porém, a atenção é dada a um tratamento mais geral do projeto metafísicos de Aristóteles, no caso de Alan Code, a partir do Livro I e no caso de Marina dos Santos, a partir da primeira aporia do Livro III. Embora ambos ressaltem a importância do Livro IV na realização da metafísica como ciência dos primeiros princípios, mas sem deterem na análise de suas duas partes ou discutir o problema de sua unidade. Ambos, ainda, ressaltam a noção de princípios e não a de conceitos fundamentais.

Entendida como ciência dos conceitos e dos princípios fundamentais, a forma mais elaborada da metafísica aristotélica nos mostra um primeiro resultado importante: não assumir a metafísica aristotélica como um sinônimo imediato de ontologia, tal como a tradição moderna a partir do século XVII assumiu sem maiores discussões. Do ponto de vista mais interpretativo, essa caracterização nos mostra que os diversos nomes que a filosofia primeira ou sapiência (*sophia*) assume – tais como aitiologia, ontologia, ousiologia e teologia – são nomes que marcam apenas aspectos parciais pertencentes à "ciência procurada", aspectos que apontam para as múltiplas e complexas tarefas do que chamamos genericamente 'metafísica aristotélica'.

Além disso, parece-me que essa caracterização nos fornece um quadro geral mais amplo e mais neutro dentro do qual podemos situar de modo mais claro as diversas interpretações do Livro IV, bem como, eventualmente, corrigir certas distorções geradas pela excessiva fragmentação de muitas análises de partes do texto, em especial aquelas distorções geradas por uma interpretação demasiadamente lógica (e mesmo epistemológica) da segunda parte do escrito, distorções geradas sobremodo pela seminal e incontornável leitura proposta por Jan Lukasiewicz (cf. LUKASIEWICZ, 2005/1910).

2. A Ciência do Ser enquanto Ser como Ciência da Hierarquia dos Conceitos Fundamentais

Enquanto primeiro passo na realização do projeto maduro da filosofia primeira, o Livro IV nos apresenta as linhas mais gerais e os fundamentos para a sua realização.[5] A primeira frase do

[5] Minha visão sobre o todo dos textos que compõem a *Metafísica* é que nesta obra há dois projetos distintos que devem ser separados: um projeto inicial apenas esboçado e um projeto maduro que percorre boa parte dos Livros que compõem a obra. O primeiro projeto estabelece a filosofia primeira como uma filosofia exclusivamente teológica, que complementa a abordagem da física. Essa fase inicial se encontra nos Livros II, VI e XI (caps. 6-12). O segundo projeto estabelece a filosofia primeira como uma ciência que deve dar conta de mostrar como todos os sentidos do conceito de ser remetem ao sentido primário do conceito de

capítulo 1 estabelece como existente "uma ciência que teoriza o ser enquanto ser e as propriedades que lhe pertencem por si mesmo" (1003a 21-22).[6] Foi retomando essa icônica frase que o século XVII forjou o termo 'ontologia'. Embora essa compreensão esteja difundida, uma leitura mais atenta da primeira parte do Livro IV nos aponta para uma ciência que não se resume ao que modernamente se compreende como ontologia. Do ponto de vista da terminologia moderna, o melhor seria dizer que os capítulos 1 e 2 descrevem o primeiro nível da metafísica aristotélica. Na realidade, a visão de conjunto dos capítulos 1 e 2 do Livro IV nos aponta para *uma ciência dos conceitos fundamentais*, ciência que inclui como uma parte sem dúvida central o que chamamos de ontologia, *mas não se resume a ela*.

Com efeito, se quiséssemos fazer uma descrição aproximada dos componentes desse primeiro nível da metafísica aristotélica, teríamos de dizer que a ciência do ser enquanto ser é uma ontologia se, e somente se, está organicamente imbricada com uma henologia, ou seja, uma ciência da unidade enquanto unidade (1004b 5). Essa simbiose entre ontologia e henologia é o tema de boa parte do capítulo 2 do Livro IV. Isso é evidente porque – logo após estabelecer as linhas gerais da significação focal aplicada aos vários sentidos do conceito de ser (1003a 33-1003b 22) – Aristóteles, estabelece a coextensividade entre os conceitos de ser e unidade, embora esses conceitos possuam sentidos distintos (1003b 22-26).[7] Em termos mais simples e seguindo uma indica-

---

ser como substância. O esboço desse projeto se encontra no Livro XI, caps. 1-5. Também vejo o Livro V como um texto nesta fase intermediária entre o primeiro e o segundo projetos. O projeto é efetivamente posto em obra na seguinte ordem: Livros I, III-IV, VII-X, XII-XIV. Essa visão se filia à leitura proposta inicialmente por Al-Farabi e Avicena, que entende a filosofia primeira como sendo iniciada por uma ontologia e culminando em uma teologia. Nesta leitura, os Livros I e III constituem um tipo de introdução geral do projeto, enquanto o Livro IV efetivamente começa a pô-lo em obra. De todo modo, não posso senão fazer a indicação dessa leitura neste texto.

[6] As traduções do texto grego neste texto são minhas. Utilizo a edição de David Ross (ROSS, 1996/1924).

[7] É importante marcar, dados nossos "hábitos aristotélicos", que a identificação (para alguns, a incorporação e subordinação) entre ontologia e henologia proposta em IV 2 está longe de ser uma opinião consensual na metafísica antiga. O próprio Aristóteles descreve a filosofia platônica nos Livros I e XIII-XIV da *Metafísica*

ção já feita no Livro III (998b 20-21), os conceitos de ser e unidade são os predicados que se aplicam a todas as coisas. Portanto, embora não possam ser explicados do mesmo modo, os conceitos de ser e unidade se aplicam às mesmas coisas e, na realidade, se aplicam a todas as coisas. Assim, a ciência delineada nos dois primeiros capítulos do Livro IV possui como tema *dois conceitos igualmente fundamentais* e que, a rigor, não podem ser separados, pois "se implicam mutuamente (*akolouthein allelois*), assim como <os conceitos de> princípio e causa" (1003b 23-24). Mas essa ciência, por assim dizer, não possui apenas duas pernas para se sustentar (a ontologia e a henologia), mas uma única cabeça que lhe dá unidade. Esta "cabeça" é a *ousiologia*, a ciência da substância (*ousia*). Isso é assim porque os múltiplos sentidos dos conceitos de ser e de unidade *fazem remissão* (*anapherontai*) ao sentido primário do ser e da unidade que se encontra no gênero das substâncias (cf. 1003b 36-1004a 31).

Um aspecto de suma importância nesta remissão do ser e da unidade à substância consiste em observar, como poucos intérpretes até agora o fizeram (cf. COULOUBARITISIS, 1983a, 1983b; HALPER, 2009, p. 289 ss), que o expediente lógico-epistêmico da significação focal não se aplica apenas ao conceito de ser, mas também ao conceito de unidade. Embora não seja possível explicar isso neste texto, a própria noção geral de significação focal tem mais provavelmente sua gênese na análise aristotélica do conceito de unidade e somente depois disso foi aplicada ao conceito de ser. Afinal, um dos fios condutores centrais da argumentação aristotélica nestes dois capítulos iniciais (e também em diversos momentos da segunda parte do Livro IV) consiste em mostrar como se torna possível *a unidade* da ciência do ser enquanto ser, malgrado o conceito de ser aponte para uma multiplicidade aparentemente inconciliável de sentidos dispersos por diversas classes

como um tipo de henologia de inclinação matemática que subordina a si os conceitos de ordem ontológica. De modo mais explícito, embora Plotino incorpore em sua metafísica muitos aspectos da *Metafísica* de Aristóteles, é explícito em subordinar a ontologia à henologia, sendo seguido por diversos neoplatônicos nesta hierarquia metafísica. Uma visão panorâmica sobre este ponto se encontra em REALE, 2015.

(gêneros, categorias) de entidades. A *unidade lógica e epistemológica* dessa ciência, de modo análogo a das demais ciências (apesar de sua peculiaridade como ciência primeira) tem de se basear na *unidade metafísica (ontológica e henológica)* de seu objeto de estudo. Dado que os conceitos de ser e unidade são coextensivos e que sua extensão se espalha por todas as classes de entidades, então é necessário que a ciência do ser enquanto ser seja também a ciência da unidade enquanto unidade e que essa ciência de dupla face aplique a ambos estes conceitos fundamentais a unidade da significação focal de seus vários sentidos ao sentido primário de ser *e de unidade* representado pelo gênero das substâncias. A partir dessas considerações, torna-se mais claro que a expressão ser enquanto ser que abre o Livro IV é o primeiro aspecto de uma ciência mais complexa que congrega a ontologia e a henologia através de um núcleo comum a ambas encontrado na ousiologia.

Mas a descrição até agora ainda não é suficiente para apresentar a estrutura desta ciência dos conceitos fundamentais. O passo seguinte para apresentar essa estrutura se encontra na retomada de uma tese presente em outros de seus escritos, a saber: que uma mesma ciência tem de determinar a relação entre os contrários pertencentes ao gênero de entidades estudado por ela (1004a 9-10 ss). Aristóteles entende que se esta tese é válida para as ciências particulares, também deve se aplicar à ciência primária, mesmo que essa ciência não se limite ao estudo de um único gênero, embora esteja centrada no gênero primário da substância. De todo modo, a aplicação desta tese ao caso da filosofia primeira só pode se dar *por analogia* com as ciências particulares, mais ou menos do seguinte modo: assim como as ciências particulares tratam de conceitos contrários dentro de um mesmo gênero, assim também a ciência primária deve tratar dos conceitos contrários que se aplicam aos diferentes gêneros de entidades.

Conforme indicado no texto, os conceitos contrários aos de ser e unidade são, respectivamente, os conceitos de não-ser e multiplicidade. A partir disso, mostra-se que esta ciência é não apenas uma ciência dos conceitos fundamentais de ser e de unidade (na medida em que remetem ao ser e à unidade da substância), mas é *uma ciência dos pares conceituais fundamentais* ser/não-ser e unidade/multiplicidade. E, além de ser ciência destes pares conceituais fundamentais, Aristóteles apenas nos aponta uma tese sem dar dela qualquer tipo de justificação no próprio texto, a saber: *todos os conceitos fundamentais fazem referência (anagetai) aos pares de conceitos fundamentais ser/não-ser e unidade/multiplicidade* (cf. 1004b 27-29).[8] Com efeito, no contexto de alusão a esta tese, o Estagirita indica sua justificação como estando em um tratado atualmente perdido intitulado *A divisão dos contrários* (1004a 2).

Não posso aqui me deter no modo como esse projeto de análise dos conceitos fundamentais alinhados com os pares ser/não-ser e unidade/multiplicidade se realiza na sequência dos Livros VII-X, XII-XIV, mas é certamente visível para qualquer pessoa que faça uma leitura atenta desses textos que o projeto delineado em IV 2 é efetivamente levado a cabo por Aristóteles nesta sequência de Livros, em especial no tocante aos problemas da unidade, identidade da substância, nas possíveis relações de dependência das demais categorias de ser com esta categoria primeira, bem como nos modos como os sentidos de potência e atualidade e os sentidos de verdade e falsidade se articulam em uma hierarquia que tem como seu vértice as substâncias.[9]

Contudo, mais importante do que apresentar possíveis realizações deste projeto em outras partes da *Metafísica* é percebermos que a ciência delineada no capítulo 2 do Livro IV não pode ser simplesmente identificada com o nossa compreensão usual do termo 'ontologia', sendo mais correto e mais claro dizer simplesmente que se trata de uma ciência dos conceitos fundamentais em suas relações hierárquicas e em sua estrutura de remissão ao sentido primário do ser e da unidade instanciado no gênero primário da substância. Aliás, é de vital importância notar que, embora

[8] Embora não possa me estender sobre este ponto aqui, discordo das traduções do verbo '*anagô*' que o vertem por 'reduzir', pois esta acepção, nos usos dentro do *corpus aristotelicum*, só pode ser justificada no contexto da teoria dos silogismos, na qual os modos silogísticos da segunda e terceira figuras são reduzidos (o termo usado é justamente '*anagô*') aos modos da primeira figura.

[9] Para o tratamento destes temas nos Livros VII-IX, veja-se a coletânea de abordagens em SCALTSAS, CHARLES, GILL, 1994. Para um tratamento unificado desses temas nos Livros VI-IX, veja-se HALPER, 2005.

centrada no conceito fundamental de substância, essa ciência dos conceitos fundamentais não se restringe ao estudo da substância. Essa abrangência é expressa justamente nas linhas finais de IV 2: "É evidente, portanto, que <é próprio> de *uma única* ciência teorizar o ser enquanto ser e as propriedades que lhe pertencem enquanto ente, *e que ela não teoriza apenas sobre as substâncias, mas também sobre as propriedades que lhe pertencem, <e também> sobre os <conceitos> mencionados e ainda acerca do primário e do secundário, dos gêneros e espécies, do todo e da parte e os outros <conceitos fundamentais> do mesmo tipo*." (1005a 11-18; grifos acrescentados)

Para concluir esta parte do texto, cumpre notar que os capítulos 1-2 do Livro IV estão respondendo algumas das aporias apresentadas no Livro III. Em primeiro lugar, Aristóteles está apresentando uma *primeira* resposta às seguinte aporias: (1) "se o ser e a unidade (...) não são nada outro senão <a própria> substância dos seres; ou não, mas que há algum outro subjacente <a eles> [*sc.* as substâncias]" (996a 5-8); (2) "se a investigação sobre as causas <de todas as coisas> é tarefa de uma única ciência ou de mais de uma" (995b 5-6); (3) "se nossa investigação trata unicamente das substâncias ou também das propriedades por si mesmas (*symbebêkota kath'hauta*) <pertencentes> às substâncias" (995b 19-20); (4) "e em relação a estas <propriedades>, se é próprio <da mesma ciência> teorizar o 'mesmo' e o 'outro', o 'semelhante' e o 'dessemelhante', a 'contrariedade', o 'primário', o 'secundário' e todos os outros conceitos desse tipo acerca dos quais os dialéticos procuram examinar, mas cuja investigação <se realiza> unicamente a partir das opiniões geralmente aceitas (*tôn endoxôn*)." (995b 20-25); (5) "e, ainda, se de cada uma dessas propriedades por si mesmas destes mesmos <conceitos> também <cabe a uma mesma ciência> não apenas <investigar> a definição (*ti estin*) de cada uma delas, mas se há apenas um único contrário para cada uma delas." (995b 25-27)

As duas primeiras aporias mencionadas são aquelas que o todo dos capítulos 1 e 2 procuram responder de modo afirmativo. Inicialmente, que há, sim, uma ciência única de todas as causas (algo postulado sem maiores justificações no Livro I) e esta ciência é a ciência das causas do ser enquanto ser, tal como é estabelecido nas linhas finais do capítulo 1. A outra aporia é respondida no capítulo 2 como um todo de dupla maneira: de um lado, negando que ser e unidade sejam substâncias, como Aristóteles atribui a Platão e aos pitagóricos; mas, de outro lado, positivamente, mostra-se que os múltiplos sentidos de ser e unidade remetem necessariamente à substância como seu sentido primário.

As três últimas aporias listadas são aquelas que tratam de temas pertencentes aos meandros do capítulo 2. Dentre elas, em nosso contexto, talvez aquela numerada como (4) seja a mais importante. Em primeiro lugar porque nela encontramos a questão que a passagem final do capítulo 2 há pouco citada reivindica ter respondido afirmativamente, ou seja, que cabe a uma mesma ciência não apenas tratar da substância, mas de todos os conceitos fundamentais relacionados de diversos modos às substâncias e como ocorrem essas relações. Em segundo lugar, porque essa aporia menciona explicitamente os dialéticos, ou seja, os platônicos. No contexto do capítulo 2 do Livro IV, Aristóteles desenvolve essa menção aos dialéticos de modo a contrastar três figuras: o filósofo, o dialético e o sofista (1004b 17-26). Seguindo a influente indicação de G. E. L. Owen, Aristóteles parece estar aqui procurando estabelecer sua própria versão positiva daquilo que, em outros contextos, denominou negativamente como 'ciência de todas as coisas' ou 'ciência universal' pretendida por Platão e pelos platônicos (dialéticos) (cf. OWEN, 2005/1960, 2005/1966). Como depreendemos dessa passagem e das próprias páginas dos diálogos platônicos, a dialética não se restringe a uma denominação específica, tal como 'ontologia', mas se pretende como uma ciência *da totalidade dos conceitos fundamentais (entendidos platonicamente como Formas) e suas relações hierárquicas entre si e com as coisas sensíveis.*[10]

Conforme Owen, passado período de crítica e o ceticismo em relação a esta pretensão dos dialéticos platônicos, Aristóteles está aqui, na primeira parte do Livro IV, estabelecendo o que acredita

[10] Para uma compreensão mais aprofundada da metafísica platônica, centrada na noção de dialética e entendida como um método que deve tratar, idealmente, da totalidade das Formas e não como sinônimo de ontologia, veja-se DE ALMEIDA, 2019.

ser a versão positiva e propriamente "científica" (*gnôristikê*) daquilo que os dialéticos, em suas palavras, apresentaram apenas de maneira "ensaística" (*peirastikê*) (cf. 1004b 25-26). Essa ciência, portanto, começa como uma ciência do ser enquanto ser, passa por uma ciência da unidade enquanto unidade, unifica estas duas facetas como uma ciência da substância (ousiologia) enquanto significação primária do ser e da unidade, e a partir deste núcleo, tratando dos contrários do ser e da unidade, estende seu raio de investigação à totalidade dos conceitos fundamentais entendidos como propriedades por si mesmas do ser, da unidade em sua remissão à substância. Enfim, o que começa sendo nomeado como ciência do ser enquanto ser na abertura do capítulo 1 do Livro IV, encerra nas últimas linhas do capítulo 2 deste mesmo texto como uma ciência dos conceitos fundamentais, suas correlações e a hierarquia que deve se estabelecer entre eles. O mais impressionante é que este é apenas o primeiro nível delineado para a metafísica aristotélica, temos que passar, agora, a uma exposição ainda mais breve de seu outro nível: enquanto ciência dos princípios fundamentais e sua hierarquia.

3. A Ciência do Ser enquanto Ser como Ciência da Hierarquia dos Princípios Fundamentais

Como já indicado acima, o Livro IV possui uma segunda parte bem mais extensa (embora não menos densa) que compreende os capítulos 3-8. Nela, como indicarei, Aristóteles apresenta sua metafísica como uma ciência não apenas dos conceitos fundamentais organizados em torno da noção geral de ser enquanto ser, mas também *uma ciência dos princípios fundamentais do ser enquanto ser*. Se os capítulos 1-2 do Livro IV apresentam, de modo extremamente condensado, uma primeira resposta para cinco aporias expostas no Livro III, o restante do Livro IV apresenta uma longa e complexa resposta a uma única das aporias do Livro anterior, a saber: "se é próprio desta ciência considerar apenas os *primeiros princípios* da substância ou também <investigar> sobre *os princípios* a partir dos quais todas <as pessoas> realizam demonstrações, tais como se é possível ou não afirmar e negar simultaneamente o mesmo e um único <predicado de algo> e acerca de outros *<princípios>* deste tipo." (995b 6-10; grifos acrescentados). No ordenamento numérico das aporias, esta é listada como a segunda e segue imediatamente a primeira aporia que aponta a ciência da substância como ciência que dá um sentido adequado para a sapiência (*sophia*), já delineada no Livro I da *Metafísica* como ciência dos primeiros princípios e primeiras causas de todas as coisas. Na realidade, estas duas aporias estão intimamente conectadas já no Livro III, uma afinidade eletiva que não é distinta da sequência do Livro IV: dentre as respostas às aporias do Livro III antes citadas, os capítulos 1-2 apresentam a resposta positiva sobre a ciência unificada das causas como sendo a ciência dos princípios das substâncias. Os capítulos 3-8 do Livro IV apresentam a resposta positiva sobre ser a mesma e única a ciência que trata dos primeiros princípios das substâncias e também dos primeiros princípios de todas as demonstrações.

O início do capítulo 3 do Livro IV retoma nos seguintes termos essa aporia: "Devemos dizer, porém, se <é próprio> de uma única ou de diferentes ciências <investigar> sobre o que se chama 'axiomas' nas matemáticas e também sobre a substância." (1005a 18-20) Seguindo-se imediatamente a resposta positiva que será o tema deste e dos subsequentes capítulos: "Ora, é evidente que é investigação <própria> de uma única <ciência> – aquela do filósofo – <tratar> sobre estes <axiomas>, pois <eles> pertencem a todos os seres, mas não a um gênero particular separado dos outros <gêneros>. E todos <os que demonstram> fazem uso deles porque são <próprios> do ente enquanto ente, e cada gênero <é um tipo de> ser" (1005a 20-25).

A passagem mostra a chave para a resposta positiva de Aristóteles à aporia: cabe à ciência centrada na substância (como significação primária do ser enquanto ser) também tratar os 'axiomas' porque estes se aplicam ao ser enquanto ser em sua totalidade. Mas, aparentemente, há uma diferença. Enquanto ciência que trata da substância como significação focal do ser e da unidade (bem como dos conceitos relacionados por remissão a estes), essa ciência deve explicar a relação de todos os gêneros e modos de ser com o gênero primeiro das substâncias, suas propriedades e seus modos de ser. Enquanto ciência dos chamados 'axiomas', ela é uma ciência de princípios que se aplicam indiferentemente a todos os gêneros de ser, incluindo o gênero das substâncias.

No entanto, essas duas partes se complementam. Os conceitos fundamentais possuem sua significação (sentido e referência) na medida em que remetem aos pares ser/não-ser e unidade/multiplicidade, bem como estes possuem significação na medida em que estão centrados no conceito de substância, tomado como princípio primeiro do ser enquanto ser. Neste âmbito, Aristóteles indica a significação dos conceitos fundamentais enquanto possíveis predicados dentro de enunciados verdadeiros sobre a totalidade, mas deixa em aberto a estrutura das proposições que preenchem as demonstrações científicas. De certo modo, o tratamento dos princípios que se aplicam a todos os gêneros de ser – e que, por isso, são princípios do ser enquanto ser em sua totalidade – mostra como são possíveis os enunciados declarativos determinados e preenchidos por aqueles conceitos fundamentais. Em outras palavras, o tratamento dos conceitos que denotam e circunscrevem as diferentes classes (gêneros e espécies) de entidades nos fala das condições de sentido e de verdade dos predicados tomados independentemente de suas combinações nos enunciados declarativos (da forma 'S é P' e 'S não é P') e, primariamente, nas definições (unicamente na forma 'S é P' equivalente a 'S = P' e sem algum tipo de negação a ela contrária). Em termos mais contemporâneos, se a filosofia primeira se restringisse apenas aos conceitos fundamentais, ela ainda não seria capaz de mostrar como, *efetivamente*, esses conceitos se combinam no pensamento e na linguagem operados no senso comum e, ainda mais, no campo da linguagem das ciências particulares.[11]

[11] A diferença desses dois tratamentos do mesmo objeto é *aproximadamente análoga* àquela que tradicionalmente encontramos entre os tratados *Categorias* e *Sobre a interpretação*: enquanto na primeira obra são tratados os conceitos mais gerais (as categorias) que podem compor a estrutura do enunciado declarativo no esquema 'S é/não é P', no segundo texto são tratados os princípios que regem e determinam a própria estrutura desse tipo de enunciados.

O capítulo 3 prossegue indicando que os matemáticos (especialmente na figura dos geômetras) apenas se valem desses princípios, entendidos como axiomas, na medida de suas necessidades, ou seja, na medida em que eles são úteis em suas demonstrações sobre as propriedades dos objetos que pertencem ao gênero das quantidades. Interessa remeter rapidamente aqui à hierarquia dos princípios científicos que é apresentada nos capítulos 10-11 do Livro I dos *Segundo Analíticos*. Segundo este texto, há dois tipos de princípios científicos. O primeiro tipo é chamado de 'princípios próprios' (*idiai archai*) porque eles se aplicam corretamente dentro de uma única classe de entidades estudado por uma ciência. O segundo tipo é chamado de 'princípios comuns' (*koinai archai*). Este tipo se subdivide em dois. De um lado, há os princípios que são comuns porque se aplicam a duas ou mais ciências que tratam de um grande gênero. O exemplo é justamente o de um axioma que se aplica, embora em sentidos distintos, na aritmética e na geometria, a saber: subtraindo-se partes iguais de partes iguais obtém-se partes iguais. De outro lado, porém, há os princípios comuns a todas as ciências. Estes são, justamente, os princípios da não-contradição e do terceiro excluído, os quais serão o tema central da segunda parte do Livro IV da *Metafísica*. O que essa parte do capítulo 3 do Livro IV está indicando é justamente que os matemáticos se valem dos princípios comuns a todas as ciências apenas nos limites das demonstrações de características pertencentes às entidades do gênero matemático, sem perceberem a universalidade desses princípios e, por isso, não são capazes de determinar a verdade *metafísica universal e necessária desses princípios*, tal como o é o filósofo na acepção que lhe está conferindo Aristóteles no Livro IV.

Mas se os matemáticos apenas usam esses princípios em suas demonstrações sem serem capazes de determinar sua verdade metafísica universal e necessária, Aristóteles aponta que alguns dos filósofos trataram destes princípios de uma forma mais adequada. Parece que Aristóteles tem aqui em vista alguns dos pré-socráticos. Essa alusão é confirmada justamente pela crítica às limitações de seu tratamento destes princípios: eles supunham tratar da totalidade do ser (totalidade aparentemente entendida como sinônimo da noção de ser enquanto ser), mas acabaram por, sem sabê-lo, tratar apenas de um gênero de entidades: o gênero da natureza. Essa passagem que gerou inumeráveis interpretações – em especial por sua possível relação com o termo 'metafísica' – é a seguinte: "Mas dado que há alguém ainda superior ao físico (pois a natureza é um certo gênero de ser), a investigação acerca destes <princípios> seria tarefa do teórico das substâncias primeiras e do universal, pois a física é certa sapiência (*sophia*), mas não <sapiência> primeira." (1005a 33-1005b 2)

Deixando de lado as disputas interpretativas sobre o trecho, o mais importante, aqui, é perceber que Aristóteles prossegue sua tarefa de determinar a filosofia primeira como sinônimo da filosofia, tarefa já iniciada em IV 2. Cabe unicamente ao filósofo realizar o projeto da filosofia primeira, pois é aquele que consegue tratar de modo adequado e em conjunto as substâncias em sentido primário e os princípios que se aplicam a todos os gêneros de seres, e não ao matemático (talvez aludindo aqui aos filósofos pitagóricos e platônicos) ou ao físico (aludindo mais claramente aos filósofos como Empédocles e Demócrito). Em outras palavras, embora os filósofos de orientação matemática e os filósofos de orientação física tenham tratado também dos primeiros princípios, eles só o fazem de modo parcial e justamente por isso o fazem de modo equivocado, quando não chegam mesmo a relativizar a universalidade e necessidade desses princípios, como percebemos pela leitura dos capítulos seguintes do Livro IV.

A culminação dessa defesa da imagem aristotélica do filósofo como aquele capaz de tratar dos primeiros princípios do ser enquanto ser se encontra na seguinte passagem: "Portanto, é evidente <que é próprio> ao filósofo que teoriza acerca da totalidade da substância enquanto tal (*hê(i) pephyken*) também investigar acerca dos *princípios* das inferências (*syllogistikôn archôn*)" (1005b 5-8; grifo acrescentado). Para além dessa reivindicação de domínio do filósofo em sua figuração aristotélica sobre outros tipos de filósofos, importa mais ainda notar nesta passagem (assim como naquela acima citada que inicia o capítulo) o uso no *plural* do termo 'princípios' (*archai*). Foi por isso que grifei este termo nas traduções anteriores. Essa observação é importante porque, na sequência imediata do texto, Aristóteles *não falará mais de vários princípios, mas de um único princípio primário acima de todos os demais princípios comuns*. Este princípio é justamente aquele que recentemente convencionamos chamar 'princípio da não-contradição'.

Não deixa de causar certa perplexidade que esta passagem do plural ao singular ainda não tenha sido devidamente analisada em sua significação filosófica. Essa passagem é marcada justamente pela apresentação daquelas características que, segundo Aristóteles devem pertencer *ao único princípio primeiro* colocado acima de todos os demais, uma caracterização cujos ecos se farão ouvir, milênios mais tarde, na fundamentação da metafísica cartesiana do *cogito*. Este princípio supremo de todos os princípios deve ser (i) aquele sobre o qual é impossível estar enganado, sendo, por isso, (ii) o mais conhecido de todos os princípios e, enquanto tal, (iii) não-hipotético (*anypotheton*).

A desconsideração dessa passagem do plural ao singular também gera a inobservância de que, implicitamente, *Aristóteles também está aplicando aqui o expediente metodológico da significação focal no campo dos princípios*. Em outras palavras, assim como a multiplicidade de sentidos dos conceitos de ser e de unidade remete em última instância ao sentido primário da substância, assim também a multiplicidade dos princípios comuns a várias ou a todas as ciências remete, em última instância, ao primeiro dentre os princípios comuns: o princípio da não-contradição. Esse uso da significação focal no campo dos princípios pode ser percebido na passagem que encerra o capítulo 3: "Portanto, todos os que demonstram *fazem referência* (*anagousin*) a esta crença última, pois, por natureza, ele é o princípio de todos os demais axiomas." (1006a 32-34; grifo acrescentado). A expressão grifada é uma conjugação do verbo *anagô*. No capítulo 2, este verbo é usado como sinônimo *conceitual* do verbo *anapherô* – que pode ser traduzido como 'fazer remissão a' ou 'remete a' – para marcar a relação de significação focal dos conceitos de ser e unidade a um sentido primário. A passagem citada há pouco indica justamente que *todos* os axiomas, entendidos como propriedades do ente enquanto ente, em última instância, *fazem referência* ou (dada a sinonímia com o verbo *anapherô*) *remetem ao* princípio da não-contradição, entendido agora como o princípio primeiro e mais fundamental pertencente ao ser enquanto ser em sua totalidade.

A partir deste ponto, na sequência dos capítulos 4-8, Aristóteles apresenta um conjunto de argumentos para defender essa posição primária do princípio da não-contradição e, na realidade, também do princípio do terceiro excluído. Com efeito, como já procurei mostrar detalhadamente em outro texto (cf. DE ALMEIDA, 2008), esses dois princípios formam as duas faces de um mesmo princípio primário. De fato, em diversos momentos do texto, Aristóteles usa ambos como equivalentes, ao ponto de assumir explicitamente que a negação da validade *metafísica* do princípio da não-contradição conduz inevitavelmente conduz à negação da validade *metafísica* do princípio do terceiro excluído (cf. IV 4, 1008a 3-34), assim como a negação da validade *metafísica* do princípio do terceiro excluído conduz à negação da validade *metafísica* do princípio da não-contradição (cf. IV 7-8). A partir disso, a opinião corrente segundo a qual o tratamento do princípio do terceiro excluído só aconteceria nos capítulos 7-8 se mostra equivocada. Com efeito, poderíamos estabelecer uma analogia entre a relação intrínseca destes dois princípios com a relação intrínseca entre os conceitos de ser e unidade: embora tenham sentidos distintos, são coextensivos, ou seja, se aplicam às mesmas coisas.

Grifei a palavra 'metafísica' associada à validade desses princípios porque os argumentos em defesa desses princípios como as duas faces do princípio primário ao qual todos os demais remetem não são apenas argumentos de ordem ontológica, mas também *de ordem henológica e também ousiológica*, ou seja, o tratamento aristotélico do princípio primário em sua dupla face nos capítulos 4-8 do Livro IV prossegue o mesmo espírito e estilo de argumentação já presente nos capítulos 1-2. Para percebermos que essa defesa envolve necessariamente um aspecto henológico, basta notarmos que o conceito central da versão aristotélica do princípio da não-contradição (enquanto forma privilegiada do princípio primário) é o conceito de mesmidade ou *identididade* (*to auto*). Revoquemos a formulação do princípio da não-contradição encontrada no capítulo 3, inicialmente sem nenhum dos complementos tradutórios usuais: "É impossível que *o mesmo* simultaneamente pertença e não pertença *ao mesmo segundo o mesmo*." (1005b 19-20) Em sua versão lógica, esta formulação soa do seguinte modo: "É impossível que *o mesmo* <predicado> simultaneamente pertença e não pertença *ao mesmo* <sujeito lógico> *segundo o mesmo* <sentido>". Em sua formulação ontológica, a qual, afinal, é aquela que Aristóteles procura "provar", essa formulação soa do seguinte modo: "É impossível que *a mesma* <propriedade> pertença e não pertença *ao mesmo* <sujeito ontológico> *segundo o mesmo* <aspecto>". Note-se que, independentemente da leitura lógica ou ontológica da formulação, o que permanece é seu núcleo henológico, centrado no conceito de identidade.

Aliás, Aristóteles repete diversas vezes que ao adversário negar a validade *metafísica* do princípio primário (tanto na forma da não-contradição quanto na forma do terceiro excluído), esse mesmo adversário se compromete com a tese de sabor heraclítico segundo a qual "tudo é um" (*hen panta einai*), considerada por Aristóteles como absurda (cf. 1006b 17-18; 1006b 24-25; 1007a 6-7; 1007b 19-20; 1007b 23-25). De certo modo, podemos dizer que a defesa do princípio primário como significação focal de todos os demais princípios explicita a versão aristotélica do lema proposto por Quine: "nenhuma entidade sem identidade" ("*no entity without identity*").

No tocante ao caráter ousiológico da defesa aristotélica do princípio primário, ele tem sido bastante reconhecido na literatura interpretativa recente desde ao menos o já mencionado texto de Lukasiewicz. Se é verdade que Aristóteles alega inicialmente ser o princípio primário válido para qualquer entidade em qualquer gênero, não é menos verdade que uma parte desta defesa indica que é a existência das substâncias a garantia última desta validade. Com isso, fica clara a associação, no início do capítulo 3, entre a ciência da substância como sendo a mesma ciência que trata dos princípios comuns às demonstrações e, como acabamos de ver, do princípio primário como um tipo de significação focal de todos estes princípios. Essa associação é explicitada, no capítulo 4, quando Aristóteles explicitamente nos diz que as pessoas que negam a validade *metafísica* universal e necessária do princípio primário se comprometem também com a negação da existência da substância e da essência (*to ti* ên *einai*) (1007a 20-1007b 18).

Essas dimensões ontológicas, henológicas e ousiológicas dos argumentos aristotélicos em defesa da validade *metafísica* universal e necessária do princípio primário nos mostram que se a segunda parte do Livro IV trata do mesmo objeto que a primeira parte, mas agora em um outro nível. Obviamente, não é possível, nos limites deste texto, apontar com mais precisão como esses aspectos percorrem os capítulos 5, 6, 7 e 8. O que importa notar é justamente que assim como no nível do tratamento dos conceitos fundamentais e sua hierarquia, também no nível do tratamento dos princípios fundamentais e sua hierarquia *a metafísica aristotélica não se identifica sem mais com o que costumamos chamar de ontologia*, a menos que convencionemos dizer que a ontologia aristotélica é bastante distinta (senão mesmo incompatível) com os sentidos mais comuns em que usamos este termos atualmente. Bem mais simples é dizer que a *metafísica* aristotélica se propõe como uma ciência dos conceitos e princípios fundamentais

Para encerrarmos este breve tratamento desta hipótese interpretativa, cumpre rejeitar uma falsa questão que pode surgir ao ler a segunda parte do Livro IV: que ela não teria relação com os Livros posteriores do projeto aristotélico maduro da filosofia primeira. Essa impressão se origina no fato de Aristóteles não voltar a tratar do princípio primário (quer na forma da não-contradição, quer na forma do terceiro excluído) em momentos posteriores da obra, ao contrário do que ocorre com os conceitos fundamentais apresentados na primeira parte do mesmo Livro.[12]

Na realidade, costuma-se deixa-se de perceber que a segunda parte do Livro IV é o primeiro momento da obra no qual *se abrem,*

[12] Para uma leitura que procura relacionar alguns aspectos da segunda parte do Livro IV com a discussão da substância do Livro VII, veja-se ZILLIG, 2009.

na perspectiva do tratamento do princípio primário, muitos dos temas que serão desdobrados e aprofundados nos textos que compõem o restante da obra, dentre os quais podemos destacar os seguintes: (1) a identidade e persistência temporal da substância como fundamento para os demais tipos de entidades (as categorias) e para os demais modos de ser (potência e atualidade, verdade e falsidade); (2) a necessária distinção entre substância e seus atributos ou acidentes (3) a distinção entre substâncias sensíveis em transformação, as substâncias celestes eternas e as substâncias suprassensíveis; (4) a distinção entre o aspecto material e o aspecto formal das substâncias; (5) a necessidade de distinguir os sentidos do ser em potência e do ser em atualidade, dando prioridade a este último sobre o primeiro; (6) a necessidade de estabelecer a substância como tipo primeiro de essência que garante a essência dos demais tipos de entidades; (7) a necessidade da unidade da significação como condição para qualquer enunciado declarativo e para qualquer definição; (8) a necessária contrapartida ontológica e henológica do sentido lógico-linguístico dos conceitos de verdade e falsidade.

É verdade que vários desses temas são já aludidos no Livro III, mas o são ainda em um tom puramente problemático, quando não na forma de uma suspensão de juízo entre alternativas opostas sobre um mesmo problema. Na segunda parte do Livro IV, ao contrário, aparecem já em um primeiro tratamento positivo e determinado. Não me parece exagerado dizer que, no tocante ao tema central da substância, a segunda parte do Livro IV delineia, da perspectiva mais abrangente possível, o quadro geral dentro do qual seu tratamento pode ser realizado nos Livros posteriores. Enquanto grande abertura do projeto, o tratamento do princípio primário – como estando intimamente associado aos conceitos nucleares de ser, unidade e substância – não precisa ser retomado porque o restante da obra já se move no espaço teórico aberto por esta investigação inicial. Se a primeira parte do Livro IV apresenta os personagens do espetáculo, sua segunda metade apresenta o palco no qual eles realizarão suas peripécias.

Ademais, essa parte do Livro IV apresenta as críticas ao que Aristóteles considera como sendo os erros dos seus antecessores acerca dos temas e problemas destinados a esta ciência. Sem mostrar as causas destas e refutar essas teses equivocadas, a construção desta ciência nos Livros subsequentes seria impossível, pois essas teses equivocadas arruinariam a possibilidade de falar de modo adequado e conhecer as causas e princípios do ser, da unidade e especialmente de sua significação primária: o ser e unidade enquanto substância. Nessa acepção, a segunda parte do Livro IV cumpre, dentro da *Metafísica*, um papel similar aos prólogos histórico-críticos encontrados em outras obras do Estagirita, tais como a *Física* e o *De anima*. Mas a *Metafísica* é um texto peculiar também nisto: possui dois momentos introdutórios. De fato, a segunda metade do Livro IV cumpre o papel de uma segunda introdução ao projeto aristotélico da filosofia primeira. Enquanto a introdução encontrada no Livro I tem o sentido *preambular* de estabelecer a necessidade de procurar a ciência dos primeiros princípios e primeiras causas de todas as coisas (a sapiência (*sophia*) em sentido estrito), a introdução encontrada na segunda parte do Livro IV tem o sentido de estabelecer a primeira etapa desta ciência e delinear seu espaço de realização. É, portanto, a real *introdução* nessa ciência que nos Livros I e III estava apenas no estado de uma "ciência procurada". Uma vez realizada essa introdução que é também sua primeira etapa de realização, cabe deixá-la para trás, como um tipo de pano-de-fundo, e passar às outras etapas de realização do projeto, como quer que julguemos a coerência e a completude dessas etapas posteriores.

Assim, as demonstrações *metafísicas* por refutação do princípio primário que perfazem a segunda parte do Livro IV apresentam a mesma ciência delineada na primeira parte em um segundo nível, como ciência dos princípios fundamentais do ser enquanto ser, princípios remetidos a um princípio primário de máxima universalidade e necessidade, princípio que nos permite visualizar e, sobremodo, delimitar máxima extensão possível do conceito de ser enquanto ser. Esse segundo nível apresenta a mesma ciência e mostra que sua completude se dá na complementaridade entre a análise dos conceitos e dos princípios fundamentais, conceitos e princípios cuja primeira ou última instância se encontra no gênero das substâncias. Nesta leitura, percebe-se com mais clareza a unidade *filosófica* e, talvez mais precisamente, a unidade *metafísica* do Livro IV da *Metafísica* de Aristóteles, uma unidade sem dúvida complexa e algo elusiva, mas que ainda hoje pode nos causar admiração e inspiração.

Referências bibliográficas

BERTI, E. (1965) *L'unità del sapere in Aristotele*. Pádua: Cedam.

CASSIN, B. (1989) "Parle, si tu es un homme". In CASSIN, B., NARCY, M. *La decision du sens*: le livre *Gamma* de la *Métaphysique* d'Aristote, introduction, texte, traduction et commentaire. Paris: Vrin, p. 09-60.

CODE, A. (1997) Aristotle's *Metaphysics* as a science of principles. *Revue Internationale de Philosophie*, v. 51, n. 201 (3), p. 357-378.

COULOUBARITSIS, L. (1983a) L'être et l'un chez Aristote (I). *Revue de Philosophie Ancienne*, v. 1, n. 1, p. 49-98.

_________. (1983b) L'être et l'un chez Aristote (II). *Revue de Philosophie Ancienne*, v. 1, n. 2, p. 143-195.

DE AMEIDA, N. E. (2008) Os princípios de verdade no Livro IV da *Metafísica* de Aristóteles. *Princípios*, v. 15, n, 23, p. 5-63.

_________. (2019) A metafísica platônica como método das Formas. *Dissertatio*, v. 49, p. 175-245.

DOS SANTOS, M. (2018) Sobre a possibilidade da metafísica a partir da primeira aporia do Livro Beta. *Journal of Ancient Philosophy*, v. 12, n. 1, p. 96-128.

HALPER, E. (2009) *One and many in Aristotle's Metaphysics*: Books Alpha-Delta. Las Vegas/Zurique/Atenas: Parmenides Publishing.

_________. (2005) *One and many in Aristotle's Metaphysics*: the central Books. Las Vegas/Zurique/Atenas: Parmenides Publishing.

IRWIN, T. (1988) *Aristotle's first principles*. Oxford: Clarendon.

KIRWAN, C. (1993) *Aristotle Metaphysics*: Books Gamma, Delta, and Epsilon. Oxford: Clarendon.

LESZL, W. (1975) *Aristotle's conception of ontology*. Pádua: Antenore.

LUKASIEWICZ, J. (2005/1910) "Sobre a lei de contradição em Aristóteles"; trad. Raphael Zillig. In ZINGANO, M. (org.) *Sobre a* Metafísica *de Aristóteles*. São Paulo: Odysseus, p. 1-24.

NARCY, M. "Platon revu et corrigé". In CASSIN, B., NARCY, M. *La decision du sens*: le livre *Gamma* de la *Métaphysique* d'Aristote, introduction, texte, traduction et commentaire. Paris: Vrin, p. 61-110.

OWEN, G. E. L. (2005/1960) "Lógica e metafísica em algumas obras iniciais de Aristóteles"; trad. Luis M. N. Fontes. In ZINGANO, M. (org.) *Sobre a* Metafísica *de Aristóteles*. São Paulo: Odysseus, p. 177-204.

_________. (2005/1966) "O platonismo de Aristóteles"; trad. Luis M. N. Fontes. In ZINGANO, M. (org.) *Sobre a* Metafísica *de Aristóteles*. São Paulo: Odysseus, p. 205-233.

REALE, G. (2015) "Fundamentos "henológicos" da ética de Platão". In MIGLIORI, M., VALDITARA, L. M. N. (orgs.) *Plato ethicus*: a filosofia é vida; trad. Silvana C. Leite, Élcio de Gusmão V. Filho. São Paulo: Loyola, p. 287-297.

ROSS, D. (1996/1924) *Aristotle Metaphysics*, 2 vols. Oxford: Clarendon.

SCALTSAS, T.; CHARLES, D.; GILL, M. L. (eds.) *Unity, identity, and explanation in Aristotle's Metaphysics*. Oxford: Clarendon.

ZILLIG, R. (2009) A ciência do ser enquanto ser e o estudo da substância (*Metafísica* Gama e Zeta). *Journal of Ancient Philosophy*, v. 3, n. 1, p. 1-19.

Substância, Itens Não-Substanciais, Prioridade: notas sobre Z1 da *Metafísica* de Aristóteles

Gabriel Geller Xavier

Como é sabido, em Z da *Metafísica* Aristóteles se dedica a uma investigação acerca da noção de substância (*ousía*). A importância do conceito investigado faz de Z – ao lado dos livros H e Θ – parte fundamental do chamado núcleo duro da *Metafísica*. Unida à relevância deste livro está o modo particularmente denso em que a sua argumentação é exposta, o que faz dele um campo fértil de contendas interpretativas[1]: percorrer a investigação do

[1] Especialmente desde o último século, muitas interpretações indicaram o caráter aporético de Z da *Metafísica*, ressaltando a dificuldade que Aristóteles enfrenta para oferecer um tratamento coeso para a noção da substância. Talvez o primeiro dentre esses comentários seja o do Sir David Ross em sua edição da *Metafísica*. Neste comentário, Ross interpreta Z como sendo aporemático, semelhante ao livro B, em que Aristóteles estaria testando estratégias e modos de abordagem distintos para a questão da substância. (Cf. ROSS, 1924 [1981], vol. I, p. Lxxvii-Lxxviii;). G. E. L. Owen problematiza a oscilação entre os sentidos de *ousía* em Z, contudo, defende que o Estagirita está traçando uma estratégia, chamada por ele de *pincer-mouvement*, para fazer a convergência entre dois sentidos aparentemente antagônicos de *ousía*: *tode ti* e *tí estin*. (Cf. OWEN, 1986, p. 279-294). Rivalizando com a interpretação de Owen, Terence Irwin apresenta uma crítica, na qual defende que Owen não consegue mostrar como Aristóteles teria, de fato, feito o

que seja a substância em cerrada argumentação constitui tarefa tão difícil quanto filosoficamente estimulante e fértil. Nada pode desencorajar ou incitar mais os intérpretes do que um vigoroso problema filosófico num texto intrincado e de árida investigação, onde muitas possibilidades se abrem formando um horizonte repleto de caminhos trilháveis. Por certo, muitos destes caminhos resultam em pontos de chegada distintos, o que torna uma cartografia do cenário uma tarefa ainda mais árdua. Não é por qualquer outro motivo que Myles Burnyeat escolheu o Monte Everest como imagem de capa de seu *A Map of* Metaphysics *Zeta*, pois é como o livro Z tem sido encarado entre os historiadores da filosofia antiga[2].

O começo desta complexa senda inscreve-se em Z1, onde Aristóteles abre a investigação apresentando as razões pelas quais a substância deve ser tomada a título de *ser primeiro*. Tal movimento parece consolidar a estratégia empreendida em Γ da *Metafísica,* onde a substância é colocada em destaque no interior do arranjo das categorias, o que permite o estabelecimento da ciência do *ser enquanto ser*. De maneira breve, podemos dizer que a estratégia adotada pelo Estagirita parte da constatação de que o *ser* está disperso em diversos gêneros supremos (categorias) irredutíveis uns aos outros, por sua máxima universalidade, não pode constituir

---

pincer-mouvement que une os dois sentidos de *ousía*. A partir da crítica, Irwin destaca o caráter aporético de Z e, por conseguinte, da *Metafísica*. (Cf. IRWIN, 2005, p. 341-370). Também Alan Code tece considerações sobre o dilema enfrentado por Aristóteles no seio do livro Z. A partir da última aporia de B, Code expõe a disputa entre dois requerimentos que a noção de substância deve satisfazer, primazia ontológica e a lógica, e as implicações dessa disputa no modo de interpretar o conceito de substância. O intérprete norte-americano indica que uma resolução do problema passaria pela união entre os requerimentos ontológico e lógico. (Cf. CODE, 1984, p. 1-20). Certamente, um inventário da literatura sobre o caráter aporético da noção de substância em Z somente é apresentado muito parcamente nessas referências, que apenas ilustram uma discussão que se desenvolve sobejamente. Não poderia deixar de mencionar também a reconstrução geral das principais estratégias de abordagem de Z da *Metafísica* feita pelo professor Zingano. (Cf. ZINGANO, 2005, p. 99-130).

2 Myles Burnyeat é lapidar a esse respeito já nas primeiras linhas da introdução, onde justifica a elaboração de um mapa para Zeta: "*Metaphysics* Zeta has been aptly described as the Mount Everest of ancient philosophy. Many are deterred by its difficulty. For others, the dificulty is a challenge they cannot resist." (BURNEYAT, 2001, p.1)

um único gênero, na medida em que inclui tudo em seu domínio, inclusive as diferenças – as quais são necessárias para a sua identificação. Assim, no interior do escopo de *ser* constam as noções de identidade e diferença, *i.e.*, *ser por si* e *ser por outro*. A substância usufrui do *status* de *ser por si* por não depender de nenhuma outra das demais categorias – quer seja *ontologicamente*, quer seja *logicamente* –, ao passo que todas as demais categorias dependem dela e, por tal dependência, figuram como *ser por outro*. A polissemia de *ser* e sua irredutibilidade a qualquer um de seus modos conseguem ser controladas por meio da significação focal[3] que a noção de substância satisfaz: *ser* se diz de muitos modos e todos os modos pelos quais *ser* se diz remetem/se referem à substância[4].

Neste ponto, é importante salientar que o problema metafísico básico – a questão do *ser* – ganha cidadania filosófica porque a noção de substância é capaz de prover a *unidade conceitual* necessária para a consolidação da investigação, na medida em que arregimenta em torno de si todos os demais sentidos de *ser* por meio de sua primazia lógica e ontológica. No cenário de Γ, Aristóteles consegue estabelecer a ontologia por constatar que a substância desfruta de primazia lógica, e, somente por isto, é possível resgatar a noção de *ser* da condição de homonímia absoluta[5]. Assim, a condição de *ser primeiro*, não apenas do ponto de vista ontológico,

[3] Nomenclatura dada por G. E. L. Owen em 1960 para o expediente da prioridade lógica da substância como estabelecimento da unidade conceitual requerida para possibilitar a ciência ser enquanto ser. (Cf. OWEN, 2005, 177-204).

[4] Em Γ2 da *Metafísica*, Aristóteles apresenta do seguinte modo o expediente metodológico do *pros hen legesthai* ou significação focal com a qual opera a noção de substância no interior da noção de ser e que consegue, assim, fazer com que todos os demais modos de ser orbitem em todo dela: "o ser se diz de muitos modos, mas todos em referência a um único princípio: pois, algumas coisas por serem substâncias, outras por serem afecções da substância, outras por ser um processo até a substância, ou corrupções ou privações ou qualidades da substância, ou por produzir ou gerar a substância, ou as coisas se dizem em relação à substância ou por serem negações de alguma dessas coisas ou da substância. [...]Em todo caso, a ciência é propriamente do item primeiro, ou seja, daquilo de que dependem os demais itens, e de que se denominam. Assim, então, se isto é a substância, é necessário os princípios e as causas da substâncias o filósofo possuir." (*Metafísica*, Γ2, 1003b 5-10, 16-19). Todas as traduções são de minha autoria e responsabilidade.

[5] Em A8, 1217a33-35, da Ética Eudêmia, tratado comumente compreendido como sendo de sua juventude, Aristóteles chegou a anunciar a impossibilidade de haver uma ciência única do *ser* justamente pelo caráter polissêmico absoluto de *ser* e sua dispersão categorial irredutível a um único gênero.

mas, sobretudo, do ponto de vista lógico, torna possível a investigação do *ser* como também a enquadra nos moldes da questão da substância. A importância da investigação da noção de substância somente se justifica no interior do projeto metafísico aristotélico por a substância ser compreendida como *ser primeiro* e, por isso, ser *condictio sine qua non* da ontologia.

Ao abrir o exame da noção de substância no primeiro capítulo de Z, como seria de se esperar, o principal intento de Aristóteles é justamente apresentar a substância como *ser primeiro*. A estratégia adotada em Z1 pode ser reconstruída em três passos argumentativos:

> (i) o primeiro e maior deles vai de 1028a10-31, em que Aristóteles apresenta a substância como *ser primeiro* (1028a10-20) e explica essa prioridade da substância em relação aos itens não-substanciais por meio da dependência ontológica ou separação ontológica (1028a20-31);
> (ii) o segundo encontra-se em 1028a31-b2, onde Aristóteles apresenta os três sentidos em que substância é dita *primeira*, além da primazia ontológica (com a qual já opera no passo argumentativo anterior), inclui a primazia lógica ou definicional e também a epistemológica;
> (iii) no terceiro e último passo, o Estagirita conclui o capítulo com a passagem da questão metafísica básica 'que é o ser?' para a questão 'que é a substância?'.

A partir desta estratégia de exposição da estrutura do capítulo, constata-se que somente na primeira parte, *i.e.*, em (i), Aristóteles apresenta a substância tomada como *ser primeiro* a partir, unicamente, da primazia ontológica. Soa algo surpreendente que depois de constatada em Γ a importância da prioridade lógica da substância para o estabelecimento da investigação acerca do *ser*, Aristóteles, ao apresentar a substância como *ser primeiro*, apenas o faça do ponto de vista ontológico. Parece legítimo, então, questionar, qual seria a razão para que o Estagirita, ao tratar da prioridade da substância neste contexto, apenas o tenha feito apresentando a sua primazia ontológica ou natural.

Gostaria de apresentar uma hipótese de leitura de Z1 segundo a qual Aristóteles estaria, no cenário acima descrito, buscando estabelecer um contexto conceitual comum, um domínio metafísico básico por meio do qual se daria a disputa pela determinação do que seja a substância (*ousía*) com seus principais adversários teóricos, a saber, Platão e os platônicos. Se para Platão, no *Sofista*, a batalha de gigantes (*gigantomachia peri tês ousías*) ocorre em torno da questão do ser, para Aristóteles a arena dessa disputa estaria sendo construída em Z1 em torno da questão da substância. O que o Estagirita estaria propondo é a reformulação do campo semântico e da gramática ontológica de *ousía,* a qual passa a ser compreendida em termos de *ser primeiro* e substância. Assumindo este pano de fundo, uma resposta para a questão acima levantada pode seguir na seguinte direção: se o intento do Estagirita é reformular a questão da substância (*ousía*) em termos de *ser primeiro*, ao mesmo tempo em que delimita um campo comum para a disputa com seus contendores, nada mais natural que argumentar a partir de noções comuns a seus adversários. Este é o caso da primazia ontológica ou natural, a qual, em Δ11 da *Metafísica,* ao explicá-la, Aristóteles o faz afirmando ser um legado de seu mestre Platão. Num primeiro momento, argumentarei neste sentido para, em seguida, mostrar que Aristóteles, ao formular a questão da substância no final de Z1 e em Z2, o faz a partir do horizonte do contexto histórico em que está dada, de modo a introduzir seus contendores na disputa pela grande aporia levantada: *que é substância*.

1. A prioridade ontológica em Z1

Ao observarmos a estrutura argumentativa de Z1 podemos verificar que o esforço para apresentar a substância como ser primeiro ocupa lugar central e a maior parte do empenho filosófico do capítulo, dado que os passos argumentativos (i) e (ii), acima elencados, tratam especificamente disto. Se em (i) o Estagirita apresenta a substância como *ser primeiro* a partir de sua primazia ontológica, em (ii) parece desenvolver uma espécie de adendo expansivo ao primeiro passo, na medida em que analisa os sentidos de *primeiro* não se restringindo apenas ao sentido natural ou ontológico do passo anterior, mas acrescentando outros dois importantes sentidos, a saber, o lógico ou definicional e o sentido de *primeiro* em conhecimento. Seguindo tal estrutura, dada a argumentação provendo razão para a compreensão da prioridade da substância somente ocorrer mediante a dependência ontológica, sem nada prover com relação à prioridade nos outros dois sentidos de *primeiro* acrescidos no passo (ii), parece algo incompleto o caráter argumentativo assumido no capítulo. Mais notória ainda a falta de uma apresentação mais detalhada da prioridade lógica da substância em Z1 se considerarmos o papel desempenhado por ela no contexto de Γ. Por isso, uma análise dos passos argumentativos (i) e (ii) pode nos oferecer subsídios importantes para o desenho do quadro que se apresenta.

O primeiro passo argumentativo de Z1 constitui a maior parte do capítulo, ocupando 21 das 37 linhas e encontra-se em 1028a10-31. Na primeira parte desse passo, Aristóteles apresenta a *substância como ser primeiro* (1028a10-20); na segunda parte, explana sobre a prioridade da substância por meio da dependência ontológica (1028a20-31)[6].

A primeira parte de (i) é composta pelas primeiras linhas de Z. A exposição inicia com a caracterização da substância em contraste com as demais categorias:

[6] David Bostock em seu comentário à Z salienta que a estratégia assumida no primeiro capítulo consiste na apresentação de argumentos diferentes para estabelecer a substância como o sentido primeiro de ser. (BOSTOCK, 1994, p.45). Raphael Zillig propõe uma interpretação diferente para Z1, que consiste em compreender o argumento presente em 1028a20-31 não como *estabelecendo* a substância como ser primeiro, mas como uma argumentação que apenas oferece *a razão pela qual* a substância é compreendida como ser primeiro. Zillig apresenta boas razões para que a argumentação de 1028a20-31 seja tomada nessa perspectiva, dentre elas, o fato de a substância ser apresentada como ser primeiro nas linhas anteriores (1028a13-14) como algo evidente, seria estranho uma argumentação para estabelecer algo compreendido já compreendido como evidente. (ZILLIG, 2010, p.38). Concordamos com a posição de Zillig e, por isso, indicamos que Z1 apresenta a substância como ser primeiro mediante prioridade ontológica, sem que isso signifique o estabelecimento de tal prioridade, mas apenas a apresentação, de maneira parcial, da substância como *ser primeiro*.

> Com efeito, ser significa, de um lado, *o que é* (*tí estí*) e *algo determinado* (*tóde tí*), de outro, a qualidade ou quantidade ou cada um dos outros predicados desse modo. (*Metafísica*, Z1, 1028a11-13)

O termo *ousía* encontra-se ausente na passagem, há em seu lugar os termos *o que é* e *algo determinado* para caracterizar a substância[7]. O *algo determinado* indica, numa perspectiva, o indivíduo, unidade concreta apreensível pelos sentidos, como é o caso da ocorrência desse termo em *Categorias*.[8] O *algo determinado* se apresenta como um critério de substancialidade sempre presente na caracterização da mesma e parece um traço importante para a determinação de primazia ontológica da substância em relação aos itens nas demais categorias. O *o que é* figura como um termo oriundo de uma questão que assume um sentido técnico abrangente, designando a resposta ao que a coisa é, podendo apresentar uma definição completa ou parcial[9]. Nesse sentido, pode-se, facilmente, indicar

[7] Sir David Ross identifica no conceito de ousía uma ambiguidade que perpassa quase todo o tratamento que Aristóteles dá a esta noção, a tensão entre *tóde ti* e *tí esti*: "A *tí esti* is the *tí esti* of something, the answer to the question 'what is it?'; and whether this something be an individual or a universal, its essence can only be stated as a universal or a combination of universals. *tí esti* in fact points to the distinction between essential and accidental predication. A *tóde ti* on the other hand is not the tóde ti of anything; it is simply an individual; the term *tóde ti* points not to the distinction of essential from accidential but to that of substance from attribute. The fact is that *ousía* means initially for Aristotle nothing more definite than 'that which most truly or fully is'. He sometimes thinks of it as that in things which most trully is – *tí esti* or essence; and sometimes as that which most truly is because it is not in anything but exists by itself – *tóde ti* or the individual. The same ambiguity occurs in the *Categories*, where *prôtê ousía* answers to *tóde ti* and *deútera ousía* to *tí estí*". (ROSS, 1924 [1981], vol. II, p.159-160).

[8] Esse registro de tóde ti não recobre inteiramente o seu sentido. Numa outra perspectiva, *algo determinado* pode significar também a forma, a qual determina a matéria, resultando no composto, o indivíduo. Desse modo, o *algo determinado* recebe um sentido complementar, o que amplia seu foco. A ampliação de seu sentido somente é possível ser reparada a partir de Z3, quando Aristóteles começa a análise hilemórfica da substância.

[9] Curt Arpe sustenta que o *tí esti* entra para o vocabulário técnico filosófico a partir da utilização que Sócrates faz da expressão. No grego cotidiano a expressão tinha uso interrogativo, geralmente em sentido denotativo, ao entrar para o vocabulário filosófico passou a designar também a resposta e recebeu o sentido conotativo. Embora tenha recebido sentido técnico, a expressão nunca perdeu totalmente seu

que *o que é* começa a fazer parte do vocabulário técnico filosófico a partir da questão socrática explorada nos diálogos platônicos. Deste contexto, o *o que* é parece ser incorporado por Aristóteles, ainda no registro de uma expressão abrangente que recobre a expressão mais precisa *tí* ên *einai*, esta sim designando tão somente a definição completa. O *o que é* figura como um traço da substância importante para a determinação de sua prioridade lógica. Assim, o *o que é* e o *algo determinado* aparecem nesse contexto no lugar de substância, porque ambos os termos se vinculam, cada qual, a um tipo de prioridade da substância em relação às demais categorias. A passagem fixa por meio do *mèn...dè* (de um lado... de outro) o contraste entre o *o que é* e o *algo determinado* relativamente às demais categorias (a qualidade, a quantidade e cada um dos outros predicados). Ainda que cada um desses traços da noção de substância indiquem uma tendência oposta de um relativamente ao outro, Aristóteles não parece estar disposto a renunciar a nenhum deles, uma vez que serão necessários para a garantia da determinação completa da substância como ser primeiro, a saber, no sentido lógico e ontológico. A caracterização da contraposição entre o *o que é* e o *algo determinado* em relação à categorias ocorre nas linhas que se seguem imediatamente:

> É manifesto que dos modos de dizer o ser, dentre eles, que *ser primeiro* é o *o que é*, o qual precisamente significa a substância. [...] de modo que as demais coisas se dizem seres porque são quantidades, qualidades, afecções do ser que é nesse sentido. (*Metafísica*, Z1, 1028a14-20)

Nessa passagem fica clara a posição dos termos que designam a substância na contraposição, representada pelo o *o que é* e o *algo determinado* relativamente às demais categorias, tomam o lugar de ser primeiro. A substância é indicada somente pelo termo *o que é* na segunda ocorrência, muitas vezes Aristóteles designa alguma

sentido primitivo, pois continuou o que a coisa é. Enquanto o *tí esti* tem sentido mais abrangente, o *tí ên einai* dá maior precisão ao *tí esti*, na medida em que designa apenas a definição ou a essência de algo. (Cf. ARPE, 1938, p.8-39; também, ZILLIG, 2009, p. 15).

das categorias pela expressão *o que* é, como visto, é uma designação abrangente, podendo ser utilizada, num sentido lógico, para qualquer uma das categorias. Por isso, logo após sua ocorrência recebe o qualificativo: *precisamente significa a substância*. Note-se que o primeiro registro do *o que é* ocorre em par com o *algo determinado*, que também o qualifica como o *o que é* da categoria da substância. Cabe ressaltar também que o termo *manifesto* (*phaneron*), presente na passagem, parece indicar justamente evidência de que a substância desfruta do papel de ser primeiro, uma evidência haurida em outro contexto, dado que nenhum argumento foi endereçado para subsidiar tal afirmação. Não parece ser nenhum absurdo supor que tal evidência adviria de passos argumentativos anteriores à investigação de Z, como os contextos de Γ e *Categorias*. Desse modo, podemos ver que Aristóteles, nesta primeira parte do passo (i), introduz a investigação acerca da substância por meio de dois traços opostos do conceito, *o que é* e o *algo determinado*, que marcam duas tendências: a satisfação do requerimento ontológico de individualidade e a satisfação do requerimento lógico de universalidade, necessário para a definição. Nestes dois traços encontramos a tensão que marca o problema da substância em Z, bem como, os dois elementos que garantem, de um lado, que a substância desfrute de prioridade ontológica com relação às demais categorias, de outro, que também seja primeira logicamente, possibilitando a unidade conceitual da ontologia.

A segunda parte do passo (i), presente em 1028a20-31, é marcada por uma explicação da prioridade da substância em sentido ontológico.

> Por isso, cabe colocar a aporia se o caminhar, o ser saudável e o sentar significam, respectivamente, um ser (e igualmente sobre qualquer outra coisa de tal tipo). Com efeito, nenhum deles é, *por natureza*, *por si* (*kath'auta*) nem é capaz de *ser separado* (*chôrizesthai*) da substância, mas mais, se for o caso, o caminhante, o sentado e o saudável são seres. Estes mais parecem seres, porque há *algo determinado* (*ti hôsmenon*) que é substrato deles (*hypokeimenon*) (isto é, a substância e o indivíduo (*kath'hekaston*)), o que aparece na predicação: com efeito, o bom

> ou sentado não sem isso se dizem. É, então, evidente que cada um deles existe graças a ela, de modo que o *ser primeiro* e não um certo ser, mas ser simplesmente é a substância. (*Metafísica*, Z1, 1028a20-31)

Aqui, Aristóteles ilustra, por meio de exemplos, que a substância é ser primeiro. A passagem, primeiramente, levanta uma aporia: se os *denotata* no infinitivo podem ser considerados seres ou não. A questão é pertinente, pois os termos apresentados (caminhar, estar saudável e estar sentado) são casos de atividades, portanto, acidentes e, por possuírem um tal *status*, não poderiam subsistir independentes de uma substância. Ocorre que os termos no infinitivo ainda que signifiquem uma atividade, não implicam a referência a um sujeito realizador das mesmas, de modo que parecem estar num limbo[10]. O Estagirita claramente cobra da natureza destes termos a existência *por si*, ou seja, poderem existir de forma *separada* de uma substância. Nesse ponto, Aristóteles lança mão da premissa de separação (*chôrizesthai*) ou dependência ontológica: *a* é separado de *b*, se e somente se *a* existe independentemente de *b*, mas não o inverso. Cabe observar que a aporia ocorre porque as atividades denotadas pelos termos no infinitivo não satisfazem a condição de separabilidade e não podem ser ditas *por si*, por não implicarem a referência a um substrato. Este não é o caso dos termos 'caminhante', 'sentado' e 'saudável', pois, ao implicar a referência a um substrato, indicam a sua existência dependente de *algo determinado*, uma substância ou indivíduo. É digno de nota que a substância é caracterizada no argumento como *algo determinado* (*ti hôsmenon*), substrato (*hypokeimenon*) e individual (*kath'hekaston*). Ora, isso é precisamente o que *algo determinado* (*tóde ti*) designa, a substância individual, a qual subjaz e fornece a condição de existência para os atributos acidentais (como, o caminhante, o saudável e o sentado). Neste caso, portanto, os termos satisfazem a premissa de separabilidade ou dependência ontológica, de maneira tal que Aristóteles consegue explicitar um sentido em que a substância é primeiramente ser. Tal prioridade é apresentada mediante premissa de separação: *a* é primeiro/

[10] A esse respeito cf. GEORGIADIS, 1982, p.102-105; BURNYEAT, 1979, p.2;

anterior em relação a *b*, se e somente se *a* existir independentemente de *b*, mas não o inverso. Esse tipo de prioridade da substância é o mais antigo, acompanha a noção desde as obras iniciais do Estagirita. Se considerarmos *Categorias* uma obra da juventude de Aristóteles, verificaremos que, ao designar os indivíduos concretos sensíveis como substâncias primeiras, o critério de prioridade utilizado é subsidiado pela premissa de dependência ontológica[11]. Podemos ainda retroceder um tanto mais, dado que o Estagirita nos relata em Δ11 a origem da primazia ontológica ou natural:

> Algumas coisas são ditas primeiras/anteriores e segundas/posteriores deste modo, outras conforme a natureza e a substância, todas as coisas que *podem existir sem* outras, mas não estas sem aquelas; *distinção esta da qual Platão se servia.* (*Metafísica*, Δ11, 1019a1-4)

A noção de prioridade ontológica expressa nessa passagem ocorre por meio do argumento da "co-supressão" (*synanaíresis*): dados os itens *a* e *b*, suprime-se um deles, *a*, e verifica-se se tal supressão resultou na supressão de *b*, em caso o resultado se confirme e o inverso não se siga (no caso de suprimir *b* resultar também na supressão de *a*, não se pode estabelecer a relação de prioridade requerida), então, tem-se que *a* é anterior ou primeiro com relação

[11] Aristóteles explica a prioridade das substâncias individuais em *Categorias* do seguinte modo: "Então, não havendo as substâncias primeiras, é impossível haver alguma das outras coisas; pois todas as outras coisas, ou se dizem dos substratos que são essas, ou são inerentes aos substratos que elas são. Como consequência, não havendo as substâncias primeiras, é impossível haver alguma das outras coisas." (*Categoria*, 5, 2b5-6c). A passagem faz uso do argumento por co-supressão (*synanaíresis*), ao que parece, tendo em vista o estabelecimento da prioridade dos itens individuais que incidem na categoria da substância. A *synanaíresis* tem por objetivo instaurar uma relação de assimetria, em que, na supracitada passagem, marca o papel fundamental das substâncias individuais para a existência de todos os demais tipos de ente, através da relação que estabelece com todos os demais itens por ser seu substrato legítimo. Em nenhuma outra parte de *Categorias* Aristóteles explicita a primazia das substâncias individuais, apesar de apresentar os itens individuais na categoria da substância como sendo primeiros. Também em *Categorias*, no capítulo 12, o Estagirita trata da categoria da prioridade, não apresenta uma formulação para prioridade lógica, mas em 14a29-35 apresenta uma formulação da prioridade ontológica ou natural muito parecida com a presente em 1019a1-4 de Δ11 da *Metafísica*.

a *b*, que será, consequentemente, posterior ou segundo. O enunciado deste tipo de prioridade deixa claro, contudo, que opera mediante premissa de separação ou dependência ontológica ("poder existir sem"), de modo que uma formulação mais precisa seria: *a* é ontologicamente/substancialmente anterior/primeiro em relação à *b* se e somente se *a* pode existir sem *b*, mas não o inverso. Ou seja, não há bi-implicação ou equivalência entre os itens relacionados, a prioridade instala por necessidade a assimetria. Não é sem importância a referência a Platão no final da passagem, e, ao que me parece, deve ser interpretada a partir do modo como Aristóteles compreende e recepciona o pensamento de seu mestre e o platonismo[12], *i.e*, no interior de seu próprio quadro conceitual e como isso o impele a incorporar os conceitos de seus predecessores, inserindo-os numa gramática outra que não aquela de sua origem. Esse modo de proceder resulta da consciência de que é um herdeiro da tradição e implica a organização de uma gramática comum aos seus adversários teóricos, o que possibilita que a disputa ocorra no mesmo campo.

A razão pela qual Aristóteles teria indicado que a prioridade ontológica ou natural foi legada por Platão está fortemente relacionada com o fato de que tal prioridade ocorra mediante premissa de separação compreendida em termos de dependência ontológica. Em vários dos momentos em que trata de modo crítico a doutrina platônica das Formas, o Estagirita serve-se da noção de separação enquanto dependência ontológica para explicar a relação entre Formas e sensíveis.[13] Em Z mesmo Aristóteles pa-

[12] A noção de separação é o foco das objeções que Aristóteles endereça a Platão. Muito foi dito pelos intérpretes com relação ao tratamento dessa tópica e, especialmente, sobre o modo como Platão interpreta sua noção de separação e o modo como Aristóteles o faz. Digno de nota é o famoso artigo *Separation*, em que Gail Fine explora o diferente modo como Platão e Aristóteles compreendem a noção de separação. Segundo Fine, a leitura que Aristóteles faz da noção de separação não seria correta, uma vez que o Estagirita parte da identificação entre Forma e substância, tomando, assim, a separação a partir da capacidade de existência independente. Platão, por sua vez, não relacionaria substancialidade e separação do modo requerido por Aristóteles, e, jamais teria afirmado que as Formas existem separadamente, conforme interpreta o Estagirita. (Cf. FINE, Gail. 1984, p. 252-255)

[13] Algumas passagens são emblemáticas, como a discussão crítica em relação à Forma de Bem realizada por Aristóteles em Ética Eudemia, A8, 1217 b1-16, ou, *Metafísica*

rece indicar que Platão teria operado com a noção de separação entendida como dependência ontológica para postular a anterioridade das Formas em relação aos sensíveis. No contexto de Z16, ao tratar da substância compreendida como universal, são apresentadas diversas críticas à noção platônica de Forma com o intuito de afastá-la da noção de substância. Uma delas, em específico, opera com a noção de separação: "aqueles que acreditam nas Formas corretamente procedem ao separá-las, se são substâncias, mas não procedem corretamente, já que chamam Formas o *um de muitos*" (*Metafísica*, Z16, 1040b 27-30). A crítica parece ser direta: se Formas forem compreendidas como substâncias, corretamente aplica-se a noção de separação, pois substâncias desfrutam de independência ontológica, mas, se Formas forem tomadas como *um de muitos,* universais, não poderiam, então, satisfazer a premissa de independência ontológica, uma vez que universais não existem por si mesmos, separados ontologicamente do conjunto de itens dos quais são predicados.

A partir da vinculação das noções de *separação* e *Forma* à substância em Z16 fica um pouco mais evidente que Aristóteles traz para o seu quadro os conceitos já mobilizados por seus adversários. Ao incorporar os conceitos da filosofia adversária, o Estagirita o faz submetendo-os à gramática do seu próprio quadro conceitual, e deles demanda coerência. Assim, não apenas as noções de *prioridade* e *separação* oriundas da filosofia de Platão e seus discípulos foram recebidas e incorporadas à gramática metafísica de Aristóteles, mas a maior parte dos conceitos mobilizados no primeiro passo da estrutura argumentativa de Z1, a saber: *ousía, tí esti*, *kath'auta*, *chôrizesthai (chôris)*, *prôton.*

A estratégia de incorporar o arsenal conceitual da filosofia adversária à sua gramática metafísica permitiu que Aristóteles, no contexto de Z1, estabelecesse um solo de conceitos metafísicos comuns para a constituição de uma disputa com os oponentes. Se compreendida nessa chave de leitura, podemos dizer que o Estagirita, no primeiro passo da estrutura argumentativa de

---

M9, 1086a 32-b7, momento em que acusa Platão de separar Formas ou universais e incorrer nas dificuldades de sua teoria.

Z1, recorre à prioridade ontológica para apresentar a substância como ser primeiro por ser a mais antiga e a que foi incorporada à sua gramática como herança da filosofia de seu mestre e adversário maior.

Nesse sentido, conseguimos compreender porque Aristóteles, por um lado, se vale apenas da prioridade ontológica para apresentar substância como *ser primeiro*, e, por outro lado, podemos entender que, caso tivesse apresentado também a prioridade lógica, não estaria mais operando no quadro conceitual metafísico comum mínimo, dado que o Estagirita somente conquista maior clareza da função e a importância da prioridade lógica da substância tardiamente, quando viabiliza, por meio dela, sua ontologia[14]. Por certo que, ainda que possamos encontrar usos da prioridade lógica na obra de Platão[15], Aristóteles, contudo, não parece atribuir a seu mestre uma tal utilização. A recepção e incorporação consciente da noção de prioridade platônica em sua gramática ocorre por meio da premissa de separação ou dependência ontológica.

[14] Compartilho aqui da posição de Owen, que assume uma perspectiva de desenvolvimento lógico-argumentativo do projeto metafísico de Aristóteles. Owen traça o desenvolvimento do pensamento do Estagirita a partir da contraposição à doutrina das Formas de seu mestre Platão, mas que, com a maturidade, ainda que não em um registro platônico, retoma com instrumental filosófico próprio um projeto metafísico com certa inspiração platônica. Nesse sentido, o percurso filosófico de Aristóteles partiria da constatação da homonímia de *ser* e sua dispersão categorial, que abriria apenas o horizonte para ciências departamentais, inviabilizando uma ontologia ou ciência-mãe, até, paulatinamente, ir ganhando clareza e compreensão do poder filosófico da significação focal ou primazia lógica da substância, que permitiria a investigação de *ser*. A interpretação de Owen é suscintamente elaborada em alguns artigos seminais, os quais marcaram a compreensão da obra de Aristóteles no século XX. (Cf. OWEN, 2005a, 2005b). Também poderíamos haurir como evidência da pouca consciência do poder filosófico da prioridade lógica que Aristóteles possuía em sua juventude, o tipo de primazia atribuída para substância em *Categorias*, certamente, apenas de tipo ontológica.

[15] Mesmo Owen rejeita a interpretação consolidada de que Aristóteles na Academia trabalhava somente com a ideia de sinonímia e homonímia e apenas depois teria descoberto uma terceira possibilidade, a significação focal ou prioridade lógica. Contrariando essa tese, o intérprete afirma que seria uma boa explicação, "[...] se não houvesse evidência de que a Academia já estava familiarizada com o sentido focal e que Aristóteles devia conhecer isso" (OWEN, 2005a, p. 191). Uma contra-evidência do uso da significação focal nas obras de Platão poderia ser encontrada no *Lísias*. Para Owen, o Estagirita conhece a significação focal ou prioridade lógica, mas somente aos poucos é que vai tomando consciência do poder filosófico que esse expediente possui.

No segundo passo argumentativo de Z1, (ii), 1028a31-b2, Aristóteles, então, acrescenta os outros dois importantes sentidos de *primeiro* à substância, trata-se de uma passagem breve e com conteúdo bastante condensado:

> Mas 'primeiro' se diz de muitos modos; porém a substância é primeira em todos, tanto (A) na definição, como (B) no conhecimento e (C) no tempo. Com efeito, (C) nenhuma das outras categorias é separada, somente ela. Também (A) pela definição ela é primeira (pois é necessário que na definição de cada coisa esteja incluída a definição de substância). E, (B) consideramos conhecer cada coisa em mais alto sentido, quando conhecemos o que é o homem, ou o fogo, mais do que [quando conhecemos] ou a qualidade, ou a quantidade, ou o lugar, dado que cada um destes conhecemos quando conhecemos o que é a quantidade ou a qualidade. (*Metafísica,* Z1, 1028a31-b2).

Aristóteles claramente está distinguindo três sentidos de *primeiro* e os aplicando à substância. A passagem, contudo, não apresenta os três tipos de *prioridade* elencados de modo ordenado. Por explícita alusão aos tipos (A) e (B), identifica-se o (C) por exclusão. A dificuldade envolvendo (C), de fato, começa por sua identificação. O termo utilizado para denominar a prioridade é *chronô*, a qual corresponde a um tipo de prioridade em Δ11 que nenhuma relação parece haver nem com o contexto de Z1, nem com a caracterização fornecida na passagem. A prioridade em tempo de Δ11 trata do estabelecimento da anterioridade com relação a eventos no tempo, por certo que a formulação dessa anterioridade não envolve a premissa de separação, tal como está vinculada a ela na passagem de Z1. Ocorre que há outra noção de prioridade em Δ11 que apresenta a premissa de separação ou dependência ontológica e, portanto, é totalmente compatível com a tipo de prioridade em tempo apresentada aqui, em Z1. A prioridade natural ou substancial, a qual Aristóteles reputa à Platão e comumente denominada de prioridade ontológica. A denominação *chronô* para a primazia ontológica, ao que parece, causa certa confusão desde a antiguidade, pois Asclépio teria corrigido o nome dessa anterioridade para *physei*. A meu ver, não é necessário corrigir o nome da prioridade, pois não parece ser um engano de Aristóteles, nem de um copista, pois essa prioridade temporal volta a ser mencionada em Z13, em 1038b27. Evidentemente a premissa de separação a identifica imediatamente com a prioridade natural ou substancial de Δ11 e, de fato, Aristóteles utiliza essa formulação da prioridade ontológica desde suas obras iniciais para estabelecer a prioridade da substância, como vimos. O Estagirita possivelmente ao denominar essa primazia de *chronô* quer salientar o aspecto temporal dessa formulação ontológica. Alexandre de Afrodísias parece ter percebido a diferente relação com o tempo que as substâncias e os acidentes possuem. O exemplo dado por Alexandre é o de uma ânfora que ora está cheia de vinho, ora não, mas nunca deixa de ser o que é pela alteração sofrida. O exemplo lembra a característica mais própria da substância em *Categorias*, aquela que afirma a substância ser capaz de admitir contrários continuando a mesma e numericamente una. Michael Wedin também parece seguir a linha interpretativa de Alexandre e introduz uma variável temporal na premissa: *a* existe em *t* não dependendo de *b* para sua existência em *t*, mas a existência de *b* em *t* depende da existência de *a* em *t* [16]. Dado que os acidentes refletem como está a substância, não há alteração alguma do que é a substância se ela sofrer alteração nela dos atributos acidentais.

A prioridade em definição, (A), ou prioridade lógica, como temos denominado, possui a seguinte formulação: *a* é anterior ou primeiro logicamente à *b* se e somente se a definição de *b* depender da definição de *a*, mas não o contrário. Essa formulação que possibilita a significação focal e, portanto, remete todos os significados das categorias não substanciais à categoria da substância. A definição é a resposta mais apropriada à questão *o que* é, na categoria da substância, ou seja, é a essência *(tò tí* ên *einai).* Aristóteles examinará com mais detalhes esse tipo de prioridade em Z4-5, onde estabelece a definição como a expressão lógica da

[16] Michael Wedin remete à formulação a David Ross e a Alexandre de Afrodísias na nota 42 da página 60. (Cf. WEDIN, Michael V. *Aristotle's Theory of Substance*, p. 60).

forma e aponta que as demais categorias somente possuem definição subsidiária à definição da substância.

A prioridade em conhecimento também pode ser encontrada em Δ11, para a qual há uma explicação mais detalhada. Conforme lá aparece, ela é descrita envolvendo dois casos distintos, com respeito à definição, o qual aparece na descrição de Z1, e com respeito à percepção. Ao que parece, são dois casos antagônicos, pois no primeiro tem-se a definição, no segundo os sentidos/percepções que fornecem a anterioridade aos indivíduos. Essa distinção também remete ao *para nós*, na ordem da descoberta ou de adquirir certas informações, nos fornece *o que* (*hóti*), e ao *por natureza*, que corresponde à prioridade em definição, a qual nos fornece *o porque* (*dióti*)[17]. Aristóteles identifica o nível de maior abstração da prioridade em conhecimento com as definições porque assume que se conhece algo quando se conhece as razões de algo ser de tal e tal modo, logo, a sua definição.

De um modo geral, toda a relação de prioridade ocorre entre dois pólos, que se colocam de maneira oposta, complementar e assimétrica. Dessa maneira, para algo ser *primeiro* é necessário que se estabeleça uma relação em que se possa determinar o pólo oposto como sendo secundário ou subsidiário do que se estabeleceu como primeiro. Por isso, se é verdadeiro que *a* é primário com relação à *b*, então, também é verdadeiro que *b* é secundário em relação à *a*. Além disso, verificamos que nos casos aqui listados temos uma relação de dependência estabelecida, quer seja no nível lógico, quer seja no ontológico, o que significa dizer que o item que recebe a designação *primeiro* deve possuir alguma propriedade que o item correlato no polo oposto não possui. Assim sendo, a marca da relação de prioridade é a assimetria estabelecida aqui em Z1 nas relações de significação, de existência e de conhecimento. Ou seja, o raciocínio subjacente à apresentação da primazia da substância em relação às demais categorias leva à conclusão de que sem as substâncias não há definições, nem conhecimento e, no limite, não há nada mais. Por isso, substância é ser primeiro e Aristóteles pode concluir ao

[17] Cf. *Segundos Analíticos*, II, 2, 90a31-32.

final de Z1 que a questão do ser deve ser colocada nos termos da questão da substância.

Relevante destacar que nesse segundo passo argumentativo de Z1 há um movimento que acaba por expandir o sentido de *primeiro* em relação ao passo anterior, na medida em que introduz três sentidos de *primeiro* (ontológico, lógico e epistemológico). Essa ampliação do escopo é importante na medida em que insere, ainda que apenas como menção, a prioridade lógica no horizonte do tratamento da substância em Z1. Sem a introdução de um tal sentido, restaria absolutamente incompleto o tratamento da noção de substância como ser primeiro, bem como não seria possível explicitar a problemática da substância em Z: a tensa relação entre requerimento de primazia ontológica marcada pelo seu traço de individualidade e o requerimento de primazia lógica marcada pelo necessário traço universal presente na definição. Ainda que esse quadro se complete somente no segundo passo argumentativo, essa tensão já está presente desde as linhas iniciais do primeiro passo, marcada na substituição da noção de substância pelo par *algo determinado* e o *o que é*. Se, por um lado a substância precisa garantir, ao mesmo tempo, os requerimentos de universalidade e individualidade, por outro, necessita resguardar as fronteiras de ambos os requerimentos, pois, se borradas, acaba-se por incorrer nas inconsistências apontadas por Aristóteles na da teoria das Formas. Ao demarcar a fronteira entre estes dois traços próprios da substância, o *algo determinado* surge como uma novidade no arcabouço conceitual do projeto metafísico aristotélico e passa a ter a função de orientar sua gramática conceitual, na medida em que ancora na unidade concreta sensível – ou, melhor, redireciona – os conceitos herdados e incorporados ao campo semântico.

2. Z1 e a reconfiguração da *gigantomachia peri tês ousias*

Depois de tratada a substância como *ser primeiro* nos passos argumentativos (i) e (ii), em (iii) – o último passo argumentativo de

Z1 – Aristóteles conclui o capítulo com a passagem da questão metafísica básica *que é o ser* para a questão *que é a substância* no horizonte histórico do problema:

> E, de fato, o que antigamente e agora foi sempre procurado e sempre aporético: que é o ser, isto é, que é a substância (*ousía*) (com efeito, uns afirmam haver uma única, outros, que há mais de uma; e uns afirmam ser em número limitado, outros, que é em número ilimitado); por isso, devemos investigar própria, primeira e, por assim dizer, unicamente acerca do que é o ser *concebido deste modo*. (*Metafísica*, Z1, 1028b2-7)

Esse excerto final de Z1 conclui a passagem da questão do ser para a questão da substância, pois ela é *ser primeiro*, ao qual todos os outros sentidos estão necessariamente vinculados. É sob os moldes dessa questão que a investigação ontológica deve se enquadrar. A questão da substância passa a ser, então, uma questão premente não apenas para o pensamento de Aristóteles, mas para a filosofia. Isso fica evidente já nas primeiras linhas da passagem acima quando o Estagirita indica que a questão que outrora fora procurada até o presente, passa a ser agora moldada pela questão da substância. Apresentada desta maneira, a questão da substância passa reconfigurar o antigo problema metafísico básico, a questão do ser.

Tudo reside nisso: se a questão da substância reconfigura a questão do ser – e Aristóteles pretende extrapolar as demarcações de sua própria filosofia e alcançar uma reconfiguração mais geral. Este seria um indício de que o Estagirita tem em mente a constituição de um campo teórico metafísico comum, pois, caso contrário, não poderia buscar num horizonte histórico a reconfiguração da questão metafísica básica. Talvez não seja um exagero afirmar que até mesmo essa pretensão é incorporada como uma herança de seu mestre. Senão, vejamos: no *Sofista,* Platão parece estar imbuído deste anseio quando estabelece a *gigantomachia peri tês ousias*[18], isto é, uma disputa acerca do campo semântico de

[18] A passagem em que é instaurada a *gigantomachia* no *Sofista* é a seguinte: "[Estrangeiro de Eléia] Além disso, o exame discriminatório do ser e também acerca do não-ser,

ousía, em que, de um lado, encontra-se a tradição, aqueles que circunscrevem o campo semântico de *ousía* ao corpo ou aos fenômenos sensíveis, e, de outro, os que a tomam como a extensão do termo as Formas *inteligíveis*. A configuração desta batalha ocorre nos moldes da diferença ontológica traçada no interior do platonismo: aparência/fenômeno *versus* ser/realidade, de outro modo, ser por si *versus* ser por outro.

Se esta interpretação tiver algum acerto, Aristóteles, em Z1, estaria constituindo a sua própria *gigantomachia peri tês ousias*. Se, para Platão, objeto da *gigantomachia*, o complemento *peri tês ousias*, se inscreve num campo semântico amplo em que a batalha ocorre no âmbito da questão do ser; para Aristóteles, o complemento *peri tês ousias* receberá uma restrição semântica e a querela ocorrerá no domínio de uma compreensão mais específica/própria de *ousía*, a saber, a questão da substância, que parece implicar uma redução drástica dos seus contendores, que passarão a ser *os amigos das Formas universais*. Ainda que Aristóteles empenhe-se para incluir o maior número de seus predecessores no quadro teórico que está construindo – e isso se evidencia no parêntese presente na passagem supracitada, bem como, no levantamento das posições dos seus antecessores apresentado em Z2 –, sabemos que seus adversários primeiros são os platônicos.

Note-se que o trecho entre parêntesis aponta para a dimensão quantitativa da noção de substância, e não para a dimensão qualitativa. Tanto neste trecho, quanto no elenco de Z2, o âmbito da disputa que se estabelece com relação ao campo semântico da substância parece ocorrer, sobretudo, no domínio denotativo ou extensional do conceito, nas contendas sob a forma *x é substância*. Por isso, Aristóteles adverte que própria (*málista*), primeira (*prôton*) e unicamente (*mônon*) deve se investigar *o que é* o ser concebido nos moldes da substância. Ou seja, é preciso dar

não nos ocupamos de todos, mas considera suficiente; porém, é preciso contemplar os que dizem de outro modo, para que vejamos, a partir deles todos, que dizer o ser não é mais fácil que dizer que o não-ser é. [Teeteto] É preciso, então, também ir na direção desses. [Estrangeiro de Eléia] E, de qualquer maneira, há entre eles como que uma *gigantomachia*, graças à controvérsia de uns com relação aos outros sobre o ser" (*Sofista*, 245e - 246a).

prioridade à questão desde um ponto de vista intensivo, conotativo, portanto, não mais sob a forma *x é substância*, mas assumindo a forma *substância é x*. Isso fica também evidente no excerto final de Z2:

> Ora, a respeito disso, devemos examinar o que se afirma acertadamente ou não acertadamente, ou seja, o que é a substância, e se há algumas além das sensíveis, ou se não há, e estas, de que modo são, isto é, se há alguma substância separada (ou se não há nenhuma) para além das sensíveis, e por que e como – tendo primeiramente delimitado *o que é* a substância. (*Metafísica*, Z2, 1028b27-33)

O final da passagem acima reforça a prioridade da questão em sentido intensivo sobre o extensivo, uma vez que é preciso primeiro determinar *o que é a substância*, para então, poder estabelecer os critérios que permitem a inclusão de itens em seu campo semântico. Além disso, nesse trecho de Z2, notável o foco de Aristóteles em seus principais contendores, os platônicos, dado que saber (1) se há substâncias para além das sensíveis, (2) de que modo estas são, e (3) se alguma delas é separada dos sensíveis, são preocupações que Aristóteles nutre claramente com relação à filosofia platônica.

Na interpretação desenvolvida neste texto buscamos mostrar que a questão da substância é colocada a partir de uma perspectiva histórica como uma reconfiguração da questão do ser, e, com isso, esperamos ter tornado mais claro o pano de fundo do movimento argumentativo de Z1 como um todo. Se a questão da substância deve tomar o lugar da, até então, histórica questão metafísica básica, é necessário o estabelecimento de um quadro teórico mínimo comum capaz de incorporar e traduzir nos termos de sua gramática os conceitos de seus predecessores. E, tendo a doutrina platônica como sua principal rival e fonte, o pano de fundo subjacente a Z1 não é outro senão o próprio modo como Aristóteles se relaciona com a doutrina platônica: recebendo a herança doutrinária de seu mestre em seus próprios termos, *i.e.*, incorporando e submetendo os conceitos à sua própria gramática metafísica.

Justamente por buscar integrar à sua gramática o arsenal conceitual de seus adversários é que o Estagirita projeta uma arena comum para a disputa - especialmente com os platônicos - em torno da questão da substância. Com isso, podemos dizer que Z1 configura uma *gigantomachia peri tês ousias* em molde aristotélico.

Referências Bibliográficas

ARPE, Curt. *Das* τί ην ειναι *bei Aristoteles*. Hamburg: Friedrichsen, 1938.

BODÉÜS, Richard. *Aristote – Catégories*. Paris: Les Belles Lettres, 2002.

BOSTOCK, David. *Aristotle Metaphysics Books Z and H*. Oxford: Clarendon, 1994.

BURNYEAT, Myles. *A Map of* Metaphysics *Zeta*. Pittsburgh: Mathesis Publications, 2001.

BURNYEAT, Myles *et al*. *Notes on Zeta*. Oxford:sub-faculty of philosophy, 1979.

CODE, Alan. "The aporematic approach to primary being in *Metaphysics* Z." Canadian Journal of Philosophy, nº 14, sup. 1, 1984, p. 1-20.

FINE, Gail. Separation. *In:*______. *Plato on Knowledge and Forms*: selected essays. Oxford: Clarendon Press, 2003, p. 252- 300.

GEORGIADIS, Constantine. *Metaphysics, Z,1, 2018a20-31*. Rheinisches Museum für Philologie, n. 125, 1982, p. 102-105.

IRWIN, T. O caráter aporético da *Metafísica* de Aristóteles. Tradução de Marco Zingano. *In:* ZINGANO, M. *Sobre a* Metafísica *de Aristóteles*. São Paulo: Odysseus Editora, 2005, p. 341-370.

OWEN. G.E.L. Particular and General. *In:* NUSSBAUM, M. *Logic, Science and Dialectic*: collected papers in greek philosophy. New York: Cornell University Press, 1986, p. 279-294.

________. Lógica e metafísica em algumas obras iniciais de Aristóteles. Tradução de Luis Márcio Nogueira Fontes. *In:*

ZINGANO, M. *Sobre a* Metafísica *de Aristóteles*. São Paulo: Odysseus Editora, 2005a, p. 177-204

________. O platonismo de Aristóteles. Tradução de Luis Márcio Nogueira Fontes. *In:* ZINGANO, M. *Sobre a* Metafísica *de Aristóteles*. São Paulo: Odysseus Editora, 2005b, p. 205-233.

ROSS. W. D. *Aristotle's Metaphysics: a revised text with introduction and commentary, 2 vols.* Oxford: Clarendon Press, 1924 [1981].

WEDIN, Michael V. Aristotle's Theory of Substance: The *Categories* and *Metaphysics Zeta.* New York: Oxford University Press, 2000.

ZILLIG, Raphael. *A Substância e o ser dos itens não-substanciais em Z1*. Doispontos, Curitiba, São Carlos, vol.7, n.3, 2010, p.37-50.

________. *A ciência do ser enquanto ser e o estudo da substância* (*Metafísica* G e Z). Journal of Ancient Philosophy. Vol. III, 2009, p. 1-19.

ZINGANO, Marco. *L'* "ousia" *dans le livre Z de la* "Métaphysique", *In:* NARCY, M. et TORDESILLAS, A. La "Métaphysique" d'Aristote: perspectives contemporaines. Paris/Bruxelas: Librairie philosophique J. Vrin, Éditions Ousia, 2005, p. 99-130

Argumento da Função na *Ética Nicomaqueia*: uma falsa falácia

Vivianne de Castilho Moreira

O princípio é mais que a metade do todo. É o que diz Aristóteles em sua Ética Nicomaqueia (doravante: *EN*), 1098b7, e nela também fornece um testemunho: o Livro Primeiro da *EN* tem um caráter estruturante, sendo nele que se firmam e justificam as teses basilares que darão suporte aos passos subsequentes. Uma dessas teses é desenvolvida na abertura do capítulo 6 desse Livro, conforme a edição de I. Bekker, mais precisamente nas alíneas 1097b22-1098a15, e é popularizada sob nome de "argumento da função"[1]. O caráter basilar do argumento reside – para expô-lo em poucas palavras – em que é a partir da fixação de um tipo de comportamento próprio humano que se concretizaria a própria existência humana enquanto tal, isto é, enquanto especificamente humana. Por seu turno, uma adequada concretização dessa existência humana enquanto tal corresponderia, por isso mesmo, à adequada realização do ser humano enquanto tal. E dessa

[1] Uso aqui por referência a divisão em capítulos que encontramos na edição de I. Bekker. Na edição feita por Bywater, a passagem situa-se no cap. 7. Na análise tecida, amparo-me nas duas edições.

realização, enfim, dependeria a eudaimonia, o sumamente bom no caso humano ou o que de melhor o ser humano pode almejar e alcançar. Poder alcançar, portanto, o que de melhor podemos almejar requer de nós pautarmo-nos adequadamente pelo comportamento que nos é específico enquanto humanos, e é a esse comportamento que a palavra "função" faz referência no assim chamado argumento da função. Eis por que C. Korsgaard não exagera quando diz que, "sem esse argumento, a estrutura teórica da *EN* se arruína" (2008, p. 130)[2]. O argumento goza de tanta notoriedade que um livro de popularização da filosofia que traz o pitoresco título "*somente os argumentos - cem dos mais importantes argumentos na filosofia ocidental*"[3] o elenca dentre os 24 mais importantes argumentos da história da filosofia ocidental quando o assunto é ética[4].

Notoriedade e relevância, no entanto, não implicam unanimidade. Ao contrário, costumam ser indício de dissenso, e o argumento em tela não foge ao padrão. Ele está na raiz de uma intensa polêmica, que gira em torno sobretudo de dois temas: seu êxito em provar o que pretende e a solidez dos pressupostos que figuram como seus pontos de partida. Sobre o primeiro tema, o alvo é a fragilidade dos nexos entre as premissas assumidas por Aristóteles e as conclusões que ele pretende extrair delas. Conforme destaca M. Zingano e será retomado adiante, "o argumento repousa na falácia das partes e do todo" (2017, p. 23), também conhecida como falácia da composição. Sobre o segundo tema, há quem considere que o argumento não se sustenta sem pressupostos cosmológicos, metafísicos ou antropológicos de validade duvidosa, atinentes, seja a concepções sobre uma pretensa ordem teleológica da realidade, seja a uma pretensa compleição ontológica dos existentes ou, no caso específico do ser humano, a uma certa natureza humana que pautaria tanto o que satisfaria plenamente os seres humanos quanto o papel a eles reservado

[2] Ver também a respeito Hobuss (1998).

[3] *Just the Arguments - 100 of the Most Important Arguments in Western Philosophy.*

[4] O argumento é assunto do verbete de Sean McAleer *Aristotle's Function Argument* - op. cit., pp. 208-210.

no arranjo cósmico. É o caso de Korsgaard, para quem "unicamente à luz de postulações religiosas ou metafísicas controversas podemos ver os seres humanos como tendo uma função ou sendo designados para um propósito" (Korsgaard, 2008, p. 130). Hardie (1980, p. 23) é mais incisivo, afirmando que as alegações de Aristóteles em favor do argumento somente são aceitáveis para quem "estiver disposto a dizer que uma pessoa é um instrumento destinado a algum uso".

No trecho da *EN* em que o argumento é exposto, Aristóteles emprega o termo grego "ἔργον", que, nessa ocorrência, é habitualmente assimilado ao que entendemos sob a palavra "função"[5]. Alhures na mesma obra, o termo é em geral entendido sob outras acepções e, conforme veremos a seguir, essa oscilação na abordagem de "ἔργον" culmina por obnubilar o que pode ser um complemento relevante da argumentação tecida em *EN* I-6 e talvez seja mesmo o cerne desta. É, aliás, a essa questão que este artigo é dedicado. Visa-se aqui mostrar que a consideração do mesmo termo "ἔργον" tal como é empregado logo no início de *EN* I – mais precisamente em 1094a1-6 – permite reconstruir a argumentação aristotélica de sorte a evitar muitas das dificuldades atinentes ao assunto. A fim de empreender essa reconstrução, permitamo-nos manter uma perspectiva neutra em relação ao termo "ἔργον", preferindo, nas alusões a este, sua expressão transliterada *ergon* e, correlativamente, *erga*, transliteração do plural de "ἔργον". E é, portanto, nas duas passagens de *EN* I que nos deteremos daqui por diante.

1. Ergon na *EN* I 6

Antes de nos voltarmos para nosso alvo, convém explorar um pouco mais o argumento em *EN* I-6 e rememorar seu teor, bem como o contexto em que é trazido à baila. O argumento é mobilizado

[5] É essa assimilação que fomenta a polêmica já mencionada em torno do argumento. Ela também culmina por influenciar traduções diversas da *EN*, que reservam a palavra "função", no caso do português, e seus correlatos em outros idiomas, para verter "ἔργον" nessa passagem. Para uma discussão sobre a noção de "ἔργον" e os desafios de traduzi-la, ver Zanuzzi (2023), III.

no bojo da conclusão de que o fim supremo de todas as iniciativas humanas é a eudaimonia. É esta, portanto, o que mais justificadamente recebe a alcunha de bom <ἀγαθόν>, ou mais precisamente, de sumamente bom <ἄριστον>, sendo, por isso mesmo, desejável por si, e não em vista de algo distinto. Por ter essas características, ela revela ser autossuficiente, vale dizer, carente de nada (1097b14-15).

Esboçada em contornos assim ainda tão vagos, a eudaimonia requer ulterior exame. Afinal, algo absolutamente desejável merece ser conhecido com mais profundidade, já que, quanto mais informações tivermos sobre o nosso alvo, pondera Aristóteles, tanto mais eficazes hão de ser nossas estratégias para atingi-lo (Cf. 1094a22-26). É, então, com o fito de incrementar as informações que nos tornam mais aptos a buscar a eudaimonia que Aristóteles introduz o argumento que nos ocupará aqui. Trata-se de averiguar o que pode porventura proporcionar a eudaimonia para os seres humanos.

Aristóteles introduz seu argumento com as seguintes palavras:

> Mas talvez dizer que a eudaimonia seja o sumo bem pareça algo trivial e convém dizer com mais clareza o que ela é. Isso quiçá[6] acontecesse se lográssemos captar o ergon do ser humano (1097b22-25)[7].

A justificativa para a sugestão é apresentada na sequência e se reveste de uma roupagem retórica: Aristóteles argumenta inquirindo seu leitor tal como faz um orador quando busca forjar a anuência do público dirigindo-lhe perguntas nas quais já está embutida a resposta esperada. Ele escreve:

> Pois, assim como para um flautista, um escultor, para todo artífice e em geral para tudo de que há algum ergon ou ação, o

[6] Agradeço a Marco Zingano pelo alerta sobre o sentido do termo "τάχα" à época de Aristóteles.

[7] ἀλλ' ἴσως τὴν μὲν εὐδαιμονίαν τὸ ἄριστον λέγειν ὁμολογούμενόν τι φαίνεται, ποθεῖται δ' ἐναργέστερον τί ἐστιν ἔτι λεχθῆναι. τάχα δὴ γένοιτ' ἂν τοῦτ', εἰ ληφθείη τὸ ἔργον τοῦ ἀνθρώπου.

> ser bom e o bem parecem residir no ergon, assim também no caso humano, se houver algum ergon deste. Será que de carpinteiro há alguns erga e ações, bem como de curtidor, mas de humano não haja nenhum? Será ele por natureza sem ergon? Ou será que, assim como o olho, a mão, o pé e, em geral, cada uma das partes do corpo evidenciam ter algum ergon, assim também se haveria de fixar para o humano algum ergon para além de todos esses? Qual, então, seria ele? (1097b25-33)[8]

Não se afigura haver aqui demonstração nem do ponto de vista formal, nem do ponto de vista do conteúdo. Não há demonstração do ponto de vista do conteúdo porque, como sublinha Aristóteles em seus *Analíticos Posteriores* (*AnPost* I, 5 - 74a4-b4), quando se prova, para cada espécie de um gênero, que ela possui certa propriedade, nem por isso se demonstra que essa propriedade se atribui ao gênero ele próprio. Para tanto, é necessário que a demonstração seja efetuada a partir da consideração do gênero enquanto tal. Assim sendo, mesmo em se concedendo que, aos olhos de Aristóteles, o curtidor, o carpinteiro e os restantes artífices sejam espécies de humanos – o que é controverso –, ainda assim provar que cada qual tem um ergon não bastaria para demonstrar que o humano, enquanto tal, tem um ergon. E não há demonstração sequer mesmo do ponto de vista formal porque em nenhuma das figuras silogísticas seria possível montar um silogismo tendo os diagnósticos sobre os erga dos ofícios humanos singulares e das partes do corpo como premissas, com a generalização pretendida como conclusão. O argumento, conforme já observado, e especialmente a generalização que parte dos erga das partes do corpo, acarretaria, para quem lhe pretendesse vigor demonstrativo, a pecha de incorrer em uma falácia da composição. E o legado deixado por Aristóteles, especialmente no que tange ao mapeamento da estrutura lógica do

8 ὥσπερ γὰρ αὐλητῇ καὶ ἀγαλματοποιῷ καὶ παντὶ τεχνίτῃ, καὶ ὅλως ὧν ἔστιν ἔργον τι καὶ πρᾶξις, ἐν τῷ ἔργῳ δοκεῖ τἀγαθὸν εἶναι καὶ τὸ εὖ, οὕτω δόξειεν ἂν καὶ ἀνθρώπῳ, εἴπερ ἔστι τι ἔργον αὐτοῦ. πότερον οὖν τέκτονος μὲν καὶ σκυτέως ἔστιν ἔργα τινὰ καὶ πράξεις, ἀνθρώπου δ' οὐδέν ἐστιν, ἀλλ' ἀργὸν πέφυκεν; ἢ καθάπερ ὀφθαλμοῦ καὶ χειρὸς καὶ ποδὸς καὶ ὅλως ἑκάστου τῶν μορίων φαίνεταί τι ἔργον, οὕτω καὶ ἀνθρώπου παρὰ πάντα ταῦτα θείη τις ἂν ἔργον τι; τί οὖν δὴ τοῦτ' ἂν εἴη ποτέ;

silogismo e às condições da demonstração, torna pouco crível que ele a tenha cometido.

Tem bons motivos, por outro lado, quem vê no trecho em discussão a prova pretendida por Aristóteles acerca do pretenso ergon humano[9]. Afinal, imediatamente após as considerações sobre os ofícios humanos e as atuações dos órgãos do corpo, Aristóteles passa a investigar qual porventura seria o ergon humano, como se algo assim já tivesse sido admitido. Ele passa então a um exame comparativo da alma humana, a fim de aí delimitar que atividade a distingue das almas dos restantes seres vivos. E culmina por referi-la a um modo de vida do que é dotado de discursividade ou *logos*, uma "ζωή τις πρακτική τοῦ λόγον ἔχοντος" (1098a3-4). Se, pois, o que é próprio do humano e constitui seu ergon é um comportamento pautado pela discursividade, e visto que "o ser bom e o bem parecem residir no ergon", como sublinhado no trecho supracitado (1097b26-27), segue-se que o bem propriamente humano residirá no comportamento pautado pelo bom uso ou uso adequado da discursividade.

2. Ergon na *EN* I 1

Esse desfecho do argumento, porém, não é o que mais convém explorar doravante. Afinal, ele já é um desdobramento da análise que o antecede e já supõe, portanto, uma certa acepção da palavra "ergon". Para atingir nosso propósito, o recomendável é, inversamente, retomar as ocorrências precedentes dessa palavra, examinando sob que acepção e em que contexto ela é empregada. Será preciso, assim, retornar ao começo da *EN*, onde lemos que:

> Toda arte e toda investigação, assim como ação e escolha, parecem ser direcionadas a algo de bom. E por isso já houve quem dissesse, corretamente, que bom é aquilo a que todas são direcionadas. Mas evidencia-se alguma diferença entre os fins, pois alguns são atividades, outros são erga distintos

[9] É o caso de Gottlieb (2009) – cf I.5, especialmente pp. 66-67. É também o caso de Moraes e Máximo (2020), especialmente 3 - pp. 185-190.

delas. Daquelas cujos fins são distintos das ações, os erga são por natureza melhores do que as atividades (1094a1-6)[10].

Aristóteles inicia com um diagnóstico acerca do uso que fazemos da palavra "bom", aparentemente pretendendo empregá-lo como uma definição preliminar de "bom" que sirva de ponto de partida da investigação. "Bom" é, então, apresentado como aquilo para o que se dirigem todas iniciativas humanas. Essa caracterização preliminar à primeira vista unívoca é contrastada com a diversidade dos fins, realçada na sequência. Após enaltecer a lucidez dos que por primeiro identificaram "bom" com aquilo a que se dirigem as atividades humanas, Aristóteles observa que, a despeito dessa aparente univocidade, são diferentes os fins a que as iniciativas humanas conduzem. Daí conclui que apenas em uma abordagem superficial a caracterização proposta para bom soa unívoca, já que basta colocar a lupa sobre os fins das diversas artes, investigações, ações e escolhas para verificar que eles são diferentes entre si e que essas diferenças se transferem à noção

[10] "πᾶσα τέχνη καὶ πᾶσα μέθοδος, ὁμοίως δὲ πρᾶξίς τε καὶ προαίρεσις, ἀγαθοῦ τινὸς ἐφίεσθαι δοκεῖ: διὸ καλῶς ἀπεφήναντο τἀγαθόν, οὗ πάντ' ἐφίεται. διαφορὰ δέ τις φαίνεται τῶν τελῶν: τὰ μὲν γάρ εἰσιν ἐνέργειαι, τὰ δὲ παρ' αὐτὰς ἔργα τινά. ὧν δ' εἰσὶ τέλη τινὰ παρὰ τὰς πράξεις, ἐν τούτοις βελτίω πέφυκε τῶν ἐνεργειῶν τὰ ἔργα". Embora a forma contrata do advérbio "πάντ'" indique o neutro "πάντα", discrepando do feminino "πᾶσα" empregado antes, a alegação introduzida pelo "διὸ" unicamente se sustenta se entendermos o "πάντ'" como referido aos quatro tipos de iniciativas humanas elencados na sequência do "πᾶσα", e não a absolutamente tudo, como sugeriria o "πάντ'". Essa não é uma construção incomum em Aristóteles. Em *Metafísica* III, por exemplo, lemos que "ᾗ γὰρ ἕν τι καὶ ταὐτόν, καὶ ᾗ καθόλου τι ὑπάρχει, ταύτῃ πάντα γνωρίζομεν" (999a28-29), que, em uma tradução mais literal, poderia receber a seguinte versão: "pois é enquanto é algum um e o mesmo, e enquanto algum universal lhe inere, é desse modo que conhecemos tudo". Ora, parece nítido que Aristóteles não está aqui afirmando que conhecemos absolutamente tudo, mas que tudo aquilo que conhecemos, é do modo descrito que conhecemos. Um outro exemplo de construção semelhante pode ser encontrado em *Metafísica* XI, 1069b18-20. No que tange à própria EN, um reforço ulterior à tradução aqui proposta pode também ser encontrado um pouco adiante no texto, em EN I 2, 1095a14-15, onde Aristóteles convida a retomar o já dito <ἀναλαβόντες> rememorando que "todo conhecimento e toda escolha tendem para algo de bom" <πᾶσα γνῶσις καὶ προαίρεσις ἀγαθοῦ τινὸς ὀρέγεται>. Ele aí afigura-se pretender uma conclusão bem mais modesta para a afirmação inicial de EN, restringindo a associação de bom às iniciativas propriamente humanas, e não aos comportamentos dos existentes em geral. Essa perspectiva converge com a sustentada por Perine (2006, p.70), que observa ser "no âmbito das ações humanas" que "tudo está previamente orientado a um bem como a seu fim" (ver também p. 82).

de bom. Ora, ele não poderia chegar a essa conclusão sem pressupor, implicitamente, que aquilo a que se dirigem as atividades humanas é precisamente seus respectivos fins. E que é por isso que reservamos a estes a qualificação de "bom".

O autor passa, então, à consideração da diversidade dos fins. E se logo adiante no capítulo a ênfase será na correlação entre a diversidade das iniciativas e a diversidade dos respectivos fins, neste momento inicial, a diversidade dos fins será organizada sob dois tipos gerais: atividades, por um lado, e erga distintos das atividades de que resultam, por outro. Em uma formulação talvez mais precisa, que não está explícita aqui, mas será explicitada adiante, pode-se considerar, sem prejuízo da ordem argumentativa, que os dois tipos gerais de fins são: 1) os erga distintos das atividades de que resultam e 2) os erga que coincidem com as atividades respectivas. Efetivamente, em 1098a7-8, Aristóteles identificará o ergon humano a "atividade da alma conforme à discursividade ou não sem discursividade". "Ergon", desse ponto de vista, designaria o gênero do qual são espécies os erga distintos das atividades respectivas e os erga coincidentes com as atividades respectivas. É, aliás, desse modo que Aristóteles mapeia os tipos de fins na Ética Eudêmia (*EE* - 1219a13-18), em que pese ele aí prefira o termo "χρῆσις", mais associado às noções de "uso" e "emprego", ao invés de "ἐνέργεια", aqui traduzida por "atividade".

Se admitirmos, então, que os dois tipos de fins são dois tipos de erga, teremos também uma coincidência, já no primeiro parágrafo da *EN*, entre fim das iniciativas humanas, bem humano e ergon. Se, por uma questão de rigor, preferirmos evitar antecipar aqui essa conclusão, que só adiante, em 1098a7-8, será explicitada, podemos nos permitir reter apenas que os fins das iniciativas humanas, que são aquilo a que se reserva o predicado "bom", dividem-se em duas espécies, a saber, erga distintos das atividades de que resultam e atividades das quais não resultam erga delas distintos. Em um caso como em outro, a consequência é que, a nos guiarmos pelo que lemos já na abertura da *EN*, só há dois tipos de fins das iniciativas humanas e, portanto, o que reputamos bom se divide em não mais que duas espécies: atividades, por um lado, e erga resultantes de atividades, por outro.

Aristóteles então adverte que, quando os erga são distintos das atividades de que resultam, é a eles que os predicados "bom" e "fim" se atribuem genuinamente. Isso porque é no intuito de alcançá-los que as atividades que os produzem são executadas, de sorte que essas atividades são estimadas boas sob a condição dos respectivos erga, na medida em que são os meios para a sua obtenção. Para falar com o devido rigor, essas atividades seriam não fins, mas meios, e boas não por elas mesmas, mas porque recebem o atributo "bom" de empréstimo dos erga que delas resultam. No trecho ora em análise, Aristóteles arremata: "daquelas [iniciativas] cujos fins são distintos das ações, os erga são por natureza melhores do que as atividades" (1094a5-6).

3. Ergon em *EN* I: um denominador comum

À luz dessas considerações, podemos retornar à questão que nos ocupa. Em *EN* I 6, Aristóteles apela à hipótese do ergon humano ao se deparar com a tarefa de precisar melhor a noção de eudaimonia, correspondente ao sumo bem humano. É então que ele observa que isso poderia ser feito "tão logo lográssemos captar o ergon do ser humano" (1097b24-25). A certeza de que tão logo <τάχα> tivéssemos o conhecimento de um pretenso ergon humano chegaríamos a uma explicação da eudaimonia afigura-se agora compreensível: dada a equivalência entre bom e ergon observada no início da *EN*, se pudéssemos descobrir um eventual ergon humano, este seria, *eo ipso*, o bom no caso humano. Ora, sendo a eudaimonia uma maximização do bom no caso humano, uma aplicação simples do princípio de identidade *salva veritate* aos termos "bom" e "ergon" nos conduziria a concluir ser ela a maximização do ergon no caso humano. Em síntese, uma vez pressuposta a equivalência, introduzida já no início da *EN*, entre bom no caso humano e e ergon das iniciativas humanas, não são muitos os passos dedutivos que nos conduzem da noção de eudaimonia como o sumamente bom no caso humano à de eudaimonia enquanto exercício excelente do ergon humano.

O percurso não é tão mais longo quando se recusa a equivalência entre ergon e bom. Neste caso, pode-se entender a estratégia de Aristóteles como um raciocínio por exclusão. Pois, visto que que o bom no caso humano divide-se entre erga distintos das atividades de que resultam e atividades que não redundam em erga delas distintos, e dado que, quando os erga são distintos das atividades de que resultam, eles são "por natureza melhores do que as atividades" (1094a6), cabendo a estas o predicado "bom" apenas derivativa e mediatamente, em virtude dos respectivos erga, então, caso haja um ergon humano distinto da atividade que o produz, ele corresponderá ao que há de melhor do ponto de vista propriamente humano; e não será preciso procurar pela atividade respectiva, já que ele será forçosamente melhor que ela. Em contrapartida, caso não haja um ergon humano distinto, por exclusão, há de haver forçosamente uma atividade, visto não estar aberta uma terceira alternativa: dado que os fins das iniciativas humanas são ou atividades ou erga distintos das atividades de que resultam, e dada a equivalência entre fim e bom no caso humano, em não havendo um ergon humano, o bom no caso humano consistirá incontornavelmente em uma atividade. E de fato, como já aludido, em *EN* 1098a7-8, Aristóteles remeterá o sumamente bom no caso humano ao exercício de uma atividade: a atividade especificamente humana, que, como já mencionado, repousa no comportamento pautado pela discursividade. Para ele, o sumamente bom no caso humano consistirá em comportar-se pautado pelo exercício excelente da discursividade. Ele afirmará ser essa atividade o ergon humano.

Correndo o risco da redundância, convém enfatizar o que embasa a argumentação precedente: se os fins das iniciativas humanas são de duas ordens, a saber, erga distintos das atividades de que decorrem e atividades cujos erga não são delas distintos, segue-se que a eudaimonia, enquanto um fim humano e o fim por excelência de todas as iniciativas humanas, será, forçosamente, ou uma atividade humana ou o ergon decorrente de alguma atividade humana. Aristóteles enfatiza esse resultado na passagem de *EN* I 6 ao declarar que "em geral para tudo de que há algum ergon ou ação, o ser bom e o bem parecem residir no ergon" (1097b26-28). Pode-se afirmar, com base nas considerações precedentes, que essa observação de Aristóteles não faz senão retomar o já firmado no início da *EN*, rememorando o lá estabelecido, agora a título de premissa. A esse respeito, merece atenção a palavra "parecem", que aqui verte "δοκεῖ", o mesmo "δοκεῖ" que figura na afirmação que abre a *EN*, também vertida acima por "parecem". Ela é uma atestação a mais de que não se trata, em 1097b26-28, de um palpite sem lastro, que Aristóteles enxertaria nessa passagem apostando na complacência do leitor, mas sim de reivindicar o mesmo vigor persuasivo de que gozam as teses que abrem a *EN*. Trata-se de advertir o leitor de que, se já anuiu a essas teses, não há como recusar agora o que não passa da retomada de uma delas. Desse ponto de vista, o que lemos em 1097b25-33 não pode ser visto como a prova de que há um ergon humano, mesmo porque, a quem acatou as afirmações de *EN* I 1, uma prova a esta altura poderia soar uma petição de princípio.

Daí não se segue, contudo, que resulta admitido que o ser humano tenha uma função. Pois em nada as ocorrências de "ergon" em 1094a1-6 evocam a ideia associada à conotação de "função". Não por acaso, os estudiosos costumam aproximar aquelas ocorrências da noção de resultado, o que levou alguns deles a empregar a palavra "produto"[11] em português e correlativas em outros idiomas[12], ou outros termos de conotações afins, nas suas referências àquelas ocorrências. Pois nelas "ergon" se entende

[11] Ver por exemplo as traduções de Vallandro e Bornheim (Aristóteles, 1987) e de Chichurra (Aristóteles, 2024).

[12] Seria providencial rastrear nas traduções a origem dessa tradição, que não alcança os estudiosos medievais de Aristóteles. Em seu comentário sobre a *Ética Nicomaqueia,* Tomás de Aquino é rigoroso no emprego do par "opus" e "operatio" nas passagens aqui em discussão para se referir, respectivamente, às cognatas "ἔργον" e "ἐνέργεια". Assim, em que pese ele veja no trecho em 1097b25-33 a prova de que o ser humano enquanto tal tem um ergon (Cf. *Commentaria*, Liber I, Lectio x - 14-76), ele não toma o termo "ergon" aí em sentido distinto daquele constante no início da EN. E se culmina por adotar um viés finalista em sua interpretação, isso se deve antes à leitura que faz já das linhas iniciais de EN (id., Liber I, Lectio i, 165-175), do que a uma oscilação na maneira de considerar a noção de ergon.

como o que emerge enquanto resultante, efeito, manifestação ou o teor mesmo de uma ἐνέργεια: quando for distinto da atividade respectiva, será dela resultante ou efeito; quando, em contrapartida, coincidir com a própria atividade, será sua manifestação, teor ou o próprio conteúdo dela. Essa acepção é totalmente distinta daquela associada ao termo "função", que remete a uma tarefa ou incumbência de exercer certa atividade, da qual, só então, se espera um resultado ou efeito. Tão díspares são as duas acepções de ergon que quem delas partisse para compreender a palavra grega facilmente presumiria alguma homonímia fortuita. Não é de se estranhar, portanto, que as discussões em torno do assim chamado argumento da função passem ao largo do texto de abertura da *EN*, como se não fosse do mesmo ergon que Aristóteles lá estivesse a tratar[13].

Em síntese, a recusa de um ergon humano, para ser bem sucedida, deve mirar não meramente o que lemos em 1097b25-33, mas sim o próprio ponto de partida da *EN* – o que, aliás, robora ainda mais as palavras de Aristóteles que abrem este artigo. Se esse ponto de partida for mantido, a tese aristotélica permanece de pé. E enfrentar o ponto de partida da *EN* requer lidar não com o que, recortado do contexto, soa uma falácia da composição, mas sim com o tipo de validade que Aristóteles pretende às afirmações que lemos no início da *EN*, validade que parece amparar-se no consenso intrínseco às opiniões reputadas, os ἔνδοξα. Requer, portanto, uma abordagem substantivamente distinta[14]. Além dis-

[13] Um exemplo paradigmático é a interpretação que Pierre Destrée (2010) propõe para o assunto. Para ele, o que lemos em 1097b22-1098a15 não pode ser tomado de forma desconectada da análise que Aristóteles vinha realizando nos capítulos precedentes de *EN* I, mas deve, ao contrário, ser visto como um desdobramento dela e compreensível apenas à luz dessa análise. Ele procede, então, à reconstrução da argumentação tecida por Aristóteles nos capítulos que antecedem o trecho, mas, surpreendentemente, inicia do capítulo 3. Destrée chega a avaliar a pertinência de consultar o que Aristóteles diz sobre ergon em outras passagens, mas restringe-se à consideração de outras obras, sem sequer aludir à ocorrência de "ergon" no início da *EN*. Justiça seja feita, ele mesmo assim recusa a adequação da palavra "função" para traduzir "ergon", chegando, por um outro percurso, a um resultado convergente com as conclusões a que a análise empreendida aqui nos está conduzindo.

[14] A despeito de sua relevância, esse assunto foge ao escopo da presente discussão e, por essa razão, será deixado para uma outra oportunidade. Ver sobre o assunto Owen (1975) e Barnes (2010).

so, o que o início da *EN* proporciona não respalda a acepção de ergon pressuposta no assim chamado argumento da função. O que ele reivindica é algo bem menos ambicioso: a legitimidade de se associar ao ser humano um comportamento que lhe seja peculiar, vale dizer, uma atividade que lhe seja específica enquanto humano, à qual se vincula naturalmente um ergon, sem, contudo, já fornecer elementos para aferir se este é um produto distinto ou o teor mesmo daquela atividade.

Entendida nesses termos, a noção de ergon em jogo em jogo na passagem resulta bem mais palatável. Afinal, ela pode ser tomada meramente como referida ao tipo de perfil ou comportamento associado a determinado gênero. E decorreria, assim, da própria definição do gênero ou, para falar talvez com mais precisão, ela corresponderia a um modo tomar essa definição por referência aos sujeitos que a satisfazem. Desse ponto de vista, a cada definição se pode associar um ergon, a ser realizado ou atualizado pelo que cai sob a respectiva definição, na medida em que cai sob a definição. Retomando um exemplo de Aristóteles na passagem, poderíamos dizer que o ergon do bailarino é dançar, e isso não porque os bailarinos estão fadados a cumprir a tarefa ou missão de dançar, mas apenas porque dançar – ou, caso se prefira, habilitar-se a tanto por ter adquirido a arte respectiva – é o que confere a alguém o estatuto de bailarino.

4. Revisitando 1097b25-33: considerações finais

O trecho em 1097b25-33 não discrepa das conclusões precedentes. De fato, nada nele sugere ou requer que as ocorrências que traz de "ergon" sejam tomadas sob uma acepção distinta ou envolvam suposições adicionais em relação àquela sob a qual "ergon" é empregada no início de *EN*. Ao contrário, como já discutido, parece haver razões suficientes para lê-lo à luz de *EN* I 1. É sugestivo, inclusive, que parte dos exemplos mobilizados em 1097b25-33 retomem o tipo de exemplos de que Aristóteles se serve na continuação da passagem de *EN* I 1 aqui abordada. Também em *EN*

I 1, após distinguir entre os dois tipos de fins das iniciativas humanas – as atividades e os erga delas distintos –, Aristóteles passa à consideração dos diferentes ofícios humanos e suas relações a fins. Não apenas os conceitos envolvidos, mas o próprio roteiro seguido por Aristóteles em 1097b22-30, retomam *EN* I 1.

O outro grupo de exemplos, aquele associado aos órgãos do corpo, não quadra com os resultados expostos acima. Seu papel parece ser outro: o de introduzir o viés anímico que a análise aristotélica passará a adotar. Na sequência da alusão aos erga das partes do corpo humano, Aristóteles empreenderá um exame da alma – enquanto princípio de unidade desse gênero de corpo – buscando mapear suas partes e tipos. E o propósito desse exame é circunscrever o perfil da alma especificamente humana e seu modo de funcionamento. Trata-se de delimitar o modo ou tipo de vida propriamente humano e, com ele, o ergon específico humano. E não poderia ser de outra maneira se, como concluído acima, o ergon deve ser entendido em estreita correlação com a definição do gênero a que se refere. Se o encadeamento argumentativo de *EN* requer buscar um ergon humano, essa busca há de ser feita pela inspeção do princípio de unidade propriamente humano, que é a alma – enquanto princípio de unidade do corpo orgânico – e uma alma de certo jaez, enquanto aquela que encerra as condições inteligibilidade do modo de vida propriamente humano.

Desse ponto de vista, o trecho em 1097b25-33 poderia ser dividido em duas partes, das quais a primeira retomaria a discussão sobre o ergon humano iniciada em *EN* I 1 e, com ela, a hipótese lá firmada de que há um ergon humano[15]. A segunda faria o trânsito desse resultado para a investigação do teor desse ergon, o que é ele[16].

[15] A palavra "hipótese" é empregada aqui no sentido de "ὑπόθεσις" exposto por Aristóteles nos *AnaPost* I, 2. Aí, hipóteses e definições compõem os conhecimentos imediatos que constituem os pontos de partida das ciências específicas, sendo as definições explicações que proporcionam o que é algo, ao passo que as hipóteses seriam enunciados veiculando o diagnóstico que de há o que foi definido em uma definição (Cf.72a14-24).

[16] Esse ordenamento coaduna-se com a ordem da investigação científica tal como Aristóteles a apresenta nos *AnPost*. Aí, sustenta ele, é só tendo por base uma hipótese que se há de buscar pela definição respectiva, e não o inverso. Diz Aristóteles:

Sendo assim, ao segundo grupo de exemplos competiria abrir caminho para a análise que se seguirá. E aí talvez ele encerre uma premissa que, embora implícita, seja o fio condutor mesmo da argumentação. Para Aristóteles, no caso dos corpos orgânicos, vale dizer, vivos ou dotados de alma[17], o todo é anterior às partes. Segundo ele, separadas do corpo, as partes são chamadas tais meramente por homonímia. Quando designamos "mão" a uma mão amputada ou a mão de um cadáver, diz ele, o fazemos contando com a leniência de um uso estendido da palavra "mão", e não porque sejam, no rigor, mãos a amputada e a do cadáver. Estas já não são mãos porque não estão aptas a realizar o seu ergon; e não estão aptas porque já não se vinculam mais ao corpo vivo no qual realizam esse ergon. Aristóteles observa que:

> ... o cadáver tem a mesma configuração e nem por isso é humano. E é impossível ser mão a que é feita de um material qualquer, como bronze ou madeira, a não ser por homonímia, tal como é médico o meramente desenhado. Pois tal mão não terá a possibilidade de efetuar seu ergon, assim como tampouco terão a possibilidade de efetuar seu ergon flautas de pedra, nem o médico desenhado. Desse mesmo modo, nenhuma das partes do cadáver tem tal possibilidade; refiro-me por exemplo ao olho ou à mão. É, portanto, falar de modo demasiado simples, tal como o de um construtor que falasse sobre uma mão de madeira[18].

"Assim como buscamos o porquê já dispondo do que – por vezes até ambos tornam-se claros conjuntamente, mas jamais é possível conhecer o porquê primeiro que o que –, é claro que tampouco é possível conhecer o que era ser antes de conhecer que há. Pois é impossível saber o que é desconhecendo se há" <ὥσπερ γὰρ τὸ διότι ζητοῦμεν ἔχοντες τὸ ὅτι, ἐνίοτε δὲ καὶ ἅμα δῆλα γίνεται, ἀλλ' οὔτι πρότερόν γε τὸ διότι δυνατὸν γνωρίσαι τοῦ ὅτι, δῆλον ὅτι ὁμοίως καὶ τὸ τί ἦν εἶναι οὐκ ἄνευ τοῦ ὅτι ἔστιν· ἀδύνατον γὰρ εἰδέναι τί ἐστιν, ἀγνοοῦντας εἰ ἔστιν> (93a16-20).

17 Cf. *De Anima* II, 1 (412a19-22; 412a27-b1; 412b4-6).

18 "ὁ τεθνεὼς ἔχει τὴν αὐτὴν τοῦ σχήματος μορφήν, ἀλλ' ὅμως οὐκ ἔστιν ἄντρωπος. ἔτι δ' ἀδύνατον εἶναι χεῖρα ὁποσοῦν διακείμενην, οἷον χαλκῆν ἢ ξυλίνην, πλὴν ὁμωνύμως, ὥσπερ τὸν γεγραμμένον ἰατρόν. οὐ γὰρ δυνήσεται ποιεῖν τὸ ἑαυτῆς ἔργον, ὥσπερ οὐδ' αὐλοὶ λίθινοι τὸ ἑαυτῶν ἔργον, οὐδ' ὁ γεγραμμένος ἰατρός. ὁμοίως δὲ τούτοις οὐδὲ τῶν τοῦ τεθνηκότος μορίων οὐδὲν ἔτι τῶν τοιούτων ἐστί, λέγω δ' οἷον ὀφταλμός, χείρ. λίαν οὖν ἁπλῶς εἴρηται, καὶτὸν αὐτὸν τρόπον ὥσπερ ἂν εἰ τέκτων λέγοι περὶ χειρὸς ξυλίνης" (Cf. *Sobre as Partes dos Animais* A I - 640b34-641a6).

É só articuladas a um organismo – no caso da mão, o humano – que as partes respectivas – os órgãos – são efetivamente tais e, *eo ipso*, atualizam os erga respectivos. Em *Metafísica Z*, Aristóteles observa:

> Pois não é em todos os sentidos que mão é parte de humano, mas é parte de humano a mão que tem a possibilidade de finalizar seu ergon, de sorte a ser animada; se não for animada, não será parte[19].

Essas considerações permitem sustentar que, para Aristóteles, no caso dos organismos, é o modo de operar do todo que determinará como hão de operar suas partes: é, portanto, o ergon do todo que determina o ergon das partes. O olho, a mão, o pé operam cada qual de certo modo porque esses respectivos modos de operar são partes do modo de operar do corpo animado de que aqueles órgãos são partes. São sugestivos, desse ponto de vista, os exemplos escolhidos por Aristóteles. O olho é o órgão que proporciona a sensação mais propícia, segundo ele, a satisfazer a curiosidade própria do ser humano enquanto este naturalmente tende ao saber (Cf. *Metafísica* I, 1, 989a1-7); o pé, por seu turno, associa-se ao bipedalismo, amiúde evocado por ele a título de exemplo, como diferença específica de humano (Cf. *Metafísica* IV, 4); a mão, enfim, é um órgão a tal ponto crucial para viabilizar a execução das diversas atividades que a argúcia humana faculta, que Aristóteles chega a afirmar que "não é por ter mãos que o ser humano é o mais prudente, mas é por ser o mais prudente dos animais que o ser humano tem mãos"[20]. Se, pois, os exemplos tiverem o propósito tácito de concorrer para embasar, a partir da evocação do comportamento dos órgãos respectivos enquanto partes, a sugestão subsequente acerca do teor do ergon correspondente ao organismo humano enquanto o todo, eles parecem ter sido selecionados a dedo.

[19] "οὐ γὰρ πάντως τοῦ ἀνθρώπου μέρος ἡ χείρ, ἀλλ᾽ ἣ δυναμένη τὸ ἔργον ἀποτελεῖν, ὥστε ἔμψυχος οὖσα: μὴ ἔμψυχος δὲ οὐ μέρος" (1036b30-32).

[20] "οὐ διὰ τὰς χεῖράς ἐστιν ὁ ἄντρωπος φρονιμώτατος, ἀλλὰ διὰ τὸ φρονιμώτατον εἶναι τῶν ζῴων ἔχει χεῖρας" (*Sobre as Partes dos Animais* Δ 10 - 687a17-18).

Estas derradeiras observações são ainda conjeturas, destinadas a arriscar palpites a respeito do lugar que o trecho 1097b25-33 ocupa na estrutura argumentativa de *EN* I, uma vez constatado que o papel desse trecho não é provar que há um ergon humano, menos ainda que há uma função humana. Averiguar se essas conjeturas têm sentido e pertinência, ou até que ponto os têm, é uma tarefa que requer recuperar o fôlego e retornar aos textos. E será deixada, por isso, para uma ocasião futura.

Referências bibliográficas

ARISTÓTELES. (1831). *Aristoteles Graece*. Vols. I e II. Bekker, I. (ed.). Berlim: Academia Regia Borussica.

_____. (2006). *De Anima*. Gomes dos Reis, M. C. (Apreentação, tradução e notas). São Paulo: Editora 34

_____. (2009). *Ethica Eudemia*. Walzer, R; Mingay, J. (eds.). Oxford: OUP.

_____. *Ethica Nicomachea*. Bywater, I. (ed.). Oxford: OUP.

_____. *Metaphysics*. Vols. I e II. Ross, D. (ed.). Oxford: OUP.

_____. (2010) *Partes dos Animais*. Souza e Silva, M. (trad.). Lisboa: Imprensa Nacional - Casa da Moeda.

_____. (1949). *Prior and Posterior Analytics*. Ross, D. (ed.). Oxford: OUP.

BARNES, J. (2010). *Aristóteles e os Métodos da Ética*. Em: Zingano, M. (org.). *Sobre a* Ética Nicomaqueia *de Aristóteles - textos selecionados*. São Paulo: Odysseus - pp. 183-207.

BRUCE, M.; BARBONE, S. (eds.). (2011). *Just the Arguments - 100 of the Most Important Arguments in Western Philosophy*. Chichester: Blackwell Publishing.

DESTRÉE, P. (2010). *Como demonstrar o próprio do homem? - Por uma leitura "dialética" de* EN, *I, 6*. McDonald, P. (trad.). Em: Zingano, M. (org.). *Sobre a* Ética Nicomaqueia *de Aristóteles - textos selecionados*. São Paulo: Odysseus - pp. 379-404.

GOTTLIEB, P. (2009). *The Virtue of Aristotle's Ethics*. Cambridge: Cambridge University Press.

HARDIE, W. F. R. (1980). *Aristotle's Ethical Theory*. Oxford: OUP.

HOBUSS, J. (1998). *O* ergon*: Qual Racionalidade?*. Em: *Dissertatio Revista de Filosofia* (UFPel). Vol. 8, verão de 1998 - pp. 55-71.

KORSGAARD, C. (2008). *The Constitution of Agency - Essays on Practical Reason and Moral Psychology*. Oxford: OUP.

OWEN, G. E. L. (2010). *'Tithenai ta Phainomena'*. Em: Barnes, J.; Schofield, M.; Sorabji, R. (org.). *Articles on Aristotle - 1. Science*. London: Duckworth - pp. 113-126.

MORAES, F.; MÁXIMO, M. (2020). *'Aristóteles e o argumento da obra ou função do homem'*. Em: Revista Portuguesa de Filosofia, Vol. 76, Nº 1, pp. 181-208.

PERINE, M. (2006). *Quatro Lições sobre a Ética de Aristóteles*. São Paulo: Edições Loyola.

TOMÁS DE AQUINO. (1969). *Opera Omnia.* Iussu Leonis XIII edita. Tomus XLVII: *Sententia Libri Ethicorum*, Vol. I. Cura et Studio: Fratrum Praedicatorum. Roma: Santa Sabina.

ZANUZZI, I. (2023). *Elementos da Teoria da Substância Aristotélica no Argumento da Função na* Ética Nicomaqueia *I, 7.* In: Levy, L.; Araújo, C.; Rocha, E.; Guerreiro, M.; Almeida, F. (orgs). *Substância na História da Filosofia* - pp. 183-208. Pelotas: Editora UFPel.

ZINGANO, M. (2017). *Eudaimonia, Razão e Contemplação na Ética Aristotélica*. Em: Revista *Analytica*, Vol. 21, Nº 1, pp. 9-44.

SEXTO EMPÍRICO

Considerações sobre a gênese do filósofo cético

Roberto Bolzani Filho

Neste texto, pretendo tratar de um tema que, segundo meu conhecimento um tanto desatualizado da literatura especializada, tem sido talvez pouco desenvolvido pelos intérpretes das *Hipotiposes Pirrônicas* (HP) de Sexto Empírico, ou, ao menos, não tão desenvolvido quanto se poderia esperar, provavelmente porque o próprio Sexto dele pouco falou em seus textos, não vendo aí, ao que tudo indica, motivo para análise mais profunda. Senti-me levado a tratar desse tema, e não o faço pela primeira vez, porque, sempre que em sala de aula tento analisar as páginas iniciais das *Hipotiposes*, me vejo perante a necessidade de especular e conjecturar a seu respeito, sem obter resultados que possa considerar definitivos ou mesmo satisfatórios. Vou então tentar formular aqui algumas hipóteses de leitura, em busca de tais resultados.

Refiro-me ao tema do *surgimento do cético*, de sua *gênese* como *filósofo cético*. Salvo engano, é somente no primeiro livro das *Hipotiposes*, em parte destinado a oferecer ao leitor uma explicação sobre as principais características do ceticismo, que encontramos breves passagens sobre o referido tema - mais precisamente, algumas linhas de HP I 12 e HP I 26. Para examiná-las, vou por assim dizer editá-las, lendo-as como se estivessem em sequência, em tradução livre e provisória, destacando a terminologia que aqui vai nos orientar:

> Dizemos que a causa originária (*arkhèn... aitiódе*) do ceticismo está na esperança de obter a tranquilidade (*ataraktésein*). De fato, homens de natureza distinta (*megalophyeîs*), tendo-se perturbado (*tarassómenoi*) em virtude da irregularidade (*anomalían*) presente nas coisas (*en toîs prágmasin*) e estando em dificuldades (*aporoûntes*) sobre a quais preferencialmente dar assentimento (*sygkatatíthesthai*), foram investigar (*zeteîn*) o que, nas coisas (*en toîs prágmasin*), é verdadeiro (*alethés*) e o que é falso (*pseûdos*), a fim de, com base no julgamento (*ek tês epikríseos*) delas, obter a tranquilidade (*ataraktésontes*)... Pois (o cético), tendo começado a filosofar (*arxámenos philosopheîn*) em vista de julgar (*epikrînai*) as representações (*tàs phantasías*) e apreender (*katalabeîn*) quais são verdadeiras (*aletheîs*) e quais são falsas (*pseudeîs*), a fim de obter a tranquilidade (*ataraktêsai*), deparou com uma discordância de igual força (*tèn isosthenê diaphonían*) e, sendo incapaz de decidi-la (*epikrînai*), suspendeu o juízo (*epéskhen*). E em suspensão (*episkhónti*) ocasionalmente (*tykhikôs*) seguiu-se para ele a tranquilidade (*ataraxía*) em questões de opinião (*en toîs doxastoîs*). (HP I 12)

Não pretendo fazer uma análise de todos os termos e noções presentes no texto, mas apenas daquilo que me parece indispensável para meus objetivos. E não proponho que as duas passagens, assim reunidas, formem um todo argumentativo impecável, pois nelas há algumas repetições e variações, o que não impede que sejam lidas em sequência e como uma unidade. Mas, sobretudo, e é o que aqui me interessa, parece-me haver lacunas significativas a preencher, se queremos compreender quem é esse filósofo cético que resulta dessa trajetória esboçada nas duas passagens.

***

Antes de mais nada, parece-me claro que não se deve supor que se encontre aí um relato autobiográfico de Sexto, ainda que seja possível e convincente imaginar que ele se veja nele representado e que tenha mesmo experimentado situação semelhante à que descreve. Parece-me antes mais razoável e verossímil considerar que se trata aí de uma exposição abstrata, genérica e provavelmente retrospectiva.

Considero a exposição de Sexto abstrata e genérica, porque nela, bem como em outras passagens do texto das *Hipotiposes*, fala-se sempre de "ceticismo", "cético" ou "céticos". Ainda que um cético, como sabemos, afirme que sua vida e seu discurso próprios são sempre pautados por fenômenos que são afecções pessoais, e ainda que Sexto afirme, já no primeiro capítulo do tratado, que tudo o que dirá apenas anuncia o que lhe aparece no momento (HP I 4), prevalece, no contexto dos primeiros capítulos desse primeiro livro, a pretensão de falar em nome de uma *filosofia cética* e, portanto, de *céticos*, no plural, ou do *cético*, no singular, mas de maneira indefinida. E isso se percebe nas expressões escolhidas por Sexto nesses capítulos: ele se refere a uma "filosofia cética" (*skeptikè philosophía*) em HP I 5 e 12 (implicitamente), a uma "conduta cética" (*skeptikè agogé*) em HP I 7 e 25, a uma "capacidade cética" (*skeptikè dýnamis*) em HPI 8, ao "filósofo pirrônico" (*pyrrhóneios philósophos*) em HP I 11 e 14, a uma "sistematização cética" (*sýstasis skeptiké*) em HP I 12, ao "cético" em HP I 13, 14, 15, 16, 18, 25, 28, 30, aos "céticos" em HP I 19, 29. Nada há de estranho nisso: nesse momento, o cético Sexto Empírico descreve sua filosofia e ela não lhe aparece como absolutamente individual e idiossincrática, ao menos em algumas de suas características fundamentais. Há, sim, uma posição filosófica compartilhada, e é em nome dela, assim me parece, que devemos ler as linhas supracitadas. Por esse motivo, refiro-me àquelas passagens de HP I 12 e 26 não como um simples relato confessional em primeira pessoa, mas como o estabelecimento de um *itinerário lógico-conceitual*, expressão que já empreguei antes e que me parece capturar eficazmente o espírito que as anima[1].

Considero a exposição de Sexto também retrospectiva, porque, pretendendo se referir a céticos em geral, seguramente ela

[1] Utilizei a expressão e tentei explorá-la em Bolzani Filho 1996/2008, com o objetivo de propor uma análise crítica do pirronismo, o que não será o caso aqui, pois agora pretendo apenas alcançar uma melhor compreensão da filosofia pirrônica. Em princípio, não vejo conflito entre essas duas diferentes abordagens.

contempla também céticos anteriores, como Enesidemo, Timão, Agripa e talvez o próprio Pirro. Mas também, e talvez principalmente, porque parte da própria terminologia empregada – "assentimento", "apreensão", "representação" – consiste claramente em empréstimo tomado das filosofias dogmáticas, particularmente ao estoicismo, dogmatismo que os céticos privilegiadamente abordaram e do qual se serviram em momentos como esse, de tentativa de elaboração de sua posição própria. Isso mostra que não se está nessas passagens simplesmente retomando uma reflexão feita de maneira filosoficamente neutra, por assim dizer, como se um cético estivesse falando de sua filosofia desde um lugar prévio à sua incursão pelas outras filosofias, mas antes revela que tal relato descritivo é *posterior* a certa aquisição terminológica e conceitual, sem a qual, provavelmente, o cético não poderia compreender-se e à sua filosofia. Desse ponto de vista, creio ser correto afirmar que aquele itinerário lógico-conceitual está sendo *construído* por Sexto, ou eventualmente por outro cético a quem ele se reportaria, mesmo sem mencionar. A ideia de que Sexto está construindo um itinerário, antes que simplesmente recordando e refazendo uma experiência realmente vivida em particular por ele ou algum outro filósofo cético, não precisa ser vista, em minha opinião, como problemática - ou seja, não há necessidade de ver aí um possível obstáculo ou uma possível objeção ao ceticismo, pois o cético, seja ele chamado ou não de Sexto Empírico, pode legitimamente qualificar essa exposição como fenomênica, ainda que, neste caso, geral e abstrata. Não creio haver motivo, portanto, para recusar a esse breve, mas significativo texto, o estatuto de uma *idealização*, no sentido de uma construção conceitual e teórica, com função argumentativa, visando a conferir ao ceticismo certa inteligibilidade e consistência interna, enquanto filosofia. Essas duas características – caráter geral e abstrato, de um lado, e retrospectivo, de outro – serão importantes para esta análise. Elas expressam a perspectiva de que se origina este conjunto de considerações.

Assim, não se pretende aqui propor qualquer "ameaça" ao ceticismo, alguma dificuldade insuperável que comprometeria a filosofia cética como um todo, levando à sua possível refutação, mas apenas especular um pouco sobre como preencher algumas lacunas disso que, como já disse, julgo adequado considerar um itinerário lógico-conceitual do surgimento do cético e do seu ceticismo[2].

***

O texto de HP I 12 e 26 se inicia referindo-se ao que vou chamar aqui de "momento filosófico pré-cetico" do filósofo cético, o que não causa dificuldades, porque se trata aí de falar de um "princípio" (*arkhê*), no sentido temporal, que pode ser tomado como "causa" (*aitiódes*) do ceticismo. Esta terminologia, normalmente empregada em sentido forte entre os pensadores anteriores a Sexto Empírico, não precisa ser entendida aqui dessa forma, servindo apenas ao propósito de aludir, naquele itinerário lógico-conceitual, ao momento em que tudo para o cético começa, e que ele agora, retrospectivamente, trata filosoficamente como prévio à sua própria incursão pela filosofia e à sua adoção da posição filosófica especificamente cética.

E esse início não surpreende e não deve surpreender: os futuros céticos - note-se o plural - são, antes de mais nada, pessoas dotadas de certa inclinação natural para uma atitude questionadora e investigativa, decerto acompanhada de capacidade intelectual[3]. Nessa condição, eles observam que há, nas coisas (*en toîs prágmasin*), "irregularidades" - *anomalia* é o termo empregado por Sexto, de tradução um tanto difícil, mas importante -, e são tais irregularidades o que neles provoca uma situação incômoda, de

[2] Observo, de passagem, que meu enfoque aqui me parece poder ser aproximado daquele adotado por Luiz Eva em seu instigante "O primeiro cético", embora eu siga aqui caminho diferente. Nesse texto, Eva pretende "chamar a atenção para o papel decisivo que a exemplaridade do discurso pessoal parece desempenhar na retórica filosófica do ceticismo" (2005, p. 78). Creio que semelhante noção de exemplaridade tem o mérito de nos mostrar que Sexto Empírico está fazendo, nessas linhas que vou analisar, algo filosoficamente muito mais rico do que um relato pessoal.

[3] Platão, em *República*, elaborou a ideia de "natureza filosófica", expressão que vou aqui adotar, para me referir a esse perfil ou ao menos a algo semelhante (cf. 375e-376c).

perturbação, que os conduz a estados de dificuldade de entendimento, de "dúvida" – termo que, neste contexto em particular, se pode aqui empregar para traduzir o verbo *aporeîn*[4].

Parece-me muito claro que, até esse momento, não deparamos com nenhuma afirmação que não pudesse ser empregada por outros filósofos em suas descrições retrospectivas sobre suas filosofias, pois faz sentido supor que filósofos platônicos, aristotélicos, epicuristas, estoicos etc. descreveriam suas trajetórias tomando como ponto de partida situação semelhante - uma perturbação (termo decerto mais complexo do que poderia parecer à primeira vista) originária, devida a experiências de observação de irregularidades nas coisas e que produzem estados de dúvida. E essa semelhança básica não deve ser vista como um problema para a exposição, pois se trata aí de mostrar que o cético começa seu itinerário motivado por acontecimentos semelhantes àqueles que movem os outros filósofos. Neste "momento pré-cético", portanto, interessa sobremaneira ao cético que ele seja visto como um aprendiz ou candidato a filósofo num sentido típico, pois isso faz parte de uma estratégia que, a meu ver, atravessa todo o ceticismo de Sexto: mostrar que a posição cética é uma decorrência de levar-se às últimas consequências um projeto filosófico comum e compartilhado, que se inicia de forma semelhante para todas as filosofias e que sofre uma bifurcação apenas no momento em que alguns filósofos, pelas razões que serão apresentadas a seguir, adotarão uma atitude singular e se verão como diferentes dos outros, autodenominando-se "céticos" e aos outros denominando "dogmáticos". Mas não é este início o momento para semelhante bifurcação. Este início é, e necessita ser, momento de afirmação de características básicas comuns. Eis por que, aliás, não haveria boa razão que justificasse, nesta etapa apenas inicial do trajeto, distinguir entre filósofos "céticos" e "dogmáticos". Essas naturezas filosóficas são ainda indefinidas de qualquer ponto de vista filosófico rigoroso ou doutrinal, estão ainda tentando compreender

[4] Embora eu esteja de acordo com Corti (2012) sobre Sexto Empírico não utilizar um conceito de dúvida para caracterizar o pirronismo, nesta ocorrência em particular, que diz respeito a um momento ainda "pré-cético", parece-me que se pode falar de algo como um estado de dúvida, num sentido certamente trivial da ideia.

o que se passa com elas. Estão ainda lidando com a "irregularidade nas coisas" com que depararam.

Cabe agora perguntar: como entender essa ideia de "irregularidade nas coisas"? Seria, a meu ver, um equívoco e sinal de precipitação ver aí qualquer referência, mesmo que indireta, à tão propalada *diaphonía* que o cético vai explorar exaustivamente em seu trabalho de produção de argumentos opostos. Ainda não se avançou a esse ponto no itinerário. A *diaphonía* é uma maneira já filosófica de tratar o conflito das filosofias, não uma situação pré-filosófica de simples reconhecimento de um incômodo estado intelectual. É importante observar que tal irregularidade é afirmada a respeito das coisas, que ela está "nas coisas" (*en toîs prágmasi*), consistindo, portanto, numa impressão geral e perturbadora que acomete o espectador do mundo. Parece fazer bastante sentido imaginar que tal irregularidade consiste em uma forma genérica de fazer referência a acontecimentos que, para esses espectadores inclinados ao filosofar, introduzem certas incongruências ou dissonâncias no curso costumeiramente observado e esperado a respeito de um amplo conjunto de eventos. Penso em casos como os que serão já filosoficamente explorados em modos de suspensão de juízo de Enesidemo, como, por exemplo, ilusões dos sentidos, alterações de percepções devidas a diferentes circunstâncias, diversidades de costumes e leis. Casos como esses, para produzirem aquela perturbação e dúvida iniciais, se oferecem a qualquer um que tenha sentidos para perceber e intelecto para pensar, desde que acompanhados daquela inclinação natural para a reflexão, o que nos leva à conclusão de que sua utilização nos modos de Enesidemo obedece já a uma razão filosófica determinada, "cética", que não é ainda presente naquele momento inicial e pré-filosófico do itinerário. *Stricto sensu*, não sou ainda filósofo, se isso significa a adoção de uma doutrina filosófica qualquer, apenas porque me intriga o fato de o sol me aparecer do tamanho de meu pé, para recordar o célebre aforisma heracliteano[5], o remo se mostrar torto para mim quando parcialmente imerso numa piscina (HP I 119), meus sonhos me afetarem como se fossem reais

[5] "(Sobre a grandeza do sol) sua largura é a de um pé humano" (DK3).

(HP I 104) ou diferentes povos lidarem com hábitos sexuais de formas brutalmente distintas (HP I 148, 152).

É exatamente nesse ponto do trajeto que ocorre, digamos, um salto qualitativo, pois desse estado resulta uma decisão, agora sim, filosófica: aqueles indivíduos, dotados de inclinação natural para a especulação, se põem a *investigar* (*zeteîn*) o que, nas coisas (*en toîs prágmasi*) é verdadeiro (*alethés*) e o que é falso (*pseûdos*), assim esperando eliminar a perturbação que os acometera. Eles entendem agora que a descoberta da verdade lhes dará meios para julgar e decidir sobre as coisas – sobre os eventos irregulares que as cercam e os impressionam -, esperando assim suprimir a perturbação. Não há dúvida, a meu ver, de que é justamente neste momento da exposição que se dá a passagem de um momento pré-filosófico para o momento filosófico propriamente dito, a julgar pelo célebre início das *Hipotiposes*, que deixa claro ser a verdade o objeto da filosofia, divergindo os filósofos não sobre isso, mas sobre o ponto a que alegam ter chegado – os dogmáticos afirmam ter encontrado a verdade, os acadêmicos não a encontram e decretam ser inapreensível, os céticos "ainda investigam" (éti *zetoûsi*) (HP I 2-3). E me parece bastante convincente a conclusão de que aquela distinção inicial das *Hipotiposes* sobre os três tipos de filosofia está em consonância com a ideia presente em HP I 12, segundo a qual a filosofia entra em cena em nosso itinerário quando se inicia a procura da verdade. Talvez se possa mesmo dizer que um argumento em favor da tese de que a *zétesis* cética tem por objeto a verdade se encontra nesse trecho de HP I 12, porque nele, como vimos, o filosofar, para todo e qualquer filósofo, também se concebe como investigação da verdade[6].

Agora, é preciso mais uma vez observar o que há de comum entre esses filósofos ainda pré-ceticos e quaisquer outros filósofos. Tais naturezas filosóficas inferiram que a supressão da perturbação só seria obtida se encontrassem a verdade. Embora possa parecer natural e mesmo óbvio concluir que nesse momento já filosófico de seu itinerário os futuros céticos ainda eram apenas outros filósofos dogmáticos, creio haver aí um equívoco

[6] Voltarei rapidamente ao assunto no fim deste texto.

ou, ao menos, uma conclusão precipitada, pois a ideia de que a descoberta da verdade levará à supressão da perturbação é indiferente à distinção entre filósofos dogmáticos e filósofos céticos. O mesmo capítulo inicial das *Hipotiposes* deixa claro que tal diferença se apresenta nos *resultados* a que pensam ter chegado os diferentes filósofos, não na atividade pura e simples da investigação, a qual a todos é comum. Rotular os filósofos "pré-céticos" de "dogmáticos" será talvez ceder em demasia ao inevitável olhar retrospectivo do relato, pois esse momento do itinerário não só prescinde dessa distinção, como se torna menos claro se a adotamos. Nunca é demais lembrar que a ideia de dogmatismo só pode adquirir sentido *de uma perspectiva cética*, ou seja, é o filósofo cético quem julga ter razões filosóficas de peso para reunir o conjunto de todas as outras filosofias sob semelhante guarda-chuva conceitual. Essas filosofias, no entanto, decerto não se veem como partes de um todo coeso, mas sim, como bem sabe o cético, como conflitantes entre si, sendo apenas o cético aquele que consegue enxergá-las como representantes de um mesmo tipo de filosofia, porque todas, cada uma a seu modo, aspiram a determinar a natureza da realidade e julgam tê-lo feito. Disso se conclui, a meu ver, que este novo passo do itinerário, introduzindo a *zétesis* da verdade, conquanto seja absolutamente *necessário* para a compreensão da gênese do ceticismo e do filósofo cético, não é *suficiente* para tanto, o que deve nos manter a postos para tentar detectar e compreender o surgimento desse momento crucial.

Ora, parece-me que a detecção e compreensão desse momento crucial deve ser antecedida por uma pergunta que, embora talvez pouco evidente, se faz indispensável: começando a filosofar, como esses filósofos pré-céticos investigariam a verdade? Ou, em outros termos: o que, nesse momento, pode significar a essas naturezas filosóficas tal investigação? Esta é a questão a ser examinada agora. Retomemos o texto: Sexto fala sobre o estado de aporia (*aporoûntes*) que acomete aqueles *megalophyeîs* ("naturezas filosóficas") sobre a quais coisas (*prágmasi*) dar assentimento (*sygtatatíthesthai*), o que os conduziu a investigar (*zeteîn*) nas coisas (*en toîs prágmasi*) o que é verdadeiro (*tí alethés*) e o que é falso (*tí pseûdos*), para uma decisão ou julgamento (*epíkrisis*) a respeito delas, o que lhes proporcionaria a tranquilidade (HP I 12). Note-se aqui novamente o emprego bastante amplo e pouco claro do termo *prágmata*, "coisas", que pode também querer dizer algo teoricamente mais complexo do que a simples referência aos objetos e seres. E notamos já o tema da *zétesis* se apresentando neste momento inaugural do itinerário, num sentido bastante afim e seguramente compatível com a ideia presente em HP I 1-4, onde a afirmação de que os céticos "ainda investigam" sugere que o objeto de investigação é a verdade.

A seguir, em HP I 26, o texto é um pouco mais preciso sobre o que significa investigar "nas coisas", pois Sexto afirma que o cético começou a filosofar para "julgar", "avaliar", "decidir", "escolher" (diferentes termos para tentar traduzir o verbo *epikrînai*) as representações (*tàs phantasías*) e apreender (*katalabeîn*) quais são as representações verdadeiras e quais são as falsas. Adotando agora evidente vocabulário estoico, colocando então o tema da investigação da verdade sob o quadro teórico da teoria estoica da representação, da apreensão e do assentimento[7], Sexto parece entender que essa filosofia o auxilia a formular de forma decerto muito geral, mas adequada, o tipo de investigação que aqueles filósofos pré-céticos se põem a fazer. Em última análise, a descoberta da verdade, para eles, será uma decorrência do exame das diversas manifestações das coisas, manifestações essas que nos ocorrem mediante impressões, percepções ou representações. Aqui, o vocabulário estoico oferece uma linguagem filosófica para aquilo que antes fora entendido apenas como procurar a verdade nas coisas, assim a distinguindo da falsidade. O relato trata agora os fatos geradores do incômodo causado pela irregularidade nas coisas - eventos sensíveis ou inteligíveis que aparentemente contrariam certo curso natural ou cria incompatibilidades, como os exemplos dados acima do sol, do remo, do sonho e dos costumes sexuais - como dados que acometem o investigador sob a forma de representações. E avaliar ou julgar tais representações significa

[7] Para o pedigree estoico dessa terminologia, ver por exemplo HP II 4, 70 e segs.

encontrar meios de escolha das que seriam verdadeiras e de recusa das que seriam falsas.

Neste passo, seria tentador introduzir um tópico decerto muito relevante para a compreensão do ceticismo, porque às vezes enfatizado nos textos de Sexto: a crítica à teoria estoica da representação. De fato, não seria absurdo imaginar que aqueles filósofos pré-céticos, determinados a encontrar uma verdade que a eles se manifestaria mediante representações da realidade, se dessem conta de quão problemática é a tarefa de descobrir representações infalivelmente objetivas, tal como o pretendeu o realismo estoico, que afirmava como critério de verdade representações dotadas de uma incontestável evidência que as tornasse apreensivas de seus respectivos objetos. Ao mostrar as diversas dificuldades associadas à tentativa de estabelecer uma distinção infalível entre, de um lado, representações evidentes e apreensivas, e, de outro, representações não-evidentes e não-apreensivas, os futuros filósofos céticos já teriam dado o próximo passo de seu itinerário, adotando assim uma posição cética a respeito dessa questão fundamental[8]. A ideia é interessante e tentadora, mas me parece, mais uma vez, antecipar algo que não deve ser antecipado, pois o recurso ao vocabulário estoico em HP I 26 nada mais faz do que dizer, em termos filosóficos, o que se dizia em HP I 12, sobre a necessidade de encontrar a verdade. Sexto entende que a teoria estoica da representação é uma boa ferramenta descritiva daquele momento do trajeto, mas não se segue daí que tal investigação fora inicialmente uma análise crítica da mesma teoria. Se assim fosse, não haveria, me parece, como entender a sequência do relato. Nesta nova descrição, mais precisa e refinada, de HP I 26, Sexto evidentemente recorre ao vocabulário estoico (*phantasía*, *katálepsis*) para descrever aquele momento pré-cético de sua trajetória. Isso não o compromete com nenhum tipo de dogmatismo, apenas lhe

[8] Além das passagens dos textos de Sexto que se voltam diretamente à investigação da noção estoica de representação, a importância estratégica conferida por ele a essa crítica se constata já na formulação dos conhecidos modos de suspensão de juízo de Enesidemo, que explicitamente se referem de forma problemática à pretensão de resolver os diversos conflitos de representações em torno dos mesmos objetos – cf. HP I 40, 44, 49, 52, 54, 58, 59, 60, 61, 62, 68, 78, 87, 102, 104, 106, 112, 113, 114, 117, 123, 132.

fornece noções filosóficas eficientes para dar inteligibilidade a essa construção retrospectiva. As noções estoicas de representação e apreensão servem aqui como uma forma sintética de explicar o momento filosófico ainda indefinido de seu itinerário, esse recurso explicando-se em virtude do papel protagonista desempenhado pelo estoicismo, para Sexto e seus antecessores céticos, no conjunto dos dogmatismos. Trata-se, em suma, de um empréstimo pragmático de uma terminologia aqui entendida como suficientemente eficaz para uma exposição filosófica geral[9].

Seja como for, parece-me que, do ponto de vista do itinerário lógico-conceitual que aqui se vai traçando, a *zétesis* destes filósofos, concentrando-se em uma análise e avaliação de representações quanto a sua verdade ou falsidade, aponta, de forma bem mais verossímil, para a seguinte ideia: os filósofos que vão se tornar céticos, mas que ainda não o são, compartilhando com os outros filósofos a convicção de que a tranquilidade se obterá como consequência da descoberta de verdade, provavelmente *elaboram doutrinas próprias*, nelas vendo, cada um, a "verdadeira representação" das coisas, ou melhor, um conjunto articulado de "representações verdadeiras" das mesmas, para retomar o jargão estoico, aqui pragmaticamente adotado. É o que parecem sugerir as passagens acima. Avaliar, julgar e decidir quais são as representações verdadeiras, apesar da sugestão desse vocabulário – não custa repetir, apenas um expediente didático -, não pode significar que nossos filósofos recém-ingressantes no terreno filosófico se coloquem na condição de examinadores das filosofias alheias – por que o seriam, nesse momento do trajeto? Se eles são como quaisquer outros filósofos, compartilhando ideias básicas sobre os resultados a que deve conduzir a investigação filosófica, essa investigação, para eles, deve ser, como o é naturalmente para os outros, uma tentativa de dizer como as coisas são.

Tais filósofos seguem um procedimento que se pode considerar típico das filosofias que eles possivelmente já conhecem,

---

[9] O mesmo recurso ao vocabulário estoico ocorre em momentos de exposição do fundamental conceito cético de *phainómenon*, descrito como aquilo que conduz ao assentimento involuntariamente, "conforme uma representação passiva (*katà phantasían pathetikén*) (HP I 19; também 22).

mesmo que precariamente. Filosofar, procurar a verdade com o objetivo de suprimir a perturbação, para todos esses pensadores significa elaborar um *lógos*, um discurso articulado, que forneça fundamentação argumentada para afirmações que expressariam a verdade a respeito das coisas. Neste momento abstrato que agora se procura compreender, ainda não há razão para caracterizar todas essas filosofias como dogmáticas. Elas apenas entendem que a *zétesis* é necessária e que a verdade é o objetivo a ser alcançado. Ora, também não há ainda, nesse momento do itinerário, a introdução do *ponto de inflexão* que vai distanciar nossos futuros filósofos céticos dos outros filósofos, futuros filósofos dogmáticos[10].Esse ponto de inflexão me parece emergir quando Sexto se refere, em HP I 26, à "discordância de igual força" (*tèn isosthenê diaphonían*), uma discordância com a qual o cético (aqui no singular) "deparou" (*enépesen*). Há, para tal filósofo, algo surpreendente nesta constatação. Temos aqui um novo e distinto passo no trajeto de nosso filósofo. Contudo, se a forma como a exposição foi interpretada até aqui fizer sentido, será novamente precipitado imaginar que nossos filósofos estão lidando com o mesmo tipo de *diaphonía* que será fartamente explorada pelo filósofo cético, a ponto de lhe proporcionar um modo argumentativo independente, como ocorre a partir de Agripa, com a função de produzir e reproduzir suspensões de juízo (cf. HP I 165). A *diaphonía* mencionada em HP I 26, ainda que seja de mesmo significado - um conflito a respeito de algo visado em comum, a verdade -, não pode ter exatamente a mesma função que possuirá, quando os céticos a empregarem em sua dialética antinômica. Neste ponto do itinerário, parece-me importante observar que não é por encontrarem uma discordância que aqueles filósofos se encaminharão para sua posição cética, visto que o reconhecimento de que há

[10] Comentando HP I 29, Pellegrin afirma que "é depois de ter investigado a verdade à maneira dos dogmáticos que o cético – que ainda não é realmente um cético – suspende o assentimento. Em outras palavras, não pode ser um cético ninguém que previamente não tenha sido um dogmático e buscado a tranquilidade da alma à maneira dos dogmáticos" (2010, p. 126). Endossando a ideia geral de que o cético inicialmente investiga sem ser ainda um cético, ressalvo apenas que não vejo por que fazer, para isso, a distinção entre céticos e dogmáticos, que ainda não se faz necessária.

discordância na investigação da verdade não está vedado àqueles filósofos que serão posteriormente denominados "dogmáticos". O dogmatismo não poderá ser definido nos termos de uma recusa de admissão da existência de tal conflito, mas sim pela pretensão de resolvê-lo mediante a proposta de uma filosofia verdadeira, que para sempre suprimirá tal conflito ou se fará impermeável a ele. Os dogmatismos, como se pode depreender de seus textos e doutrinas, perceberão que parte de sua tarefa consiste em desqualificar filosofias rivais. A real diferença, que vai transformar nossos filósofos em céticos, está, em verdade, na conclusão de que *essa discordância é equipotente*, de igual força, disso se seguindo a constatação da impossibilidade de suprimi-la e a suspensão de juízo. Outros filósofos que se encontrassem nessa situação, assim parecem pensar estes futuros céticos, não veriam no conflito tal igualdade de força, o que se mostraria claramente quando apresentassem suas filosofias próprias como mais fortes e persuasivas do que as outras, porque verdadeiras. Os céticos começam a ser céticos quando se revelam portadores de uma característica que nalguma medida os separa dos outros filósofos, que é aquele olhar crítico que reconhece a *isosthéneia* da *diaphonía*, a qual, em mais um passo, agora decisivo, os conduz a se reconhecer e confessar incapazes de decidir a discordância e a suspender seu juízo. A singularidade do filósofo cético, que lhe permite agora pensar os outros filósofos como dogmáticos, está em sua reação perante o conflito, que a ele se manifesta como equipotente e insolúvel.

***

Ora, se essa análise for correta ou ao menos coerente e possível, teremos que reconhecer a seguinte situação em nosso itinerário, uma situação ao mesmo tempo inevitável e surpreendente: os céticos, inicialmente filósofos como quaisquer outros, aspiram a alcançar a tranquilidade ao descobrirem a verdade, para isso elaborando doutrinas próprias. Contudo, deparam com aquela discordância insolúvel, porque composta de filosofias de mesma força persuasiva, *incluindo-se aí aquelas suas doutrinas próprias que elaboraram em busca da verdade*. É como se esses filósofos, portanto, não somente fossem capazes de analisar suas próprias filosofias como participantes do conflito - algo que não deve causar espanto, porque, como afirmei, todo filósofo é capaz de reconhecer esse estado de conflito -, mas também fossem capazes de enxergá-las, em algum momento de seu exame, como apenas candidatas à verdade e sujeitas às mesmas limitações que eles encontram em suas concorrentes no conflito – algo talvez mais difícil de aceitar, mas que me parece seguir-se necessariamente do desenvolvimento desse itinerário.

Aqui, a diferença me parece ser notável. Os outros filósofos, reconhecendo serem parte de um conflito, a ele reagem oferecendo críticas às outras filosofias e defendendo-se das críticas que suas filosofias recebem. Os futuros céticos – pois eles ainda não o são – reagem de forma absolutamente original: além de detectar dificuldades e problemas nas outras filosofias, eles reconhecem os problemas e dificuldades de suas filosofias, reconhecem também que nisso se igualam às outras, mas não tentam defender-se obstinadamente das objeções que recebem, porque não podem deixar de reconhecer que tais dificuldades e problemas são tão dignos de consideração quanto os problemas e dificuldades que eles localizam nas outras filosofias. Em algum momento de seu embate dialético em defesa de sua filosofia, nisso procedendo como todos os outros filósofos, eles deverão, no entanto, chegar a tal conclusão. Assim, os futuros céticos não olham para o conflito insolúvel das filosofias como se fossem *espectadores externos ao próprio conflito*, se é certo que eles iniciam suas trajetórias à maneira tradicional, em busca da verdade. Eles só podem alcançar tal lugar privilegiado ao se afastarem de suas próprias propostas de descoberta da verdade.

É este o momento de nosso itinerário lógico-conceitual que contém o *surgimento dos filósofos céticos*, pois a suspensão de juízo, a *epokhé*, só pode resultar de tal momento isostênico da *diaphonía*. E quando os céticos formularem sua resposta à pergunta "o que é o ceticismo", dirão, como sabemos pelo texto mesmo das *Hipotiposes*, que a *epokhé* ocorre "por causa (*diá*) da *isosthéneia* nas coisas e discursos conflitantes" (HP I 8). Se a suspensão de juízo, para o cético, o distingue das outras filosofias - como se pode constatar nos vários capítulos que estabelecem as diferenças com outras filosofias em HP I 210-41 -, ela tem como condição necessária a *isosthéneia*, o que permite concluir que é somente com a constatação da igualdade de força presente no conflito mencionado em nosso itinerário que nossos filósofos se separam dos outros e caminham para uma posição cética, passando a olhar para as outras filosofias como distintas formas de dogmatismo e conferindo então a esse termo seu devido significado.

Tudo isso me parece conduzir a uma conclusão ao mesmo tempo inevitável, interessante e instigante. Estamos então falando de filósofos dotados de uma originária inclinação natural para a filosofia, curiosos e especulativos, que seguem o caminho comum que leva ao filosofar como busca da verdade, que interpretam o mundo e erigem filosofias próprias, mas que, ao contemplarem e examinarem o fato inquestionável do conflito das filosofias, demonstram capacidade peculiar de, por assim dizer, desprenderem-se de suas filosofias a ponto de para elas olharem como quaisquer outras filosofias conflitantes, julgando-as e às suas argumentações, pressupostos e teses, como se julgassem filosofias alheias. Eles exibem, portanto, certo talento para despersonalizar suas filosofias, tratando-as de forma impessoal. E o fato de terem sido construídas por eles não poderá e não deverá interferir em seus rigorosos exames e julgamentos.

Não vejo por que não dizer que tais filósofos almejam avançar, exercitar e efetivar, de forma radical e apenas sonhada por seus pares dogmáticos, certo ideal de *racionalidade*, para usar uma das palavras mais importantes do léxico filosófico tradicional[11].

[11] "Cabe dizer, assim, que o ceticismo encontra sua razão de ser não apenas na existência de uma tendência renascente ao dogmatismo, mas também no reconhecimento tácito de um núcleo comum de exigências definidoras da própria racionalidade, tal como presente nas filosofias dogmáticas, em vista do qual o próprio cético pretende filosoficamente sustentar uma postura que julga ser conforme à razão. São exigências da mesma ordem que delineiam, para o cético, não apenas a *epokhé* a que ele se vê reconduzido constantemente, mas também os demais aspectos positivos pelos quais o ceticismo se erige como uma doutrina filosófica, evitando os possíveis contrassensos de que poderia ser acusado ao permanecer agindo na esfera da vida comum e empregando a linguagem" (Eva 2005, p. 71).

É porque começaram como todos os outros, seguindo os mesmos caminhos e aspirando aos mesmos resultados, que esses céticos chegaram aonde chegaram, com a diferença de que acrescentaram algo que seus pares não foram capazes de alcançar ou nem sequer chegaram a ver: a necessidade daquele afastamento autocrítico, sem o qual a filosofia, tal como concebida por todos eles, não se perfaria. Mas haverá talvez algo mais a ser dito a esse respeito. Parece que nossos céticos só deram esse passo excepcional porque, além de inicialmente procurarem a verdade por meio de suas doutrinas próprias, eles entenderam que o exame da verdade, além de deparar com a existência de um conflito, não pode prescindir de ver no próprio conflito um *lugar de investigação da verdade*. A *isosthéneia* da *diaphonía* só se apresenta àqueles que tornam a *diaphonía* parte da investigação - diga-se, aliás, parte não pequena, não de pouca importância, talvez mesmo parte central e decisiva. Conferir semelhante papel ao conflito das filosofias, seja em sua totalidade seja em quaisquer questões pontuais, ajuda a traçar o retrato filosófico desses céticos e, em certo sentido, a formular sua singularidade filosófica.

A título de comparação, cabe lembrar que Aristóteles, seguramente um filósofo que o cético considera dogmático (cf. HP I 3), já havia fornecido um exemplo de como é possível ao filósofo ver nas outras filosofias um terreno de investigação. Mas é preciso bem compreender como esse pensador faz sua incursão pela, por assim dizer, história da filosofia. Uma conhecida passagem do primeiro livro da *Metafísica* pode nos orientar. Após formular seus quatro significados de causa, tradicionalmente conhecidos como material, formal, eficiente e final, diz Aristóteles: "Estudamos adequadamente essas causas na *Física*; todavia, devemos examinar também os que antes de nós enfrentaram o estudo dos seres e filosofaram sobre a realidade. É claro que também eles falam de certos princípios e de certas causas. Para a presente investigação certamente será vantajoso referir-se a eles. Com efeito, ou encontraremos outro gênero de causa ou ganharemos convicção mais sólida nas causas das quais agora falamos" (983a33-b6)[12]. Dito

[12] Aristóteles 2002.

isso, o filósofo passa em revista as diversas filosofias, de Tales a Platão, procurando mostrar que elas foram capazes de apreender de forma apenas parcial e incompleta alguma ou algumas das quatro causas, não conseguindo nenhuma delas compreender as quatro. E a investigação assim termina: "Portanto, do que foi dito acima, fica evidente que todos os filósofos parecem ter buscado as causas por nós estabelecidas na *Física*, e que não se pode falar de nenhuma outra causa além daquelas. Mas eles falaram delas de maneira confusa. Em certo sentido, todas foram mencionadas por eles, noutro sentido não foram absolutamente mencionadas. A filosofia primitiva, com efeito, parece balbuciar sobre todas as coisas, por ser ainda jovem e estar em seus primeiros passos" (993a10-16). Parece razoável concluir que o filósofo dogmático, aqui paradigmaticamente exemplificado pelo Estagirita, quando recorre às outras filosofias, o faz para testar e confirmar a verdade de sua teoria, não para efetivamente colocá-la sob suspeita. Parece-me pouco plausível que Aristóteles julgasse realmente possível que sua teoria das quatro causas fosse de alguma forma desmentida, fazendo muito mais sentido supor que ele mobilizasse as outras filosofias para argumentar em seu favor. Embora certamente veja nessas filosofias divergências suficientes para perceber entre elas um conflito, ele prefere, no entanto, trazê-las por assim dizer harmoniosamente para seu próprio quadro teórico, oferecendo-lhes papel ancilar no estabelecimento de sua própria doutrina. É duplo o movimento do filósofo aqui: de certo modo, os outros filósofos, em conjunto, se referiram a todas as causas, o que aumenta nossa convicção de que são as únicas e verdadeiras; mas, de outro modo, nenhum deles as compreendeu todas, o que torna nossa teoria a única a ver claro sobre o tema[13].

[13] Para a surpresa de ninguém, já Platão, à sua maneira, mobilizava seus antecessores para estabelecer uma tese filosófica relevante, como se pode observar em seu diálogo Sofista. Para tentar estabelecer o sentido em que o não-ser pode ser e perguntando-se inicialmente sobre o ser, o Estrangeiro de Eléia refere-se a "como que uma batalha de gigantes (*gigantomakhía*), devida à contestação (*amphisbétesin*) de uns com os outros (*pròs allélous*) a respeito do que o ser é" (246a) (Platão 2011). Trabalhando antes com tipos filosóficos do que com filósofos específicos, ele se refere a dois grupos ou partidos que divergem radicalmente: para uns, os "filhos da terra" (248c), o ser se identifica ao corpo (246a-b), para outros, os "amigos das ideias" (248a), a seres inteligíveis e incorpóreos (246b). A boa tese sobre o ser

O cético, por sua vez, antes de sê-lo, deverá ter sido de início um filósofo que visse nessas filosofias, a elas se juntando, um conjunto problemático. Ainda que, à maneira aristotélica, ele pudesse utilizá-las para testar a força de persuasão de sua própria filosofia, em algum momento, em virtude de sua análise, deverá dela se desprender, passando a enxergá-la como uma filosofia qualquer. Sem esse passo, parece-me que a discordância equipolente dificilmente será inteligível a quem procurar reconstruir em abstrato a trajetória que conduz ao ceticismo.

***

Pode-se agora, assim me parece, retomar, ainda que brevemente, o notório tema da *zétesis* cética, tal como formulado e desenvolvido mais por alguns intérpretes do que pelo próprio Sexto Empírico. Sabemos que, embora as linhas inicias das *Hipotiposes* afirmem que o objeto da investigação cética é a verdade, assim como ocorre com as outras filosofias (HP I 1-4), em outros momentos dos textos Sexto se refere à investigação do cético como uma análise crítica das filosofias dogmáticas (HP II 1, 3-4, 12, 32-3, HP III 136), sendo mesmo possível e convincente defender a tese de que, de fato, o cético não mais investiga a verdade, passando a ver sua atividade como a repetida argumentação antinômica e isostênica, para obter a suspensão e a tranquilidade que se segue (HP I 8), tomando assim como objeto de investigação, agora, os dogmatismos e suas teses. Semelhante interpretação é bastante convincente e se mostra forte à luz de diversas passagens dos textos[14]. Sua ideia central parece ser que não há mais lugar para a ideia de que o cético, quando se debruça sobre esses dogmatismos para chegar à suspensão de juízo a respeito

exigirá a dupla recusa desses partidos e a conciliação entre movimento e repouso, de modo que o não-ser possa ser compreendido como expressão da alteridade e não como contrário do ser (249c-259e). Note-se, mais uma vez, o recurso a um conflito filosófico já estabelecido, para o avanço da investigação, que propõe uma espécie de solução.

[14] Cf. Olaso 1983, 1988, para quem a investigação não tem por objeto a verdade, mas a preservação da suspensão de juízo, mediante a refutação dos dogmatismos. Na mesma direção vai Bett 2010 e 2012.

de uma tese ou conceito qualquer, seja ainda movido pela finalidade ou expectativa de encontrar a verdade. Não haveria, portanto, como manter a verdade como alvo da investigação, como parece pretender o primeiro capítulo do tratado, cujo conteúdo deve, então, ser desconsiderado.

Sem pretender propor algo como uma solução para o problema, que é seguramente mais complexo do que pode dar a entender a breve descrição aqui feita, quero apenas observar como a análise acima desenvolvida pode nos ajudar a enxergá-lo com outros olhos. Se nos voltamos para nosso itinerário lógico-conceitual, nele encontrando uma relação antes de continuidade do que de exclusão entre a inicial procura da verdade e o resultante exame das filosofias em conflito, podemos ao menos sugerir que, como sua trajetória filosófica o conduziu, ainda em sua real busca da verdade, a voltar-se para as diversas filosofias conflitantes e constatar que todas, inclusive a sua própria, sujeitavam-se a diversas e insolúveis discordâncias, o filósofo que se torna cético talvez julgue possível expressar sua posição de ambas as formas, seja como busca da verdade seja como crítica das filosofias dogmáticas, porque isso espelha sua trajetória filosófica e o caminho trilhado na direção de seu ceticismo. Ao menos, é o que parece resultar daquele relato genérico, abstrato e retrospectivo que, de forma muito densa, nos pareceu implícito naquelas duas passagens das *Hipotiposes*.

***

Para encerrar esta série de especulações e conjecturas, eu gostaria apenas de enfatizar um traço distintivo do retrato filosófico dos céticos, talvez o mais notável: eles parecem ser investigadores que desde o início de sua trajetória, por alguma razão, inclinam-se a ver as filosofias, em suas diversas relações conflituosas, como um tema filosófico, talvez o tema filosófico por excelência, acima mesmo de uma tentativa própria de produção de um *lógos* verdadeiro, um *lógos* do qual eles se sentem capazes de se afastar, julgando-o tão criticamente quanto às doutrinas alheias. Investigar "nas coisas" se transforma em investigar "o que se diz sobre as coisas", como de algum modo se pode ver na distinção fundamental entre "o que aparece" (*tò phainómenon*) e "o que é dito sobre o que aparece" (*perì toû phainoménou legómenon*) (HP I 20), pois é no terreno dos discursos filosóficos dogmáticos, que estabelecem como real o que dizem (HP I 15), que o cético transita, para aplicar sua "capacidade antinômica" (*dýnamis antithetikḗ*) de produção de *isostheneía* e de *epokhé* (HP I 8). Aqui, buscou-se mostrar que essa ideia, que Sexto explora para explicar o que vem a ser o ceticismo, se apresentava, de uma forma muito peculiar, mas indispensável, na descrição do surgimento e da gênese dos céticos e de sua filosofia.

Referências Bibliográficas

ARISTÓTELES.: *Metafísica*. Trad, G. Reale. São Paulo, Loyola, 2002.

BETT, R.: Scepticism and ethics. *The Cambridge Companion to Ancient Scepticism*. R. Bett (ed.). Cambridge, 2010.

BETT, R.: O dilema do pirrônico: o que escrever se não tem nada para dizer. *As consequências do ceticismo*. Waldomiro J. Silva Filho, Plínio J. Smith (orgs.). São Paulo. Alameda, 2012.

BOLZANI FILHO, R.: A *epokhé* cética e seus pressupostos. *Discurso - Revista do Departamento de Filosofia da Usp*, v. 27. São Paulo, 1996. Republicado em *Sképsis*, v. 3-4. Salvador, 2008.

CORTI, L.: Sexto Empírico: ceticismo sem dúvida. *As consequências do ceticismo*. Waldomiro J. Silva Filho, Plínio J, Smith (orgs.) São Paulo. Alameda, 2012.

EVA, L.: O primeiro cético. *O Ceticismo e a possibilidade da filosofia*. Waldomiro J. Silva Filho (org.). Editora Unijuí. Ijuí, 2005.

OLASO, E.: La investigación y la verdad. *Manuscrito*. Campinas. Unicamp. v. VI . n. 2, 1983

OLASO, E.: Zetesis. *Manuscrito*. Campinas. Unicamp, v. XI, n. 2, 1988.

PELLEGRIN, P.: Sextus Empiricus. *The Cambridge Companion to Ancient Scepticism*. R. Bett (ed.). Cambridge, 2010.

PLATÃO: *Sofista*. Trad. H. Murachco, J. Maia Jr. e J. G. Trindade Santos. Lisboa, Calouste Gulbenkian, 2011.

SEXTO EMPÍRICO: *Outlines of Pyrrhonism*. Trad. R. G. Bury. Cambridge, 1976.

O Conceito Cético de "História"

Rodrigo Pinto de Brito

Em sua última obra, *Apologia da história ou o ofício do historiador*, interrompida por seu assassinato pela Gestapo em 1944, acusado de judaísmo, Marc Bloch apresenta-nos o nascimento da vertente da historiografia crítica (capítulo III: A crítica) no seio de uma intelectualidade impactada pela publicação do *Discurso do Método*, de Descartes.

Esta geração, nascida entre 1632 e 1638, abrangendo Mabillon, Spinoza, Louis-Sébastien, Le Nain de Tillemont e Richard Simon, entre outros, não passou incólume diante das dúvidas cartesianas, resultantes, por sua vez, de uma crise pirrônica moderna, para usar terminologia de Richard Popkin (2003).

Na historiografia, o somatório da crise pirrônica com a dúvida cartesiana resultou no advento da "moda intelectual" do "pirronismo da história", movimento que atingiu seu apogeu entre 1680 e 1690, mas que ecoou ao menos até a publicação em 1768 da obra *O pirronismo da história*, de Voltaire.

No hiato de 88 anos entre o ápice do modismo do "pirronismo da história" e a publicação da obra homônima por Voltaire, um conceito dominou o procedimento historiográfico, sua metodologia e sua agenda: a crítica.

Atrelada à dúvida cartesiana, a vertente crítica da história pretendia investigar o que havia de plausível e de implausível nas narrativas, livrando-as de eventuais elementos poéticos e retóricos e de considerações estéticas e morais, pensados como fantasiosos, revelando, assim, a nua veracidade dos fatos, com auxílio da filologia.

Desse modo, o procedimento crítico alvejou por exemplo os milagres, os presságios (como no caso dos cometas de 1680-1681, atacados por Bayle), e as profecias (como no caso dos ataques de Spinoza), todos considerados como meras superstições inverossímeis (ver: BOURDÉ & MARTIN, 2018, pp. 118-119).

Daí as questões que norteiam este texto, a saber: tendo em vista a influência da crise pirrônica sobre a emergência do procedimento crítico na historiografia, 1- haveria de fato uma concepção de história em Sexto Empírico que pode ter auxiliado o surgimento deste procedimento crítico? 2- Se há em Sexto uma concepção de história, qual seria ela?

Tentarei elucidar essas questões através de um estudo do vocabulário sextiano, começando pela segunda questão para a partir dela dirigir-me à primeira.

Pois bem, em Sexto Empírico há nada menos que cinquenta e uma ocorrências de palavras com radical ἱστορ, abrangendo, portanto, tanto as ocorrências de declinações do substantivo ἱστορία, quanto as conjugações do verbo ἱστορέω e o advérbio ἱστορικῶς, num conjunto de 3 blocos de obras: 1- *Esboços Pirrônicos* (dividido em 3 livros); 2- *Contra os Professores* (dividido em 6 livros, a saber: *Contra os Gramáticos*; *Contra os Retóricos*; *Contra os Geômetras*; *Contra os Aritméticos*; *Contra os Astrólogos*; *Contra os Músicos*); 3- *Contra os Dogmáticos* (dividido em 5 livros, a saber: *Contra os Lógicos* I & II; *Contra os Físicos* I & II; *Contra os Éticos*).

Gostaria de convidar a todos a darmos uma olhada em algumas dessas ocorrências, tentando tirar conclusões acerca da pertinência do conceito de *historia* para a conduta cética, permitindo pensar sob novo prisma o velho problema dos seus limites e possiblidades.

Este procedimento se justifica por não haver, em Sexto, uma elucidação clara do conceito de *historia*, de modo que, se desejamos compreender como o filósofo cético entendia o conceito, devemos investigar sobre os modos como ele o utilizava.

Comecemos então por duas ocorrências verbais, ambas em PH I, passos 84 e 152, respectivamente.

Vejamos então PH I, 84:

> E Crisermos, o herofileano, se ingerisse pimenta uma vez, corria risco cardíaco. E Sotérico, o cirurgião, se sentisse cheiro de siluros uma vez, contraia diarreia. E Andrón, o argivo, era tão sem sede que viajou através da seca Líbia sem precisar de qualquer bebida. E Tibério, o César, enxergava no escuro. **Aristóteles conta a história** de um tassiano que supunha que a imagem de um homem sempre o guiava. (PH I, 84. A tradução e os grifos são nossos).[1]

Nesta passagem, Sexto está a disponibilizar diversos **relatos** que exemplificam reações peculiares de determinadas pessoas a determinados estímulos.

A passagem é parte da argumentação sextiana sobre o segundo *tropo*, ou modo, de Enesidemo, que versa sobre as diferenças entre os seres humanos. Assim, então, no primeiro modo, Sexto argumentara longamente que não há razões para haver qualquer privilégio epistêmico recaindo sobre o ser humano em detrimento dos demais animais. Mas, se os dogmáticos insistirem que as percepções dos seres humanos são mais confiáveis do que a dos outros animais, ainda assim entre os humanos há diferenças significativas e suficientes para sermos levados a suspender o juízo quanto ao privilégio epistêmico de um sujeito em detrimento de outro, ou de uma etnia em detrimento de outra. Sexto lança então um argumento médico: é que os seres humanos difeririam segundo a predominância de determinados humores em vez de outros, fazendo variar suas formas e idiossincrasias, donde ser

[1] PH I, 84: "Χρύσερμος δὲ ὁ Ἡροφίλειος εἴ ποτε πέπερι προσηνέγκατο, καρδιακῶς ἐκινδύνευεν. καὶ Σωτήριχος δὲ ὁ χειρουργὸς εἴ ποτε σιλούρων ᾔσθετο κνίσσης, χολέρᾳ ἡλίσκετο. Ἄνδρων δὲ ὁ Ἀργεῖος οὕτως ἄδιψος ἦν ὡς καὶ διὰ τῆς ἀνύδρου Λιβύης ὁδεύειν αὐτὸν μὴ ἐπιζητοῦντα ποτόν. Τιβέριος δὲ ὁ Καῖσαρ ἐν σκότῳ ἑώρα. Ἀριστοτέλης δὲ ἱστορεῖ Θάσιόν τινα ᾧ ἐδόκει ἀνθρώπου εἴδωλον προηγεῖσθαι αὐτοῦ διὰ παντός". (Grifos nossos).

impossível haver apreensões unânimes e estáveis acerca de um mesmo objeto subjacente. Uma pessoa muda de instante a instante, de acordo com seus humores e ambiente circundante, incluindo o ambiente cultural, logo não há nem pode haver homogeneidade fenomênica.

Outro aspecto que eu gostaria de salientar na passagem acima é que nela o sujeito do verbo "historiar" é Aristóteles, sendo ele o relator da história do tal tassiano mal-assombrado. E sabe-se bem que, embora o advento da história remeta-se a Heródoto, foi o estagirita o primeiro a dar ao termo *historia* contornos bem definidos, tratando-o (na Poética, 1451b 1) como discurso que tem por finalidade precípua narrar eventos decorridos no passado, sem preocupar-se com uma eventual unidade de ação, mas com uma possível unidade cronológica. Também em Aristóteles ocorrem os primeiros usos do termo *historikos* (Poética 1451a 36; Retórica 1359b 32), referindo-se a um "pesquisador" ou "investigador" (cf. KOSELLECK, 2013, pp. 45).

Agora, vejamos PH I, 152:

> E opomos os costumes às outras coisas, por exemplo, à convenção, quando dizemos que entre os persas é costume incorrer em sodomia, mas, entre os romanos, praticar isso é proibido por lei; e entre nós, o adultério é proibido, mas, entre os massagetas, é tratado como um costume indiferente, **como Eudóxo de Cnido narra** no primeiro [livro] de Viagens; e entre nós, ter relação sexual com a mãe é proibido, mas entre os persas é costume muito [comum] se casar desse modo. E entre os egípcios, [irmãos] casam com as irmãs, algo entre nós proibido por lei. (PH I, 152. A tradução e os grifos são nossos).[2]

Assim como em PH I, 84, também aqui em PH I, 152 Sexto elenca **relatos** sobre diferentes hábitos de diferentes povos. O contexto da ocorrência do verbo *historeo* ainda é o dos *tropos*, ou modos, de

[2] PH I, 152: "τὸ ἔθος δὲ τοῖς ἄλλοις ἀντιτίθεμεν, οἷον νόμῳ μέν, ὅταν λέγωμεν παρὰ μὲν Πέρσαις ἔθος εἶναι ἀρρενομιξίαις χρῆσθαι, παρὰ δὲ Ῥωμαίοις ἀπαγορεύεσθαι νόμῳ τοῦτο πράττειν, καὶ παρ' ἡμῖν μὲν τὸ μοιχεύειν ἀπειρῆσθαι, παρὰ δὲ Μασσαγέταις <ἐν> ἀδιαφορίας ἔθει παραδεδόσθαι, ὡς Εὔδοξος ὁ Κνίδιος ἱστορεῖ ἐν τῷ πρώτῳ τῆς περιόδου, καὶ παρ› ἡμῖν μὲν ἀπηγορεῦσθαι μητράσι μίγνυσθαι, παρὰ δὲ τοῖς Πέρσαις ἔθος εἶναι μάλιστα οὕτω γαμεῖν. καὶ παρ› Αἰγυπτίοις δὲ τὰς ἀδελφὰς γαμοῦσιν, ὃ παρ› ἡμῖν ἀπείρηται νόμῳ." (Grifos nossos).

Enesidemo. Agora especificamente o décimo modo, que abrange questões éticas e visa suscitar aporias fazendo chocarem-se asserções que, por sua vez, fundamentam condutas, costumes, convenções, crenças míticas e noções dogmáticas, implicando, assim, a suspensão de juízo acerca das próprias ações que são empreendidas tendo por base estas asserções fundamentais. Daí ser importante elencar determinados costumes, que têm determinados fundamentos, mas de plausibilidade e capacidade persuasiva equipolente quando comparados com outros fundamentos para outros costumes. Como corolário, não há como avaliar "bem" e "mal", "certo" e "errado" e julgar uma ação para além do contexto em que ela se dá, pois não há valores morais metafisicamente estabelecidos.

No mesmo sentido vão os passos PH III, 225 – em que se trata de relatar o hábito de comer carne de cão, algo abominável ente gregos, mas não entre Trácios – e em PH III, 232 – em que se trata de comparar hábitos funerários de diferentes povos, agora tendo Heródoto por fonte, entre outros.

Quanto a Heródoto, que não poderia deixar de ser mencionado aqui, embora ele empregue o termo *historia* de modo menos preciso que Aristóteles, sabe-se que é com ele que o termo aparece pela primeira vez com os sentidos de "relato escrito de coisas investigadas" e de "narrativa" (7.96). Então, com sentido herodotiano, *historia* designa o procedimento através do qual constitui-se um relato, como resultado de compilação de dados investigados, amiúde recorrendo ao depoimento de testemunhas dos episódios sobre os quais se deseja saber mais. É assim que, no sentido primordial, a *historia* é uma busca pela causa, *aitia*, ou culpa, em um esforço de descobrir os responsáveis por determinados encadeamentos de fatos.

Condicionando a investigação da *historia* às testemunhas oculares de eventos passados, também condiciona-se ela à uma temporalidade restrita de não muitas gerações passadas. A investigação é cronologicamente restrita, mas por uma restrição metodológica acarretada pela própria semântica do termo, que versa sobre objetos ou eventos empiricamente observáveis e não abstratos. Ou seja, em um sentido herodotiano, a *historia* não poderia abarcar objetos muito amplos, espaçados tanto no tempo quanto em gênero. Donde a investigação focar em recortes geográficos e temporais precisos. Contudo, não obstante a precisão dos recortes, o interesse etiológico de Heródoto em relação a um evento que parece multicausal, a guerra entre gregos e bárbaros, faz com que sua narrativa ganhe nuances que ora nos parecem etnológicas, ora geográficas, ora tal que as chamaríamos de propriamente históricas (cf. KOSELLECK, 2013, pp. 42-43).

De fato, devemos ter em mente que, em Heródoto, a preferência para se referir ao elemento narrativo da *historia* recai sobre o vocábulo *logos*, denotando discurso e prosa (cf. 1.1.1).

Voltando à PH I 84, PH I 152, PH III 225, PH III 232, se essas passagens nos fornecem exemplos de empregos de formas verbais e nominais de *historia* relacionadas ao fornecimento de **relatos** de um cunho que chamaríamos, não sem anacronismos, de "antropológico" ou de "etnográfico", por outro lado, o mesmo não pode ser dito com relação a passagens como Adv. Log. I, 141 (= M VII, 141): " **Tal, então, foi o relato [feito] pelos antigos acerca do critério de verdade**. Prossigamos aos que vieram após os físicos"[3] (grifos e tradução nossos).

O contexto aqui é o da discussão sobre o critério e a dificuldade de determiná-lo inequivocamente, caso haja algum critério. A análise, que começa com os "que vieram após os físicos", diz respeito inicialmente a Platão e dirige-se ao seu *Timeu*. Após, dirige-se a alguns dos seus sucessores na liderança da Academia: Espeusipo, Xenócrates e Arcesilao e Carnéades a seguir, finalizando em Adv. Log. I, 190 (= M VII, 190):

> **Mas, tendo oferecido um relato dos Acadêmicos desde Platão**, não é estranho nos voltarmos para a posição dos Cirenaicos; pois pensam os homens que esta escola surgiu a partir do ensino de Sócrates, a partir do qual também

[3] Adv. Log. I, 141: " Ἡ μὲν οὖν τῶν παλαιῶν περὶ τοῦ κριτηρίου τῆς ἀληθείας ἱστορία τοιαύτη τις ἦν· ἁπτώμεθα δὲ ἑξῆς καὶ τῶν μετὰ τοὺς φυσικοὺς αἱρέσεων". Grifos nossos.

surgira o círculo de Platão e seus sucessores. (Grifos e tradução nossos).[4]

Assim, por estes exemplos podemos perceber que Sexto estava apto a empregar o termo *historia* tanto para oferecer relatos "etnográficos" e "antropológicos", na esteira de Heródoto, como também de cunho filosófico, na esteira de Aristóteles, na *Metafísica* e na *Física*, por exemplo.

É que, para Sexto, de fato, todo o conteúdo de Adv. Log. I, em que são colocadas em aporia as diferentes definições de "critério de verdade", é uma investigação histórica (Adv. Log. II, 1 = M VIII, 1):

> Nas notas/memorando que acabamos de finalizar, abordamos aporeticamente os argumentos usualmente lançados pelos céticos para destruir o critério de verdade. **Tendo ainda oferecido o relato traçado desde os primeiros físicos até os mais novos**, prometemos, além disso tudo, falar sobre a própria verdade, separadamente. (Os grifos e a tradução são nossos).[5]

Então, tendo em vista a passagem acima, podemos perceber que, para Sexto, todo o relato das doutrinas sobre o critério oferecido, em *Adv. Log.* I configura-se como uma longa história de posições sobre o problema da definição do conceito de critério. Trata-se, assim, de uma historiografia filosófica.

Mas, além disso, o relato histórico é disposto na forma de uma espécie de "memorando" (ὑπόμνημα, ocorrendo na passagem acima no genitivo singular neutro) e com o objetivo de demonstrar aporias. Portanto, podemos supor que os *hypomnemata*

---

[4] Adv. Log. I, 190: "Ἀλλὰ καὶ τῆς Ἀκαδημαϊκῆς ἱστορίας ἄνωθεν ἀπὸ Πλάτωνος ἀποδοθείσης, οὐκ ἔστιν ἀλλότριόν που καὶ τὴν τῶν Κυρηναϊκῶν στάσιν ἐπελθεῖν· δοκεῖ γὰρ καὶ τῶν ἀνδρῶν τούτων ἡ αἵρεσις ἀπὸ τῆς Σωκράτους ἀνεσχηκέναι διατριβῆς, ἀφ' ἧσπερ ἀνέσχε καὶ ἡ τῶν περὶ Πλάτωνα διαδοχή". Grifos nossos.

[5] Adv. Log. II, 1: Ὅσα μὲν ἀπορητικῶς εἴωθε λέγεσθαι παρὰ τοῖς σκεπτικοῖς εἰς ἀναίρεσιν τοῦ κριτηρίου τῆς ἀληθείας, διὰ τοῦ προανυσθέντος ἡμῖν ὑπομνήματος ἐπεληλύθαμεν· συναποδόντες δὲ αὐτοῖς καὶ τὴν ἄνωθεν ἀπὸ τῶν φυσικῶν μέχρι τῶν νεωτέρων καταγομένην ἱστορίαν, τοὐπὶ πᾶσιν ὑπεσχόμεθα καὶ περὶ αὐτοῦ κατ› ἰδίαν ἐρεῖν τοῦ ἀληθοῦς". Grifos nossos.

fossem cadernos de anotações, contendo notas de estudos que proporcionavam fontes para a escrita cética da história, seja em âmbito "etnográfico", como "antropológico" ou filosófico. Este procedimento é descrito por Galeno, *De sectis*, 1.66.1- 67.15 e explicitamente relacionado à concepção de Medicina da Escola Empirista:

> (1.66.1) Os Empiristas dizem que a arte é organizada do seguinte modo: uma vez observou-se que muitas das afecções humanas se dão espontaneamente, tanto nos doentes quanto nos saudáveis, como o sangramento (1.66.5) nasal ou a sudorese, a diarreia ou coisas assim, trazendo dano ou vantagem, de modo algum tendo uma causa produtiva perceptível. Quanto às outras [afecções], a causa é manifesta, não advindo por escolha nossa, mas por acaso, como quando ocorre de o sangue fluir, tendo alguém caído ou sido golpeado, ou (1.66.10) ferido de algum outro modo; e quando, na doença, [alguém] bebeu água fria, vinho ou outra coisa assim, satisfazendo seu apetite, cada um destes terminando em benefício ou dano; [então] ao primeiro tipo de coisa benéfica ou danosa chamaram de natural, ao segundo de casual;
> (1.66.15) mas, em ambos os casos, chama-se de incidente a primeira visão [das coisas benéficas ou danosas], dando esse nome por algo incidir sobre as circunstâncias involuntariamente. Tal então é o tipo de experiência incidental. Mas há a improvisada, quando (1.67.1) deliberadamente se experimenta algo, ou compelido por sonhos ou por quaisquer outras suposições. E há um terceiro tipo de experiência, a imitativa, quando algo benéfico ou danoso, tanto naturalmente quanto casualmente ou (1.67.5) improvisadamente, é experimentado recursivamente nas mesmas afecções. E é principalmente deste [tipo] que se constituiu sua arte; pois tendo imitado, não somente duas ou três, mas muitas vezes o que causou benefício anteriormente, em seguida descobriram que, na maioria dos casos, (1.67.10) o produto era o mesmo nas mesmas afecções – e a tal rememoração chamaram de teorema, já considerada confiável e parte da arte. Assim, tendo eles coletado muitos desses teoremas, a totalidade da coletânea é a medicina, e o coletor, o médico. Tal coletânea foi chamada por eles de "autópsia", sendo um tipo de rememoração (1.67.15) do que foi visto muitas vezes e do mesmo modo. **Mas também chamaram essa mesma coisa de experiência, e a sua divulgação**

> **de história; pois para o observador [a rememoração] é autópsia, por outro lado, é história para quem aprende o que foi observado.** (Grifos nossos, tradução nossa e de MATSUI, 2022).[6]

Agora, a escrita cética da história, por sua vez, submete-se uma agenda específica, a *skeptike agoge*, ou conduta cética[7]. Assim, é a partir da investigação/*historia* das doutrinas dos dogmáticos que se fazem as críticas a aspectos dessas doutrinas (Adv. Log. II, 14 = M VIII, 14):

> **Tendo, portanto, oferecido relatos desses principais tópicos**, partiremos para as aporias específicas, algumas delas manejadas mais geralmente contra todas as posições expostas, outras mais especificamente contra cada uma. (Grifos e tradução nossos).[8]

---

[6] De sectis, 1.66.1- 67.15: "(1.66.1) Συστήσασθαι δὲ τὴν τέχνην οἱ μὲν ἐμπειρικοὶ τόνδε τὸν τρόπον φασίν. ἐπειδὴ πολλὰ τοῖς ἀνθρώποις ἑώρων πάθη τὰ μὲν ἀπὸ ταὐτομάτου γιγνόμενα νοσοῦσί τε καὶ ὑγιαίνουσιν, οἷον αἵματος ῥύσιν (1.66.5) ἐκ ῥινῶν ἢ ἱδρῶτας ἢ διαρροίας ἤ τι τοιοῦτον ἄλλο βλάβην ἢ ὠφέλειαν φέρον, οὐ μὴν τό γε ποιῆσαν αἴτιον αἰσθητὸν ἔχον, ἕτερα δ' ὧν τὸ μὲν αἴτιον ἐφαίνετ', οὐ μὴν ἐκ προαιρέσεως ἡμετέρας ἀλλὰ κατά τινα συντυχίαν, οἷον συνέβη πεσόντος τινὸς ἢ πληγέντος ἢ (1.66.10) ἄλλως πως τρωθέντος αἷμα ῥυῆναι καὶ πιεῖν ἐν νόσῳ χαρισάμενον τῇ ἐπιθυμίᾳ ψυχρὸν ὕδωρ ἢ οἶνον ἤ τι τοιοῦτον ἄλλο, ὧν ἕκαστον εἰς ὠφέλειαν ἢ βλάβην ἐτελεύτα, τὸ μὲν [οὖν] πρότερον εἶδος τῶν ὠφελούντων ἢ βλαπτόντων ἐκάλουν φυσικόν, τὸ δὲ δεύτερον τυχικόν· (1.66.15) ἑκατέρου δ' αὐτῶν τὴν πρώτην θέαν περίπτωσιν ὠνόμαζον ἀπὸ τοῦ περιπίπτειν ἀβουλήτως τοῖς πράγμασι τοὔνομα θέμενοι. τὸ μὲν οὖν περιπτωτικὸν εἶδος τῆς ἐμπειρίας τοιόνδε τί ἐστι, τὸ δ' αὐτοσχέδιον, ὅταν (1.67.1) ἑκόντες ἐπὶ τὸ πειράζειν ἀφίκωνται ἢ ὑπ' ὀνειράτων προτραπέντες ἢ ἄλλως πως δοξάζοντες. ἀλλὰ καὶ τρίτον τῆς ἐμπειρίας εἶδός ἐστι τὸ μιμητικόν, ὅταν τῶν ὠφελησάντων ἢ βλαψάντων ὁτιοῦν ἢ φύσει ἢ τύχῃ ἢ (1.67.5) αὐτοσχεδίως ἐπὶ τῶν αὐτῶν παθῶν αὖθις εἰς πεῖραν ἄγηται, καὶ τοῦτ' ἐστὶ τὸ μάλιστα τὴν τέχνην αὐτῶν συστησάμενον· οὐ γὰρ δὶς μόνον ἢ τρὶς ἀλλὰ καὶ πλειστάκις μιμησάμενοι τὸ πρόσθεν ὠφελῆσαν, εἶτ› ἐπὶ τῶν αὐτῶν παθῶν τὸ αὐτὸ ποιοῦν εὑρίσκοντες ὡς ἐπὶ τὸ (1.67.10) πολὺ τὴν τοιαύτην μνήμην θεώρημα καλέσαντες ἤδη πιστὸν ἡγοῦνται καὶ μέρος τῆς τέχνης. ὡς δὲ πολλὰ θεωρήματα τοιαῦτ› ἠθροίζετ› αὐτοῖς, ἰατρικὴ μὲν ἦν τὸ σύμπαν ἄθροισμα καὶ ὁ ἀθροίσας ἰατρός. ἐκλήθη δ' ὑπ' αὐτῶν αὐτοψία τὸ τοιοῦτον ἄθροισμα, μνήμη τις (1.67.15) οὖσα τῶν πολλάκις καὶ ὡσαύτως ὀφθέντων. ὠνόμαζον δ› αὐτὸ τοῦτο καὶ ἐμπειρίαν, ἱστορίαν δὲ τὴν ἐπαγγελίαν αὐτοῦ· τὸ γὰρ αὐτὸ τοῦτο τῷ μὲν τηρήσαντι αὐτοψία, τῷ δὲ μαθόντι τὸ τετηρημένον ἱστορία ἐστίν". Grifos nossos.

[7] Cf. *Adv. Gram.* 6 (= MI, 6).

[8] Adv. Log. II, 14: "Διόπερ καὶ τῆς κατὰ τοῦτον τὸν τόπον ἱστορίας ὡς ἐν κεφαλαίοις ἀποδοθείσης χωρῶμεν ἐπὶ τὰς κατὰ μέρος ἀπορίας, ὧν αἱ μὲν κοινότερον χειρισθήσονται πρὸς πάσας τὰς ἐκκειμένας στάσεις, αἱ δ› ἰδιαίτερον πρὸς ἑκάστην". Grifos nossos.

Podemos, então, reconstruir a polissemia do conceito de *historia* em Sexto como ora abrangendo "narrativa ou relato étnográfico e antropológico" (como em Heródoto), ora abrangendo "narrativa ou relato de doutrinas, posições e sistemas filosóficos" (como em Aristóteles). Bem como "anotações compiladas na forma de tópicos" (conforme atestado por Galeno acerca do procedimento dos médicos empíricos). Mas, um aspecto digno de nota aqui é que em Sexto a *historia* serve de manancial crítico a partir do qual geram-se as críticas às filosofias, levando à suspensão de juízo e à postura não dogmática, que redundam em um tipo de discurso não-constatativo ou não-assertórico ou não-declarativo, em suma, não *apophantikos.* Como podemos ver em PH I, 4:

> Daí suporem ser razoável que as principais filosofias sejam três: a dogmática, a Acadêmica e a cética. Então, sobre as outras, será apropriado que os outros argumentem. Nós, no presente momento, em um esboço, falaremos sobre a conduta cética. Declaremos antes que, quanto ao que será falado, não asseriremos nada sobre se [as coisas] são exatamente como falamos, porém, quanto a cada [coisa], anunciamos como nos aparece agora, assim **como** [faz] **um historiador**. (Os grifos e a tradução são nossos).[9]

Assim, muito diferentemente das concepções de *historia* de Heródoto e de Aristóteles, a concepção sextiana não pretende-se como um relato fidedigno acerca da verdade ou falsidade de eventos, pois o cético não busca uma relação de espelhamento entre o discurso e o estado de coisas por ele narrado[10]. Em vez disso, o espelhamento que ocorre na instância discursiva cética é entre o discurso e a afecção por ele narrada, e nesse sentido a concepção sextiana de *historia* aproxima-se mais daquela dos médicos empíricos.

[9] PH I, 4: "ὅθεν εὐλόγως δοκοῦσιν αἱ ἀνωτάτω φιλοσοφίαι τρεῖς εἶναι, δογματικὴ Ἀκαδημαϊκὴ σκεπτική. περὶ μὲν οὖν τῶν ἄλλων ἑτέροις ἁρμόσει λέγειν, περὶ δὲ τῆς σκεπτικῆς ἀγωγῆς ὑποτυπωτικῶς ἐπὶ τοῦ παρόντος ἡμεῖς ἐροῦμεν, ἐκεῖνο προειπόντες, ὅτι περὶ οὐδενὸς τῶν λεχθησομένων διαβεβαιούμεθα ὡς οὕτως ἔχοντος πάντως καθάπερ λέγομεν, ἀλλὰ κατὰ τὸ νῦν φαινόμενον ἡμῖν ἱστορικῶς ἀπαγγέλλομεν περὶ ἑκάστου". Grifos nossos.

[10] Cf. BRITO, 2022.

Portanto, se há uma espécie de continuidade entre o procedimento crítico dos historiadores do "pirronismo da história" e a conduta cética sextiana, ela diz respeito ao modo como os relatos são submetidos a uma agenda cética. Mas a agenda do Pirronismo antigo é diferente da dos intelectuais modernos, pois aos antigos não importava verificar nos relatos o que havia de verdadeiro ou falso, antes, não obstante sua verdade ou falsidade, eles serviam como ferramenta para levar o investigador a um estado suspensivo e à consequente ataraxia.

Por outro lado, para os Modernos, o ceticismo, na sua versão crítica e dubitativa, era já um ponto de partida que condicionava o olhar do investigador para uma interpretação das fontes históricas, julgando o que nelas era verdadeiro e separando do que seria falso.

Referências

ARISTÓTELES. *Poética.* PINHEIRO, P. *(trad.).* São Paulo: Editora 34, 2015.

ARISTÓTELES. *Retórica.* MESQUITA, A. P. (*org.*). São Paulo: WMF Martins Fontes, 2012.

ARISTÓTELES. *Metafísica.* In: *Aristotle in 23 Volumes*, Vols.17, 18. TREDENNICK, H. (*trad.).* Cambridge: HUP: 1933, 1989.

BLOCH, M. *Apologia da história: Ou o ofício do historiador.* Rio de Janeiro: Zahar, 2002.

BOURDÉ, G.; MARTIN, H. *As escolas históricas.* Belo Horizonte: Autêntica, 2018.

BRITO, R. P. *The Skeptical Dynamis and its Pragmatic Possibilities.* Amsterdã: Springer, 2022.

GALENO. *Sobre as escolas de medicina para os iniciantes.* BRITO, R. P; MATSUI, S. (*trads.*). São Paulo: EdUNESP, 2022.

HERÓDOTO. *Histories.* GODLEY, A. D. (*trad.*). Cambridge: HUP, 1920.

KOSELLECK, R. et alii. *O conceito de história.* Belo Horizonte: Autêntica, 2013.

POPKIN, R. *The History of Scepticism: From Savonarola to Bayle.* Oxford: OUP, 2003.

SEXTO EMPÍRICO. *Contra os retóricos.* BRITO, R. P.; HUGUENIN, R. (*trads.)*. São Paulo: EdUNESP, 2013.

SEXTO EMPÍRICO. (2015). *Contra os gramáticos*. BRITO, R. P.; HUGUENIN, R. (*trads.*). São Paulo: EdUNESP, 2015.

SEXTO EMPÍRICO. *Contra os astrólogos*. BRITO, R. P.; HUGUENIN, R. (*trans.*). São Paulo: EdUNESP, 2019.

SEXTO EMPÍRICO. *Complete Works of*, 4 vols. BURY, R. G. (*trad.*). In: *Loeb Classical Library.* Cambridge: HUP, 2006.

SEXTO EMPÍRICO. *Outlines of Scepticism*. ANNAS, J.; BARNES, J. (*eds.*) Cambridge: CUP, 2000.

SEXTO EMPÍRICO. *Against the Ethicists.* BETT, R. (*trad.*). Oxford: Clarendon Press, 1997.

SEXTO EMPÍRICO. *Against the Physicists.* BETT, R. (*trad.*). Cambridge: CUP, 2012.

SEXTO EMPÍRICO. *Against Those in the Disciplines.* BETT, R. (*trad.*). Oxford: OUP, 2018.

SEXTO EMPÍRICO. *Against the Logicians.* BETT, R. (*trad.*). Cambridge: CUP, 2005.

SEXTO EMPÍRICO. *Against the Grammarians.* BLANK, D. L. (*trad.*). Oxford: Clarendon Press, 1998.

VOLTAIRE. *O pirronismo da história*. São Paulo: Martins Fontes, 2007.

Pirronismo Radical e Política

Vítor Hirschbruch Schvartz

1. Introdução

Pensar a vida prática de um filósofo cético não é tarefa fácil, e historicamente o ceticismo como escola filosófica sempre teve que enfrentar objeções que diziam respeito à viabilidade de agir mantendo-se fiel aos princípios do ceticismo. Quando abordamos a possibilidade de uma ação política por parte do cético, tal assunto se complexifica, já que estamos tratando de decisões complexas e ações fundamentadas para muito além das percepções ou dos instintos. Por isso, para começarmos a examinar como seria possível a ação política por parte de um filósofo pirrônico, é importante deixar claro qual a figura pirrônica aqui imaginada. O debate acadêmico acerca da interpretação do Pirronismo Antigo tem sido, nas últimas décadas, um dos assuntos mais estimulantes tanto nos estudos de História da Filosofia quanto nos de Epistemologia. Desde o artigo de Michael Frede "As crenças do cético", de 1979, as mais diversas posições têm sido apresentadas sobre se o cético antigo possui ou não crenças (ceticismos urbano e rústico, respectivamente), e se uma vida sem crenças é ou não possível de ser vivida.

Mas em grande reviravolta e exercendo grande influência na exegese do ceticismo, Myles Burnyeat, ainda na década dos anos oitenta, questionou a interpretação fredeana, para quem o cético teria diversas crenças e o que mudaria seria apenas sua atitude em relação a elas, apresentando uma interpretação da obra de Sexto Empírico onde o ceticismo rústico predominaria: o cético alegaria não possuir crença alguma, o que dificultaria a possibilidade de se viver essa filosofia.

O debate exegético tem sido, nas décadas mais recentes, incrementado pelo fato de que o ceticismo tem sido adotado por filósofos contemporâneos como uma descrição de suas posições e afiliações, num interessante movimento de renascimento do pirronismo grego como inspirador de posturas filosóficas contemporâneas. Como é natural, as mesmas objeções levantadas na Antiguidade contra o Pirronismo sintetizado por Sexto Empírico são resgatadas na oposição a esses céticos contemporâneos.

Nos últimos anos tenho defendido a coerência de uma interpretação rústica do pirronismo de Sexto Empírico que poderia, eventualmente, inspirar a adoção dessa postura filosófica por um contemporâneo. A afirmação cética de que segue aquilo que aparece (*tò phainómenon*) sem opinião me parece plenamente conciliável com uma vivência do cético em comunidade e inserido no debate político.

A influência secular do ceticismo sintetizado na Antiguidade por Sexto Empírico também motivou o interesse pela relação entre essa peculiar escola filosófica e a política. O fato dela ter florescido durante o Helenismo, um período marcado pela presença da Pólis e pela ascensão de Impérios, tem sido usado para justificar a escassez de referências que Sexto faz a temas políticos. De outro lado, a influência do ceticismo pirrônico no surgimento do pensamento moderno (bem documentada por Richard Popkin) e na querela entre protestantes e católicos por ocasião da Reforma, tem motivado interpretações que associariam o ceticismo a uma espécie de conservadorismo político, através da recusa que ele proporcionaria da confiança no uso da razão como norteadora tanto de reformas religiosas quanto de revoluções sociais.

Algumas dessas opiniões exegéticas e filosóficas sobre o ceticismo e sobre sua relação com a vida prática em geral, e com a

Política em especial, serão abordadas neste artigo. Entretanto, o método aqui utilizado será, a partir de uma exposição do que eu penso ser o ceticismo radical e rústico presente na obra de Sexto Empírico, refletir sobre a vida prática e política do ponto de vista cético, isto é, imaginar como seria possível discorrer sobre política mantendo-se fiel aos princípios antidogmáticos a nós legados pelo Pirronismo Grego.

O presente trabalho possui um caráter ousado e ensaístico – em que pesem as limitações da Academia para tal tipo de escrita, a pretensão aqui é apresentar um ceticismo radical *em movimento*: debatendo com classicistas e historiadores, de um lado, mas arriscando uma reflexão cética sobre a possibilidade de um pensamento político cético, de outro, de modo a exemplificar o que eu penso ser o alcance e o escopo da vida prática do pirrônico, orientada pelos "fenômenos" (*phainómena*).

Michael Frede, que inspirou leituras do ceticismo grego como as de Fogelin e Porchat que enfrentam menos problemas do que um ceticismo radicalmente rústico na explicitação da vida prática de um filósofo cético, termina seu famoso artigo mencionando o curioso Tratado de Artilharia de Heron. Ao que tudo indica, inspirado pela discussão tipicamente cética de antinomias e suas consequentes suspensões de juízo[1], curiosamente o autor anônimo do Tratado de Artilharia inicia seu texto com a ressalva de que pessoalmente pensa ser interminável a busca pela verdade e sabedoria no intuito de se encontrar a imperturbabilidade (a *ataraxía* almejada pelas escolas filosóficas da Antiguidade). É a *diaphonía anepíkritos* de que fala Sexto, a controvérsia interminável que leva os céticos a uma filosofia de suspensão do juízo sobre tudo, já que não se consegue obter verdade alguma. O autor desconhecido do

[1] *These are the introductory sentences to Hero's treatise on artillery. "The largest and most important part of philosophical activity is that which is devoted to peace of mind. Those who want to attain wisdom have carried out and, indeed, carry out to this very day a large number of investigations concerned with peace of mind. In fact, I believe that theoretical inquiry about this will never end. In the meantime, however, mechanics has progressed beyond the theoretical study of peace of mind, and it has taught all men, how, with the help of part of it—a very small part indeed—to live with peace of mind, I mean the part concerned with artillery."* (Hero's Belopoiika ed. by H. Diels and Schramm; Abh. Preuss. Akad. d. Wiss.,Berlin, 1918 in FREDE: 1979).

Tratado, ironicamente, após afirmar que tal investigação teórica nunca vai acabar, diz que os progressos da Mecânica ultrapassaram esse estudo teórico de maneira a permitirem, pelo menos no que concerne à Artilharia, viver em tranquilidade.

Porchat, o maior cético brasileiro, se entusiasmava com a citação de Frede. Penso que ele via nela, em consonância com uma tendência que acompanhou diferentes fases de sua filosofia, uma ironia acerca da infindável investigação filosófica e uma ode à primazia da vida comum sobre a teoria filosófica: enquanto, por séculos, os filósofos não se mostraram capazes de concordar sobre uma verdade sequer, nas Ciências Militares a coisa vai muito bem e obrigado. A tranquilidade da alma propiciada pela artilharia, referida pela passagem do Tratado, estaria na paz que nos dá estudar um assunto onde não haja controvérsia, ou ainda na capacidade destruidora dos resultados desse mesmo estudo, levando o inimigo à paz eterna.

Não sei se o sentido que dava Porchat à passagem era fiel à intenção de Frede ao citá-lo, ainda que, por empatia mútua, ambos parecem ter sido *kindred spirits*[2]. A leitura dos trabalhos de Frede sobre o ceticismo antigo teria ajudado Porchat na sua construção de uma postura filosófica neopirrônica, a partir de "Sobre o que Aparece" (1993). Talvez, para Frede, a passagem de Heron, antes de ser propriamente uma defesa da vida comum perante as inadequações dos filósofos, seja apenas para mostrar como alguém pode ter influência do ceticismo em suas reflexões filosóficas sem abandonar o uso da razão na vida prática e científica, na qual ela daria frutos. Desconfia-se da razão filosófica e teórica sem, contudo, desprezá-la.

Seria o autor desconhecido do Tratado de Artilharia um militar cético? Ou ainda apenas alguém que tenha tido influência da enorme diversidade de filosofias da Grécia, sem ter-se convertido a alguma escola? Não sei. Mas eu sou um militar, ex-cadete-aviador da Força Aérea Brasileira e oficial da reserva não-remunerada

[2] Em tradução: "espíritos afins", para citar uma expressão que Burnyeat gostava referindo-se a Sexto e Moore. Tendo sido colegas de pós-doutorado em Berkeley em 1970, Porchat contava que, em seminário sobre Aristóteles liderado por Benson Mates, ambos costumavam concordar nas observações e interpretações.

da Marinha do Brasil, instrutor e recordista de tiro das Forças Armadas. Por que isso é relevante para nossa reflexão de agora? Um discurso filosófico não-dogmático deve ser confessional, de modo que me apresento ao leitor. Mas não o faço só por isso: o que pretendo aqui, após apresentar minha interpretação do ceticismo de Sexto Empírico, é tentar oferecer um arcabouço conceitual, de maneira ensaística e com exemplos, para mostrar a possibilidade de se refletir sobre Política em consonância com o que eu acredito serem os princípios norteadores de uma filosofia radicalmente cética, inspirada no pirronismo grego.

Para Frede e Porchat, o autor desconhecido do Tratado de Artilharia, batizado de Heron no Séc. XI, sabia separar as aporias insuperáveis da Filosofia de sua atividade prática de engenheiro militar. Mas qual o lugar da ressalva do início da obra? Por que a necessidade de mencionar o insucesso das escolas filosóficas em encontrar o conhecimento e a *ataraxía*? Diferentemente do que tradicionalmente se entendeu pelo sentido dessa passagem, tenho duas hipóteses: ou nosso artilheiro filósofo entende que, numa pequena área da "mecânica", a artilharia, conseguiu-se encontrar a verdade e no restante das ciências e teorias permanecemos na ignorância, ou por bem ele não encontrou verdade alguma, permanece cético, mas escolheu discorrer sobre um tema não-controverso, mas sobre o qual também não se teria pretensão à verdade de qualquer proposição: uma arte militar.

As ciências militares, como o tiro ou a artilharia em geral, poderiam ser encaradas por um cético contemporâneo como uma das artes *(tékhnai)* aceitáveis até pelos pirrônicos mais radicais sem medo de se incorrer em qualquer dogmatismo. O pressionamento do gatilho em uma arma de fogo deve exercer força paralela ao cano, pois qualquer força perpendicular afetará o vetor do projétil, exercendo forças laterais e diminuindo a precisão do tiro: qualquer atirador profissional sabe disso.

Para uma longa tradição, contudo, saber disso implica em ter uma crença (o que é bastante razoável). De fato, no uso diário da linguagem, as pessoas pautam sua ação de acordo com suas crenças, isto é, com o que consideram verdadeiro.

2. Ponto de partida interpretativo

Antes de enveredarmos pelo confronto da figura de um filósofo cético, aquele que tudo examina retendo seu assentimento, com a inexorabilidade de uma vida política, é preciso apresentar, em linhas gerais, com qual tipo de ceticismo estamos lidando. Certamente não há apenas um e, mesmo sendo essa ou aquela minha interpretação do sentido da filosofia pirrônica sextiana, diferentes linhas interpretativas gozam de igual ou maior aceitação do que as do tipo que defendo. Com efeito, é inteiramente possível que haja ceticismos pirrônicos diferentes, mesmo no interior da obra de Sexto Empírico. Torna-se necessário, entretanto, expor minha leitura de sua obra para que o leitor compreenda qual figura cética estou confrontando com a necessidade ou com a possibilidade de uma vida prática política.

Em textos recentes, venho defendendo uma interpretação segundo a qual o pirronismo de Sexto Empírico seria de uma vertente bastante radical, afrontador de qualquer crença, seguindo uma orientação "efética" de uma suspensão total do juízo sem, contudo, negar a vida, pois, e isto é sabido, o cético tem um critério de ação, uma maneira de viver: seguir aquilo que aparece, o *phainómenon*. Esse fenomenismo cético é a chave para a compreensão de uma filosofia pirrônica "positiva".

Recapitulando o que eu venho defendendo nos meus textos publicados até hoje, creio haver, no pirronismo grego, o que eu chamo, inspirado em algumas passagens de Sexto Empírico, de uma "obediência cética ao fenômeno". Como é sabido, o *phainómenon* é o critério de ação do cético grego, é o que sobra após a radical suspensão do juízo sobre tudo, mas sua interpretação ainda é motivo de controvérsia. Uma maneira de entender a adesão cética aos *phainómena* é encontrar nela uma forma de crença que estaria permitida ao pirrônico. Em HP I, 229-230, encontramos Sexto Empírico comparando sua filosofia com a filosofia da Nova Academia e dizendo que ambas dizem acreditar (*peíthestai*) em algumas coisas, mas que, no caso do pirronismo, trata-se de um acreditar sem inclinação ou propensão forte, como se diz do acreditar o menino em seu tutor. Mas o verbo grego "*peíthesthai*" tem vários sentidos, como o de fiar-se e também o de obedecer, e talvez tenha sido tão somente esse amplo escopo semântico que tenha permitido aquela comparação com o ceticismo acadêmico a partir desse verbo. Embora de fato Sexto esteja afirmando, nessa passagem, que o cético acredita em algumas coisas, penso que se fôssemos tentar abstrair daí uma noção pirrônica de crença cairíamos em uma espécie de "obedecer" cético, dada a metáfora da criança perante o seu pedagogo. Essa curiosa espécie de crença cética ocorreria apenas naquilo que se impõe, como um adulto sobre uma criança muito jovem, daí a insistência de Sexto em definir o fenômeno como *azétetos*, isto é, impossível de ser investigado ou questionado – ao que poderia se concluir que o cético questiona tudo quanto possível de ser examinado.

O que faz o cético sextiano é, ao meu ver, uma eleição do *phainómenon* como critério de ação, perante a necessidade de um critério que fosse apenas de ação e não de verossimilhança (ao contrário do caso da filosofia da Nova Academia), ou de escolha propriamente dita.

Ele escolhe obedecer, a maneira de uma criança, aos fenômenos, sem inclinação – no que se pode supor que, para Sexto, nos dogmatismos e no ceticismo acadêmico, haveria inclinações e propensões das quais o cético estaria livre. Boa parte do rico livro I das *Hipotiposes* dá a impressão de ter sido escrita visando a objeções e equívocos na compreensão da postura cética, especialmente acerca dos motivos que poderia ter o cético para realizar uma ação e não outra, mas a adesão cética aos *phainómena* tem claramente um caráter frio, é pouco comprometida, desprovida de inclinação. Em consonância com a mitigação do verbo *peíthesthai*, ao minimizar a forma pela qual o cético pode acreditar, a maneira de uma criança, em algumas coisas, há textos nos quais a eleição do que aparece, do fenômeno, como critério de ação, está acompanhada pela justificativa de que os céticos "não podem permanecer inativos" (cf. HP I, 23, 226-227 e AM VII, 29-30). Importante notar que não se trata aqui de reduzir o critério de ação cético a meras aparências ou a qualquer tipo de falibilismo: a decisão do cético de obedecer aquilo que aparece não se dá apenas porque o *phainómenon* é o *pouco* que sobra após a investigação cética. Ao contrário, é justamente pelo fato de os discursos da filosofia especulativa serem tão fortes quanto as coisas que nos aparecem da forma mais nítida e impositiva (e que, portanto, se impõem a nós), que eles são capazes de quase arrebatá-las (HP I, 20), exigindo uma eleição dos fenômenos como critério unicamente de ação e de mais nada. A força do que aparece é rivalizada pela força dos argumentos céticos e dogmáticos contra o que aparece, e somente nessa disputa é que o cético, em suspensão total do juízo, decide agir com base no fenômeno. Para entender melhor tal perspectiva sobre o fenomenismo cético, é necessário explorar mais a fundo o impacto filosófico que os fenômenos têm na prática cética.

Do ponto de vista da persuasão, aquilo que aparece não é capaz de formar no cético qualquer dogma, pois nada estabelece, como nada estabelecem também aqueles sofisticados discursos de várias doutrinas filosóficas que questionam tudo quanto aparece, já que estão também em conflito entre si; a própria definição que Sexto dá sobre a prática cética de opor a todo discurso um discurso igual nos lembra que tal oposição se refere à credibilidade ou incredibilidade dos discursos opostos (*katà pístin* è *apistían*) (HP I, 202). Aliás, também a explicação de *epékho*, isto é, a comumente pronunciada frase cética "eu suspendo o juízo", é, segundo Sexto, "eu sou incapaz de dizer em qual das alternativas propostas devo acreditar e em qual não devo acreditar" (HP I, 196).

As curiosas observações sextianas sobre a força e a sutileza dos discursos dogmáticos, que foram por vezes interpretadas como uma versão *avant la lettre* da crítica ao discurso metafísico, característica da moderna filosofia da linguagem, a moda do neopirronismo porchatiano, devem, ao meu ver, ser compreendidas dentro do contexto de um filósofo grego que é sincera e enormemente impactado pelas teses de filósofos dogmáticos, de Parmênides a Crisipo, de Heráclito a Epicuro e, por que não, a Kant, Hegel e Heidegger, se a cronologia assim tivesse permitido.

É somente assim que, chegando depois à suspensão do juízo, o cético se sente confortável em ironizar os dogmas, chamando-nos de "ídolos" (*eídola*) e de "ficções" (HP II, 222; HP III, 156; AM VIII, 156-7, por exemplo). É somente contemplando a enorme força de persuasão das filosofias em conflito e não tendo como decidir entre as mais persuasivas, também não podendo as aceitar todas ao mesmo tempo, que ele descreve seus dogmas como ídolos e ficções.

Longe de fazer do fiar-se nos *phainómena* uma forma mais branda de crença, falível e provisória, esse fiar-se é exatamente o contrário: revela um impacto sincero da *diaphonía* filosófica no intelecto do cético que, movido pelas brilhantes argumentações dos mais ousados filósofos especulativos, realmente é tocado pela força de persuasão de suas teses de modo a questionar todas as crenças, das mais básicas às mais complexas. Não há, assim, qualquer inclinação à verdade de qualquer proposição no fenomenismo cético e, portanto não se pode falar propriamente, ao meu ver, em uma crença cética. Convencido de que nada pode estabelecer, o cético faz da suspensão do juízo uma prática, e acrescenta ao enorme arsenal de argumentos filosóficos os modos de Enesidemo, especialmente desenhados para acabar com qualquer tendência de fiarmo-nos nos fenômenos mais simples e banais da vida cotidiana para formular qualquer crença, mesmo as que frequentemente nem as filosofias mais especulativas chegam a questionar.

Mas como dizia Timão, "o *phainómenon* em toda parte tem força, onde quer que venha" (AM VII, 30), só o legado do gênio filosófico de séculos é capaz de garantir ao cético a *isosthéneia* e à *epokhé* sobre tudo, inclusive sobre certas crenças comuns e banais do cotidiano às quais o cético afronta, como parece poder ser abstraído da passagem de AM VII, 27, onde Sexto admite que a prática cética, inegavelmente ousada e por vezes irritante, pode levar os céticos a serem vistos como afrontadores das crenças comuns e presunçosos, pelos que os refutarem ou julgarem tê-los refutado.

Deste modo, é preciso admitir que os céticos têm sim esse aspecto de afrontadores da crença comum, vestem essa carapuça!

Parte fundamental do legado pirrônico é justamente o combate incessante e, por vezes, irritante a tudo quanto tendemos a acreditar no dia a dia. Quem conhece os textos de Porchat sabe como essa figura que estou aqui traçando do cético sextiano está longe do neopirrônico.

Na proposta filosófica de uma atualização do pirronismo antigo para o debate contemporâneo, Porchat sempre enfatizou a dicotomia dos dois aspectos do ceticimo de Sexto Empírico – se, de um lado, há o ferrenho combate ao dogmatismo e às filosofias especulativas, há também, na obra do filósofo grego, um vasto legado positivo. Em "Empirismo e ceticismo" (PORCHAT, 2006, p. 289), Porchat credita Victor Brochard como o primeiro historiador a apontar a magnitude desse lado construtivo do pirronismo, a ponto de chamá-lo de um "ceticismo empírico". Ele conclui o artigo apontando para a importância de se estudar o advento do empirismo na epistemologia sob a luz da contribuição cética (p. 322). Outros artigos de Porchat (PORCHAT, 2006) são exemplos de uma exploração do lado positivo do pirronismo na construção de posições filosóficas acerca dos mais variados assuntos.

A política e a moral, contudo, são pouco tematizadas pelo maior filósofo neopirrônico brasileiro, o que deixa um espaço frutífero para a pesquisa. Porchat contrubuiu para a maior compreensão da noção de "*phainómenon*" no ceticismo antigo, e seu neopirronismo se inspirou no alcance e escopo que nela encontrou. Uma exploração do lado positivo de um neopirronismo contemporâneo pode partir, contudo, de uma interpretação um pouco diversa da de Porchat sobre o sentido filosófico do fenômeno como critério de ação cético, apresentando um retrato da figura do pirrônico grego diferente daquele que é invocado pelo neopirronismo de Porchat. O objetivo do trabalho será o de esboçar essa figura, apontando para a sua coerência e força filosófica, no intuito de mostrar o interesse de se enfrentar temas contemporâneos sob a ótica de um pirronismo mais radical do que aquele de Porchat.

Porchat dedicou um artigo recente ao tema do fenomenismo cético, intitulado "A noção de *phainómenon* em Sexto Empírico" (PORCHAT, 2013). Tal artigo representou o corolário de uma das maiores contribuições de Porchat à compreensão do ceticismo antigo, especialmente no que diz respeito ao alcance e escopo da noção de *phainómenon*.

Porchat conferiu uma amplitude mais do que generosa ao *phainómenon* cético, desde "Sobre o que aparece", o primeiro artigo em que ele assume uma postura filosófica neopirrônica. Seus artigos fundem a mera interpretação histórica da obra sextiana com a formulação de uma postura filosófica própria, e a reconstrução que faz Porchat do conceito cético de *phainómenon* me parece aproveitável, em boa medida, para a figura do cético sextiano que aqui pretendo apresentar.

Uma primeira distinção fundamental para a qual Porchat nos chama a atenção é a de que a noção cética de phainómenon diz respeito tanto à esfera sensível quanto à inteligível. Esta última, um pouco mais complexa de se entender, dada talvez a enorme influência da maneira moderna de ver as coisas com suas filosofias da representação, mas abundantemente tematizada na obra de Sexto Empírico (A.M. VIII 362-3; VII, 336; H.P. I, 4, 15, 190-1, 197 etc.). Porchat (2006, p. 303) segue dizendo que aquilo que nos aparece é exprimido em conteúdos proposicionais, como "o mel é doce" ou "faz tempo que Sócrates bebeu a cicuta" e, além disso, aparece para nós que muito do que nos aparece, aparece também a outros homens, coletivamente. Porchat lembra Enesidemo, fundador do Pirronismo como Escola, rompendo com a filosofia da Nova Academia, que dizia que certas coisas aparecem de modo comum (*koinôs*) a todos, outras aparecem particularmente a alguém.

Enfatizando o caráter coletivo dos fenômenos, Porchat se permite passar espontaneamente do "aparece-me *que*" ao "aparece-*nos* que". Afastando qualquer identificação do ceticismo antigo com alguma forma de solipsismo, Porchat enfatiza o caráter intersubjetivo desse mundo fenomênico, que chama de "experiência de mundo" (PORCHAT, 2006, p. 303).

O filósofo brasileiro apontou para o enorme alcance da noção cética de fenômeno, a meu ver afastando a tendência de se interpretar timidamente o fenômeno como sendo "mera aparência", ou "mera afecção", ou mesmo o que é "meramente aparente". O exemplo dos fenômenos coletivos lembrado por Porchat parece, em geral, ignorado no grande número de trabalhos acerca do ceticismo grego de que dispomos. Creio, entretanto – e isso Porchat não abordou explicitamente – que esse alcance da noção de fenômeno de maneira nenhuma precisa ser entendido como uma diminuição do escopo da *epokhé* cética. Não nos esqueçamos de que o cético sabe, a cada segundo, que o mundo pode ser totalmente diferente do modo como ele lhe aparece, enquanto que as pessoas comuns, de maneira geral, confiam na experiência para formular crenças cotidianas sobre a realidade. Mas uma das descobertas de Porchat acerca de uma visão cética do mundo, perfeitamente aplicável, a meu ver, ao ceticismo de Sexto Empírico, está no fato de que não há solipsismo de nenhuma forma na relação do cético com os fenômenos. Se vários intérpretes do pirronismo, à época da conversão de Porchat ao neopirronismo, já afastavam as interpretações mentalistas e solipsistas, Porchat me parece ter sido o único a enfatizar que não havia privilégio nenhum daquilo que aparece a quem aparece, já que o cético se vê como um item dentre vários do mundo. O fenomenismo cético é fundamentalmente antissolipsista, já que uma visão de mundo fundamentada no fenômeno parte de uma autoimagem do cético como sendo uma pequena parte de um coletivo, mais um entre outros homens aos quais várias coisas aparecem coletivamente. Esse, inclusive, é o tipo de fenômeno que permite a escrita de um livro introdutório sobre o pirronismo como as *Hipotiposes*: um autor narrando a experiência filosófica comum a vários céticos para um público que eventualmente poderá experienciar coisas semelhantes.

Tal alcance da noção de fenômeno, livre da tendência espontânea que tem o intérprete contemporâneo de restringir seu escopo, deve ser entendido a partir da maneira com a qual o próprio pirrônico explica que chegou a essa peculiar filosofia de suspensão do juízo sobre tudo. É fundamental relembrar o itinerário que levou o cético grego à *epokhé* generalizada: perturbado pela anomalia das coisas e sem saber a quais dar assentimento, ele foi buscar, na filosofia, a verdade, mas deparou-se com a discordância geral sobre tudo (inclusive sobre a apreensão dos objetos externos mais comuns). Essa anomalia, que pode ter começado com dilemas da sua vida profissional, ou ainda sobre assuntos morais em que os homens frequentemente discordam, algo facilmente notado por um homem propenso a filosofar e com uma certa cultura, parece ter-se expandido para todos os aspectos da vida. Parece ter atingido até mesmo a antes assumida apreensão dos objetos comuns da experiência, cujo conhecimento é agora posto em questão pelo cético. Se não há porque não pensar, de um lado, que o homem de talento, antes de estudar filosofia, assumia (assim como o restante das pessoas comuns) que apreendia muitas coisas, como sua mesa, seu cachorro etc., e achava que tinha delas conhecimento, não há porque, por outro lado, estabelecer qualquer paralelo entre o reconhecimento cético de um *phainómenon* como a mesa, algo que lhe aparece, com sua crença inicial na existência da mesa. O *phainómenon* cético é o que resta após o final desse percurso radical de investigação e *epokhé*, onde o cético adquire a consciência de que, dada a argumentação dos filósofos, qualquer conhecimento sobre os objetos dos nossos sentidos fica bastante complicado.

Faz-se necessário, assim, mitigar um pouco o suposto compartilhamento de fenômenos entre homens comuns, filósofos dogmáticos e filósofos céticos. Os primeiros espontaneamente os hipostasiam, os segundos os interpretam para recusá-los ou reafirmá-los, e os céticos os elegem como critério única e exclusivamente de ação (não de opinião, não de persuasão, não de verdade), numa obediência fria ao que resta após uma radical prática antitética. Somente após essa distinção é que poder-se-ia, talvez, dizer que aparece ao cético que o mesmo fenômeno pode aparecer às três personagens em questão. Mas a primeira questão à qual Porchat traz luz, a referência dos fenômenos a ambas esferas sensível e inteligível, interessa-nos particularmente quando lidamos com a questão da vida prática de um cético em comunidade e sua ação política.

Alguns poderiam dizer que nessa ideia de "fenômeno inteligível" reside uma contradição do ceticismo. A ressalva da narração de um fenômeno, seguida de um conteúdo não sensível, como por exemplo "aparece-me que 2+3=5" no exemplo dado por Paulo Faria certa vez, implicaria o cético com alguma crença. O que significaria ter um fenômeno inteligível sem acreditar nele? De fato, pareceríamos estar no terreno de um paradoxo de tipo mooreano, onde o a pessoa afirma P em seguida dizendo que não acredita em P.

É sempre necessário, contudo, entender que o pirrônico faz um grande percurso de exame de filosofias e, tocado pela enorme capacidade de persuasão de cada uma delas, vai renovando sua suspensão do juízo quando mais estuda. Quando, já numa fase madura desse percurso filosófico, o cético elege o vocabulário fenomênico, as expressões do tipo "aparece-me que P", no sentido pirrônico, não são mais intercambiáveis com "acredito que P" ou "penso que P". Elas têm enorme carga filosófica, expressam a consciência constante, por parte do cético, de que as coisas podem ser muito diferentes da maneira como lhe aparecem ao intelecto e aos sentidos. Tanto o "operador" 'aparece-me que P' não é intercambiável com 'acredito que P' que uma quantidade enorme de proposições não poderia ser expressa pelo cético em seu vocabulário. Um dogmático pode dizer "acredito que o ser é e que o não ser não é", mas um cético jamais dirá "aparece-me que o ser é e que o não ser não é", só para dar um exemplo. O que não significa que haveria uma demarcação nítida entre proposições que poderiam ser expressas nesse vocabulário. Mas ainda assim é possível identificar casos extremos. O ceticismo pode sim ter um impacto devastador na maneira de um pirrônico se expressar, não é por outro motivo que o próprio Sexto nos narra que alguns céticos levaram bem mais a sério a pratica da *aphasía* e outros céticos só utilizavam o discurso em forma de perguntas, o que nos leva a crer que esse problema já se punha para os céticos antigos. O ceticismo de vertente sextiana elege um vocabulário peculiar, servindo-se de um termo comum à filosofia da época, "*phainómenon*", para exprimir essa complexa experiência de mundo em *epokhé*.

Por isso, é necessário resistir a ideia de que o pirronismo se dá apenas no nível da linguagem, seria uma prática sofística ou um jogo linguístico. Ele pretende ter consequências práticas e psicológicas para o seu praticante. Porchat, de outro lado, insistiria na suspensão do juízo como advinda de um conflito entre *lógoi*, entre discursos opostos, descrevendo adesão neopirrônica aos *phainómena* como uma recusa dos discursos que interpretavam os fenômenos de maneira dogmática.

Mas já no início das Hipotiposes lemos que o ceticismo é uma capacidade de "opor coisas que aparecem (*phainómena*) e coisas inteligíveis (*noúmena*) de qualquer modo que seja", complementando Sexto que (é uma capacidade) "a partir da qual, devido à equipolência das coisas e discursos opostos, chegamos primeiramente à suspensão de juízo e depois à imperturbabilidade".Não é difícil imaginar, para qualquer leitor experiente da obra de Sexto, o que seriam esses discursos opostos a coisas ou essas coisas que aparecem (*tà phainómena*) em oposição a pensamentos e discursos. O debate sobre a existência ou não existência do movimento, por exemplo, tem, do lado do fato de que o movimento aparece, de que o experienciamos, filósofos e homens comuns que confiam no fato de que o movimento é fenômeno. E, do outro lado da polêmica, há alguns filósofos que expressam pensamentos, concebem teses e formulam discursos que nos levam a acreditar que o movimento não existe.

É necessário resistir à tentação de pensar que, quando imaginamos a vida política do cético à luz dessa descrição sextiana da prática cética, estaríamos opondo apenas "coisas pensadas" a "coisas pensadas". Opor dogmas a dogmas é parte fundamental da prática pirrônica: se achamos que o motor da história é a luta de classes, podemos opor a esse dogma a ideia de que o motor da história é o Espírito, e páginas e páginas de Hegel podem ser suficientemente persuasivas para que, se não converter ao Hegelianismo, quiçá causar o abandono do marxismo.Em certas outras discussões, haverá oposições entre coisas que aparecem aos sentidos cético e o induzem à crença, como o fenômeno do movimento em oposição a coisas pensadas por filósofos que matematicamente teriam demonstrado que o movimento é impossível, justamente com o que faz que o cético resista àquela crença. O homem menos culto talvez se deixe levar a acreditar justamente porque não tem o contato com o enorme legado das filosofias.

Em política, contudo, o cético vai acionar sua prática antinômica toda vez que houver alguma tentação a acreditar em algo. Suspeitoso de sua própria tentação, ele mobiliza sua cultura, onde encontra teses opostas igualmente persuasivas. Eventualmente, mas raramente, em política, mobilizará fenômenos sensíveis, por exemplo, contra a tese de que a guerra enobrece e melhora os seres humanos, o cético pode mobilizar a experiência empírica visível do sofrimento humano causado pelos conflitos.

Ainda assim, após essa suspensão de juízo oriunda da sua capacidade argumentativa, restará o fenômeno ao cético que, se sextiano, o elege como critério de ação.

E nesse escopo fenomênico, muitas vezes essas coisas vão aparecer de maneira forte e constante. Convencido de que não tem como afirmar nada sobre aquilo que aparece – nem o tratar como mera representação, de um lado, tampouco hipostasiá-lo, de outro – o cético, porém, não tem como negar a força com a qual se manifestam para ele várias dessas coisas. Mas a consequência de reconhecer essa força é justamente encontrar a equipolência dela para com a dos discursos filosóficos e confessar-se incapaz de acreditar em qualquer coisa, um estado do intelecto bastante distinto daquele em que o neopirrônico diz ter. Porchat chega a afirmar que "(...) não recusamos ter *certezas* em nossa vida prática e cotidiana. Não temos por que hesitar em acolher em nossa linguagem o vocabulário usual da certeza, bastando-nos, também aqui, apenas cuidar para que não se venha sobrepor a nossos usos linguísticos uma interpretação dogmática, para que deles não se queiram extrair pressupostos epistemológicos ou ontológicos." PORCHAT, 2006, p. 135).

Se nos restringirmos, como quis Porchat, às interpretações dogmáticas, epistemológicas e ontológicas do que o cético afirma, corremos o risco de deixar de ver que o próprio fenômeno, quando invocado como critério de verdade, é rejeitado pelo cético que se serve, aí, de dogmas.

A obediência cética à primazia do que aparece, oriunda de uma sincera suspensão do juízo sobre tudo, diferencia-se das crenças comuns. O cético recusa as certezas filosóficas ricas em pressupostos ontológicos e epistemológicos, mas recusa também, em sua totalidade, as mais simples certezas das pessoas comuns, distantes de qualquer reflexão filosófica. Não se trata de simplesmente perceber que a maior (ou menor) parte das crenças são dogmáticas: todas as crenças são dogmáticas, refletidas ou não, interpretadas ou interpretáveis. Só assim faz sentido o modo de vida cético alegadamente *adoxastós* (HP I, 20), sem *dóxa*. Não pode ser gratuita a escolha de um termo como *dóxa*, que desde os primórdios da tradição filosófica grega distanciava o filósofo do comum dos homens cheio de opiniões para definir a maneira como o cético vive: livre da mera opinião e em *epokhé*. Um caso peculiar de filósofo, mas, antes de tudo, um filósofo.

Sexto Empírico afirma que o pirrônico não "briga por palavras" (*phonomakheîn*) (HP I, 194-5) e desconfia, assim, da exatidão conceitual almejada por muitos filósofos dogmáticos. Mas por certas palavras, penso, o cético teria de brigar, devido à sua inevitável associação, mesmo que indireta, com a ideia de "verdade".

Confrontemos aquele itinerário cético sextiano àquela ideia presente em vários artigos de Porchat: a metáfora de um *philósophos*, um estudante de filosofia que, não tendo se convertido a qualquer doutrina filosófica, já não encontra mais, depois de um percurso filosófico, justificação para suas antigas crenças cotidianas. É uma espécie de metáfora de que se serve o discurso neopirrônico de Porchat para introduzir uma peculiar interpretação do pirronismo antigo, segundo a qual o cético seria como um estudante de filosofia que não se converteu a nenhuma doutrina, mas questiona a sua crença na realidade das coisas. Ele nos convidava a supor a figura de um jovem filósofo que já teria avançado suficientemente em seus estudos de filosofia para ter abandonado o senso comum, mas ainda não se converteu a nenhuma filosofia ou doutrina, de modo que questiona qualquer suposta apreensão da realidade (PORCHAT, 2006, p. 122).

O âmbito filosófico, para Porchat, parece ser restrito àquele que discute a "verdade última" das coisas, a "dimensão cognitiva" e a relação das crenças com o real. É assim que as doutrinas filosóficas, na explanação pirrônica de Porchat, são precedidas de um "não obstante" (o berkeleyano ou o kantiano teria a mesma crença que um cético ou que um homem comum — apesar de seu imaterialismo — e não obstante sua doutrina do mundo exterior e da representação, respectivamente (PORCHAT, 2006, p. 134)). Mas para Sexto Empírico a *epokhé* radical do pirrônico grego não se limita às interpretações dogmáticas das asserções comuns. A prática do pirronismo grego não se limita a uma investigação da linguagem, mas abrange também as coisas. O discurso especulativo não é, dessa forma, tão estranho ao cético antigo: é ele quem permite a suspensão do juízo sobre tudo, inclusive sobre os objetos exteriores. A *diaphonía* filosófica acerca da verdade atinge o cotidiano do filósofo cético, transcende o seu gabinete, e parte fundamental dessa busca por suspensão do juízo conta com a filosofia especulativa – sem ela uma *epokhé* mais geral seria impossível. O cético não é aquele filósofo que pretendeu problematizar a verdade última das sentenças. É, ao contrário, aquele que problematizou a verdade de toda e qualquer proposição e crença.

Desafio ainda maior seria pensar na ação política de um cético do tipo mais radical, cuja coerência filosófica penso ser defensável. E uma maneira interessante de se explorar essa coerência filosófica é justamente refletir sobre sua ação política, objetivo do presente trabalho. Naturalmente que o neopirronismo não depende de uma interpretação correta da filosofia cética, sendo por ela apenas inspirada – em nada ameaçando a coerência e a força da proposta neopirrônica sua mera imprecisão histórica. Mas cabe perguntar também se o velho pirronismo não poderia ser, também ele, fonte de inspiração das reflexões filosóficas contemporâneas, oferecendo assim uma proposta filosófica de maior afinidade com a tendência contemporânea da valorização das escolas da antiguidade justamente por não terem elas separado suas filosofias, de uma forma ou de outra, da vida comum. Foi o que aventei em

"Porchat, sua interpretação de Sexto, e um possível neopirronismo rústico" (SCHVARTZ, 2015). A caricatura que fazem certas interpretações anacrônicas da metafísica, mesmo ao interpretar a obra de Sexto Empírico, é perigosa e certamente estranha ao pirronismo antigo. A maneira de se conceber o cético sextiano ortodoxamente atualizado seria imaginar alguém bem mais impactado por reflexões chamadas "metafísicas", alguém não tão descrente no poder do *lógos* em encontrar verdades quanto o pirrônico urbano. Em sua prática antitética de opor fenômenos e opiniões, o pirrônico rústico de fato suspende o juízo sobre a proposição "a parede é branca" tanto quanto sobre qualquer outra proposição dogmática, por não reconhecer qualquer privilégio dos sentidos sobre os dogmas filosóficos ou vice-versa. Não haveria, para ele, qualquer privilégio, por exemplo, da proposição "a neve é branca" sobre a proposição "a neve é preta", por mais que a neve lhe apareça branca naquele momento. Continuei aquela reflexão convidando o leitor a uma comparação hipotética: um filósofo eleata que, convencido por Parmênides, "sabe" que todas aquelas afirmações sobre objetos externos que fazemos no dia a dia são falsas, não pareceria enfrentar, em geral, as acusações de incoerência com as quais o cético tem de lidar. Tal filósofo eleata hipotético vive uma vida que ele "sabe" ser no mundo da ilusão; ele acredita na falsidade de cada uma daquelas proposições descritivas que utiliza no seu dia a dia. Tal figura me parece muito mais aparentada à de um pirrônico que levou a sério aquelas antigas reflexões filosóficas, realmente encontrando igual força de persuasão tanto no discurso eleata quanto no aristotélico, para dar um exemplo, e suspendeu o juízo sobre ambos, alegando seguir os fenômenos sem acreditar em nenhum deles. Do mesmo modo que pode haver aquele filósofo que pensa saber, a cada segundo, que o mundo é totalmente diferente do modo como ele lhe aparece, me parece que o cético de Sexto Empírico sabe, a cada segundo, que o mundo *pode* ser totalmente diferente do modo como ele lhe aparece. As anedotas sobre Pirro caindo em pântanos, abismos ou buracos talvez não sejam tolice e intriga da oposição, como gostava de dizer Porchat, mas apenas uma maneira que o pioneiro do ceticismo teria encontrado para ensinar os seus discípulos a serem verdadeiros afrontadores das crenças comuns.

Identificar o pirronismo antigo com qualquer forma de desprezo pela ontologia me parece distanciar o intérprete do sentido original do ceticismo de Sexto, Agripa e Enesidemo. Porque a manutenção de uma suspensão do juízo sobre tudo frequentemente precisa se servir das várias discussões fundamentais da filosofia.

Sob o prisma dessa figura efética radical, a tranquilidade com a qual o neopirrônico se permite ter opiniões sobre variados temas e inclusive enveredar em assuntos como a Filosofia da Ciência e, no caso específico desta pesquisa, a política, não é assunto fácil. No dia a dia, dilemas morais são muito mais comuns do que os de epistemologia ou metafísica. E as breves passagens em que Sexto Empírico afirma que o cético segue "leis e costumes" (HP I, 24) de seu país, embora tenham influenciado uma leitura por assim dizer conservadora do proceder do pirrônico em assuntos de política e moral, são insuficientes para identificar em Sexto uma solução para o que poderia vir a ser a ação do pirrônico na política. Seria o ceticismo compatível ou incompatível com os radicalismos políticos ou seria ele ainda incompatível com qualquer posicionamento político? Poderia o cético se vincular a um movimento político cujas raízes estão em opiniões de pensadores e de grupos, uma vez que ele alega viver uma vida sem opiniões?

O retrato do fenômeno como critério unicamente de ação do cético, em nada tendo a ver com persuasão (em que o cético sempre encontrará a equipolência), que apresentei acima, merece uma atenção especial para quem quer enveredar para uma abordagem neopirrônica de temas contemporâneos. Como tradicionalmente se interpretou o caráter involuntário do fenômeno como significando a aceitação cética do fenômeno como o único critério de ação possível, a tendência foi sempre a de se condenar as interpretações mais radicais da força e do escopo da suspensão cética do juízo a uma incompatibilidade com o lado positivo e fenomênico do pirronismo. Mas uma nova interpretação da "involuntariedade" do fenômeno (HP I, 20), que diga respeito tão somente à impossibilidade de um controle psicológico sobre as impressões (que se dão, genericamente falando, de modo passivo), e que aponte para a eleição que o cético faz do fenômeno como seu critério de ação, pode fornecer um guia interessante para uma abordagem neopirrônica radical da relação do ceticismo com questões políticas. Em *epokhé* sobre tudo, há o risco de se permanecer inativo (cf. HP I, 23, 226-227 e AM VII, 29-30). E sob esse risco, há opções diversas da que o cético faz pelo que aparece. Mas o cético faz do fenomenismo frio e sem inclinações a solução para a vida cética na comunidade, em uma suspensão do juízo, ao meu ver, genuína e radical, sobre, por exemplo, valores caros a comunidades e civilizações. O questionamento cético tem que invadir as disputas políticas e a consequência de um ceticismo radical não pode ser apenas a do combate à intolerância e da aceitação de opiniões mitigadas – pelo menos não a de um ceticismo que se pretende radical. E se um fenômeno aparece fortemente ao cético, se um cético, dessa forma, tem a expectativa de sua repetição, oriunda de signos por ele aceitos, os rememorativos ou comemorativos, assunto que abordarei a seguir, não vejo porque todas as opiniões do cético tenham que ser mitigadas. Ele pode ter opinião forte sobre, por exemplo, o comportamento de um político corrupto – pode supor que ele voltará a delinquir, se já foi pego inúmeras vezes delinquindo no passado. E pode ter uma posição política bastante forte e acalorada justificando porque não votará nessa pessoa.

Há várias situações em que o posicionamento político se torna inevitável. Não é difícil pensar nelas – da Reforma a Auschwitz, da travessia do Rubicão ao golpe civil-militar de 1964. O cético tomará posição em cada uma dessas situações elegendo o fenômeno, ou seja, o que lhe aparece a cada momento, como seu critério, abrindo mão de qualquer pretensão à verdade das proposições nas quais expressará sua ação política. O neopirronismo precisa enveredar por esses dilemas e explorar o que seria a atitude cética perante os dilemas políticos cotidianos.

Em suma, o conceito de *phainómenon* é a mais importante noção do pirronismo antigo para a compreensão do, assim chamado, lado positivo do ceticismo. Se a obra de Sexto Empírico ficou famosa pelo arsenal combativo que legou para os milênios subsequentes, filósofos contemporâneos que se autodenominaram neopirrônicos, como Porchat e Fogelin, inspiraram-se no fenomenismo cético para formularem suas posições filosóficas. Partindo de uma visão alternativa da relação do cético com o que aparece, o pretenderei mostrar como uma interpretação radical e que aponta para a enorme abrangência do escopo da suspensão do juízo cética, o que pode abrir caminho para pensar a questão da ação política do filósofo pirrônico. Um pirrônico radical, que questiona a verdade de toda e qualquer proposição, ainda assim não pode se furtar de, quando não frequentemente, eventualmente se posicionar sobre política, e o neopirronismo não pode se furtar de se perguntar sobre como se daria a relação entre uma filosofia sem opiniões e a inevitabilidade da ação política. A pesquisa pretende explorar esse problema sob a perspectiva de uma interpretação da obra de Sexto Empírico segundo a qual o fenômeno é eleito como critério de ação do cético justamente porque permite a ação (inclusive política) livre de opiniões.

3. A figura do cético no dia a dia

Desde 2013, tenho publicado alguns trabalhos que abordam a questão de que, no dia a dia, o cético sextiano em nada tem a ver com aquela caricatura de quem duvida de tudo. Parafraseando o que tenho publicado a respeito, é necessário começar notando que, já no início das Hipotiposes Pirrônicas, Sexto Empírico já faz a ressalva de que o que ele narra ali é o fenômeno tal como ele lhe aparece "agora", deixando claro não apenas que o discurso cético é sempre um discurso um tanto confessional, uma narrativa, por assim dizer, que não tem pretensão à universalidade, bem como é provisório, uma vez que aquilo que nos aparece hoje pode não nos aparecer mais amanhã. O que não significa, entretanto, que não possa haver, para um cético, um certo sentimento de certeza, uma expectativa de que hoje, amanhã e por muito tempo ele continuará tendo a experiência de uma coisa aparecendo de uma forma para ele.

A partir de Descartes e também na filosofia contemporânea, a figura do cético, lamentavelmente, tem sido apresentada como aquele que duvida de tudo, algo muito distante de qualquer sentimento de certeza. Um exemplo disso é a ferrenha oposição que faz um dos maiores filósofos de nossos tempos, Wittgenstein, ao "ceticismo" em *Sobre a Certeza*. Não obstante, um tema recorrente nos trabalhos sobre o pirronismo antigo tem sido a relação entre a filosofia de Wittgenstein e o ceticismo, por vezes sendo apresentada como uma relação de oposição, mas às vezes também como de afinidade. Em boa medida, o peso do debate epistemológico contemporâneo sobre ceticismo se deu pela importância que Wittgenstein conferiu à tarefa de refutar tanto o ceticismo quanto respostas que filósofos da época teriam dado ao "desafio cético". Uma certa interpretação rústica do ceticismo sextiano poderia, eventualmente, dar conta da objeção de que o cético, não tendo crença alguma, estaria de alguma forma pondo em xeque nossas certezas mais básicas.

Se, por um lado, Wittgenstein parece condenar explicitamente o ceticismo em textos pertencentes às diferentes fases de sua filosofia, por outro lado, alguns autores nos brindaram com comparações positivas entre o ceticismo e a filosofia do Wittgenstein das Investigações Filosóficas. No Brasil, Plínio Smith dedicou um artigo ao tema, intitulado "Wittgenstein e o Pirronismo: sobre a natureza da filosofia". Plínio cita Kripke como o atribuidor de um ceticismo de tipo humeano a Wittgenstein, mas concorda com Baker e Hacker ao julgar essa atribuição incorreta (SMITH, 2000, p. 200). Para o autor, contudo, "a concepção filosófica de Wittgenstein tem muitas semelhanças com a concepção cética pirrônica" (SMITH, 2000, p. 201). A crítica a um uso dogmático da linguagem, a ideia de terapia filosófica, o combate às teorias metafísicas, dentre outros fatores, são levantados por alguns autores como pontos em comum entre o pirronismo antigo de Sexto Empírico e o assim chamado "segundo Wittgenstein".

A questão das crenças faz parte dos principais temas tratados por Wittgenstein em "Sobre a Certeza". A descrição de como nossas crenças estão interligadas faz parte da estratégia de Wittgenstein em atacar dúvidas céticas (como aquela acerca da existência do mundo exterior) e de criticar algumas respostas ao desafio cético por ele julgadas inadequadas, como as de Descartes e Moore.

Uma das maneiras com as quais Wittgenstein atacou as dúvidas hiperbólicas foi através de uma descrição da relação que o homem tem com suas crenças. Longe de querer mostrar que há justificação para cada uma de nossas crenças, Wittgenstein procura mostrar que, embora nem todas as crenças tenham propriamente fundamentos, nem por isso elas devem ser abandonadas ou postas em dúvida. As respostas de Moore ao ceticismo são, sem dúvida, grandes inspiradoras das notas de Wittgenstein em "Sobre a certeza", livro que, indubitavelmente, tem como pano de fundo também o debate filosófico acerca do ceticismo. O filósofo quer mostrar não apenas a inadequação de dúvidas céticas, mas também as limitações das respostas de Moore. Para Wittgenstein, as dúvidas céticas fugiriam ao jogo de linguagem no qual a dúvida se insere e, portanto, não seriam propriamente "dúvidas". Cada dúvida está imersa no jogo de linguagem e é acompanhada, por exemplo, de procedimentos como a verificação. O jogo de "saber" de algo e de "duvidar" de algo envolve testes e confirmações, e mesmo a mais forte das convicções estaria dentro de um jogo de linguagem onde caberia a Retratação.

Assim, se alguém duvida da existência de uma partícula que ainda não foi observada em nenhum microscópio, ou de um planeta ainda não visto por nenhum telescópio, está perfeitamente dentro do jogo da dúvida e da certeza. A famosa dúvida cética sobre a existência do mundo exterior estaria, assim, completamente fora desse jogo: "'Duvidar da existência do mundo exterior' não significa, por exemplo, duvidar da existência de um planeta, que observações posteriores provaram existir. (WITTGENSTEIN, 1974)".

Mas até que ponto respostas para a discussão acerca do ceticismo, na época protagonizada por G. E. Moore e Norman

Malcolm, aplicam-se também aos questionamentos do pirronismo antigo, descritos anteriormente? Ora, as diferenças entre o pirronismo antigo e o "desafio cético" da epistemologia contemporânea são tão marcantes que raramente a refutação de um implica na refutação do outro.

Vimos acima que a ideia de "dúvida" não é definidora do cético antigo – ao contrário, é a sua postura permanentemente investigativa que se apresenta como sua característica fundamental. O critério de ação do cético antigo, o fenômeno (phainómenon), confere-lhe uma figura muito diferente daquela caricatura do cético que duvida de tudo. O ceticismo combatido por Moore e Wittgenstein nos textos em questão é um ceticismo de tipo cartesiano, que Descartes julgou ter refutado, um ceticismo estranho aos textos antigos e deles fundamentalmente diferente.

O alvo de ataques dos céticos antigos, ao contrário do que ocorre com aquele tipo de ceticismo inaugurado com a Primeira Meditação de Descartes, era a própria crença e não o conhecimento. Enquanto Descartes ensaiou uma dúvida hiperbólica que deveríamos vencer se quiséssemos ter conhecimento real, inaugurando as discussões modernas acerca do ceticismo, a *epokhé* cética pouco se preocupava com tal perspectiva fundacionista. Um dos motivos pelos quais os céticos podem não ter levantado essas dúvidas hiperbólicas está na mera falta de força de persuasão dessas hipóteses. A equipolência (igualdade de força de persuasão entre os argumentos opostos), que culmina na suspensão do juízo em uma investigação filosófica pirrônica, diz respeito à credibilidade das posições e não às suas meras possibilidades lógicas, de modo que não é impossível supor que um pirrônico poderia concordar com Wittgenstein na sua denúncia linguística da impropriedade das dúvidas céticas modernas. Assim sendo, cabe notar que as observações de Wittgenstein em "Sobre a certeza" não apenas se dirigem a um alvo diferente do pirronismo antigo, como possuem com ele certas familiaridades.

Há muitos indícios, contudo, de que os céticos gregos concordariam mais com Wittgenstein do que com os céticos idealistas contemporâneos. Caso supuséssemos que o pirrônico poderia ser simpático a algumas observações de Wittgenstein em "Sobre a certeza" acerca da invalidade das dúvidas hiperbólicas do ceticismo contemporâneo, o cético certamente teria que dizer que as observações de Wittgenstein não são dogmáticas, que se tratam, por assim dizer, de uma "descrição fenomênica" acerca de um mau uso da linguagem pelos filósofos. O pirrônico afirmaria, nesse caso, que aquela descrição não pretende ser absolutamente verdadeira. Mas tampouco Wittgenstein pretendeu que suas observações fossem verdadeiras no sentido metafísico, rejeitado por ambas as filosofias. E, certamente, Wittgenstein considera o uso filosófico tradicional um "mau" uso da linguagem. Há, também, outros pontos em comum nos quais o pirronismo poderia concordar com a crítica de Wittgenstein ao ceticismo em consonância com os seus princípios.

Burnyeat mostrou que não havia nenhuma forma de idealismo na filosofia grega, nem sequer no pirronismo antigo, no seu artigo *Idealism and Greek Philosophy: What Descartes Saw and Berkeley Missed*. (Philosophical Review 91), fato que torna a comparação ainda mais difícil, mas ajuda a perceber as enormes diferenças entre os ceticismos antigo e contemporâneo e indica que o ceticismo grego poderia inclusive estar ao lado de Wittgenstein contra qualquer tipo de idealismo, inclusive no caso do assim chamado idealismo cético.

Chegamos aqui à pergunta central do texto: como pode o cético exercer a atividade política sem crenças? Em HP I, Sexto afirma: "(...) nós narramos (*apangéllomen*), à maneira de um cronista, o que nos aparece no momento (*tò nûn phainómenon hemîn*)." Se, por um lado, é verdade que o uso do verbo *apangéllo*, nessa passagem, favorece uma certa leitura rústica do pirronismo que se vale do conceito de "avowal" para descrever o discurso cético meramente confessional, por outro lado, Lorenzo Corti apontou para a enorme limitação imposta por tal via interpretativa. Diz o autor que se os atos linguísticos de um cético devem ser interpretados como confissões, então o cético não pode dizer muita coisa, pois o número de atos linguísticos que podemos compreender como expressões de afecções é extremamente limitado (CORTI, 2009, p. 160).

Corti apresenta uma erudita e criativa defesa da possibilidade do discurso cético e conclui por uma interpretação rústica do ceticismo, definindo o uso cético da linguagem (após argumentar longamente pela tese de que não precisamos de crenças para dominar uma língua) como um "*know how* sem crenças" (CORTI, 2009, p. 249) e terminando com um "otimismo moderado" quanto à possibilidade de um discurso cético (CORTI, 2009, p. 271).

Parece-me, contudo, que uma reconstrução do que seria o discurso de um cético antigo precisaria levar em conta o peso e o alcance da noção de "*phainómenon*" para a filosofia cética, bem como dar conta do que seria um discurso desprovido de crenças.

Penso que o discurso fenomenista do cético antigo dá conta do sentimento de certeza acerca de certas coisas que nos aparecem, podendo se configurar como parte de uma filosofia cética bem mais palatável do que aquela que poderia ser abstraída das hipóteses céticas modernas. Mas entender o que poderia ser uma certeza sem crença é impossível sem o exame do uso cético do discurso.

É curiosamente a própria neutralidade epistemológica da noção de *phainómenon*, "aquilo que aparece", que abre o caminho para uma espécie de noção cética de "certeza", mesmo no contexto de uma interpretação rústica do ceticismo.

Uma narrativa cética psicológica acerca dos motivos pelos quais certos fenômenos inteligíveis se impõem de maneira análoga à certeza poderia ser construída tendo por base a espécie de signo aceita e endossada pelo cético, o signo rememorativo. Mergulhado na manifestação ininterrupta das coisas que aparecem de maneira imbricada aos sentidos e ao intelecto, o cético sabe do perigo de ser atropelado, dentre outros motivos, também por causa da experiência de que a colisão entre objetos causa a destruição, e a destruição do corpo causa a morte. Mas os signos que levam o cético a tais inferências sem que ele transcenda o âmbito fenomênico são de uma classe muito específica. Uma das passagens mais famosas acerca dessa classe de signos, os rememorativos (*hypomnestikà*), é um dos textos mais difíceis, a meu ver, de ser interpretado à luz de uma leitura rústica do pirronismo.

Nela, Sexto afirma, curiosamente, que vai direcionar sua investigação e crítica apenas ao signo indicativo, preservando do ataque pirrônico o signo rememorativo: "(...) propomos concentrar toda nossa investigação e aporia não no comemorativo (que normalmente é tomado pelas pessoas comuns como sendo útil) mas no indicativo." E completa Sexto: "Porque se estivéssemos abolindo os signos estaríamos, talvez, atacando a vida e a humanidade." (AM VII, 156-7).

De um lado, é justamente por poder ser empregado integralmente no âmbito de um *lógos* fenomênico e da vida prática que o signo rememorativo é adotado pelo cético, como no caso da inferência de que há fogo, da vista de fumaça, ou óleo, da vista de uma faixa de atleta, ou ainda um antigo machucado de uma cicatriz ou a morte de um ferimento no coração (AM VII, 157). Mas fato é que o longo percurso cético em direção a *epokhé* faz da adesão cética à vida uma adesão peculiar, onde as ações do cético podem frequentemente coincidir com as ações dos homens comuns, mas onde também a complexa filosofia pirrônica opera permitindo ao cético a retenção constante do assentimento e da tendência comum de acreditar em realidades. A expectativa que o cético cria sobre eventos futuros, ocorrendo no âmbito fenomênico, é, ao contrário das inclinações dos homens comuns, livre de toda crença e fundamentada numa narrativa filosófica altamente complexa, que elege as coisas que aparecem como critério de ação e explora as relações entre elas. De tal modo que a insistência, por parte de certos filósofos e contra as dúvidas do ceticismo moderno, de defender nossas certezas mais básicas não é estranha ao pirronismo grego. E, portanto, a confiança, a regularidade e o frequente caráter coletivo das coisas que aparecem, e das que aparecem como signos de outras que aparecem, constituem o que garante ao cético um viver e falar sem crenças, e sua atuação, inclusive política, no mundo dos humanos. A mera capacidade de destruir diferentes teorias segundo as quais crenças seriam necessárias para a ação, ou o fato de que não haveria como demonstrar que possuir crenças é uma condição *sine qua non* da maestria de uma língua, são elementos externos ao ceticismo antigo que abrem caminho para sua reconstrução e atualização, mas não conferem a integridade desejada ao ceticismo de Sexto Empírico.

O escopo e radicalismo do longo percurso cético em direção a uma *epokhé* sobre tudo só pode implicar no abandono posterior das crenças que o cético, como qualquer homem comum, possuía desde o início de sua busca filosófica pela verdade. Além disso, se um filósofo dogmático pode discorrer, do seu ponto de vista, sobre "o que não podemos não saber" para que possamos agir, um cético poderia, paralelamente e eventualmente, afirmar que aparece para ele que não conseguiria agir se não experienciasse vários dos *phainómena* que experiencia, acrescentando que nada mais sabe, nem mesmo aquelas coisas que julgou saber num passado agora superado.

No dia-a-dia, entretanto, o filósofo efético, em radical suspensão do juízo, experimentará fortes expectativas de eventos futuros, tomará um enorme número de atitudes sem hesitação, tem como orientar sua ação física e seus processos decisórios sem mais qualquer necessidade de se fiar na verdade de qualquer tese.

4. A possibilidade de uma atividade política do cético e sua vida intelectual

É de se supor que um cético que vote num plebiscito defenda ideias, mesmo no âmbito político-partidário, em consonância com aquilo que lhe aparece. Sem pretensão a saber a verdade, ele precisa agir no mundo.

Renato Lessa, um dos filósofos brasileiros que mais se dedicaram a pensar o tema da relação entre ceticismo e política, nos lembra que Hume e Burke, dois filósofos, conciliaram inspiração cética e filosofias liberais. Entre conservadores e liberais, a máxima que encontramos em Sexto Empírico de que os céticos seguem as "leis e costumes do seu país" casou bem com tais tendências. O costume grego, por exemplo, era o de execrar tiranos e Sexto Empírico chega a imaginar um cético enfrentando um tirano e resistindo à tortura, num exemplo no qual um pirrônico antigo poderia morrer no seio de uma ação política em consonância com seus ideais morais e civilizatórios.

Mas há outros paralelos possíveis. Em sua última conferência publicada, o maior filósofo cético brasileiro, Oswaldo Porchat, conta-nos de sua descoberta de que um filósofo cético do século XIX foi um espião turco infiltrado no Império Austro-Húngaro, e continua: "se um filósofo cético pode ser um espião turco, então um filósofo cético, tendo optado por ser um homem do mal, poderia perfeitamente, em sua vida civil, trabalhar, por exemplo, como chefe brasileiro de uma grande rede de traficantes de drogas". Para Porchat, a mera prática dialética e filosófica de uma postura cética não garantiria ao ceticismo qualquer garantia de qualidade moral. Desta forma, não seria impossível imaginar um líder político pirrônico que, embora não se julgasse capaz de encontrar verdade alguma, agisse politicamente de forma danosa à sociedade.

De outro lado, a prática da filosofia, não apenas de tendência cética, mas a análise que faz todo praticante dessa disciplina de diferentes argumentos, o contato com a diversidade de opiniões e sistemas de crenças, pode contribuir para uma visão tolerante e pluralista do mundo. Sexto Empírico, não por acaso, dedicou-se a conhecer costumes de diferentes povos e, seguindo Enesidemo, um dos grandes filósofos céticos da Antiguidade, tinha intuito de mostrar que os valores gregos não eram universais, tampouco necessariamente corretos. Tamanho era o interesse cético por olhar para a humanidade como um todo que a obra de Sexto é também fonte para historiadores que se dedicam a entender costumes persas, por exemplo.

No dia a dia corriqueiro de sua prática política, um cético específico pode discordar de outro cético, pois para o primeiro aparece algo como a correta ação e para outro aparece outra coisa. O ceticismo não tem receita para a política e para a vida, antes disso, ele denuncia, desde a antiguidade, aqueles filósofos dogmáticos que pretendem oferecer essa receita (como o Estoicismo e sua suposta "arte de viver"). Também ser cético não é garantia de qualquer correção moral – alguém mal-intencionado pode perfeitamente chegar à conclusão cética, lendo diferentes filósofos, de que não alcançou verdade alguma, e isto não é incompatível com seu mau caráter.

Não apenas nas várias situações em que o posicionamento político se torna inevitável, situações de crise ou de polarização, por exemplo, mas também no decorrer de sua vida em sociedade, o cético necessariamente terá fenômenos inteligíveis sobre questões políticas e morais. Aparecerá para um cético específico que César fez bem em cruzar o Rubicão, ou que Delfim Netto fez mal em assinar o AI-5, ou ainda que tal vereador, nos últimos anos, parece ter contribuído mais com o município do que outro em quem não pretende votar. Ciente do poder do *logos* de arrebatar tudo, até mesmo aquilo que aparece, o cético sabe que as coisas que lhe aparecem são provisórias, só pode delas falar em nível confessional, mas pode se envolver com elas e ter sentimentos de certeza, eventualmente.

Com efeito, uma questão tradicional que imediatamente se coloca é sobre se haveria um comprometimento cético com o conservadorismo e, por que não, com alguma forma de progressismo: seria um cético conservador ou progressista? À luz do fenomenismo cético sextiano, certas atitudes conservadoras podem, ou não, aparecer como a coisa correta a fazer no momento, assim como a recíproca é verdadeira: para um outro cético ou para o mesmo cético em outro momento, tal ou qual atitude progressista ou até mesmo revolucionária pode aparecer como a coisa certa a fazer.

A América Latina é um continente onde a influência de diferentes formas de marxismo ainda é intensa nas esquerdas. Para um cético no Brasil, caberia, então, a pergunta sobre se um pirrônico radical pode se orientar em sua atividade política pelo marxismo. Como é sabido, a obra de Marx tem duas grandes influências – de um lado a crítica da economia política, disciplina que tem como um dos precursores Adam Smith, de quem Marx faz uma recepção crítica, e o materialismo dialético, que tem enorme influência de Hegel e de outros filósofos remontando até mesmo ao materialismo antigo.

Marx, Freud, Nietzsche, dentre outros, não foram pensadores céticos, embora este último tenha páginas de elogio ao ceticismo. São, dentre outros, filósofos cujas ideias tiveram impacto incomensurável no pensamento mundial. Um cético, por não dar assentimento a qualquer proposição dogmática, seria necessariamente, devido a sua suspensão do juízo, totalmente indiferente à enorme contribuição cultural de filósofos de grande impacto como os mencionados? Penso que não. A cultura como um todo sofre transformações sob a égide de novas ideias. E certas coisas, como nos ensinou Porchat, aparecem coletivamente aos pirrônicos e mesmo a um grupo de pirrônicos e não pirrônicos.

Enquanto os céticos, com todo seu arsenal contra o dogmatismo, vão resistir à tentação de hipostasiar certos "fenômenos coletivos", não é incomum ver, por exemplo, uma pessoa de esquerda afirmar que o Estado defende os interesses da classe dominante, isto é, dos proprietários dos bens sociais de produção. Isso aparece para diferentes pessoas – uma polícia que não soluciona crimes, mas tem enorme capacidade repressiva, por exemplo, pode ser, para um pirrônico, um dos fenômenos inteligíveis que o leva a ter aquele outro fenômeno inteligível de caráter marxista, sem, é claro, o dogmatismo de se adotar uma tese de Marx como verdadeira.

Curiosamente, passando pela Avenida Faria Lima, em São Paulo, podemos ler na placa da estátua do Brigadeiro Faria Lima, que dá nome à avenida, os seguintes dizeres: "Homenagem ao imortal prefeito de São Paulo, Brigadeiro José Vicente de Faria Lima, a gratidão do povo, da imprensa e das classes liberais e produtoras." A visão de mundo dos homenageadores do Brigadeiro é de um invejável materialismo histórico, já que fazem questão de separar o povo, ou seja, a classe trabalhadora, das "classes produtoras", isto é, dos proprietários dos bens sociais de produção. Eles têm ainda o requinte de incluir ao lado das "classes produtoras" as "classes liberais", isto é, a pequena burguesia que, ocupando profissões especializadas e tendo algumas posses, ainda assim não controlam os meios de produção, mas são vinculados às classes mais abastadas, não fazendo parte do proletariado industrial e tampouco do campesinato. Tal a influência do materialismo histórico nos anos 60 que eventualmente até um anticomunista teria uma visão de mundo, em seu diagnóstico de separar a sociedade em classes, semelhante àquela dos seus párias.

Tais fatos sobre a estrutura social da contemporaneidade são, para o cético, fenômenos inteligíveis, isto é, coisas que aparecem ao intelecto do cético que, ao contrário de sua contraparte dogmática, não os hipostasiam, não julgam ter a apreensão da verdade. Contando apenas com as coisas que aparecem para orientar sua vida, o cético não compartilha da crença na verdade de proposições com qualquer outra pessoa, mas segue aquilo que aparece em coincidência com milhões de outros seres humanos. O cético tem, nesse sentido, uma vida comum, tema caro ao pirronismo e ao neopirronismo.

Nada impede também que apareça ao intelecto de um cético algo que não aparece coletivamente, algo com o qual pouca gente ou ninguém concorda. E nada impede que o cético em questão argumente na sua compreensão daquela coisa que lhe aparece, a descreva e anseie pela experiência coletiva de compartilhar a aparição dessa coisa com outros seres humanos.

Dessa forma, não há receita prevendo o que seria a ação política de um cético. Cada cético experienciará uma enormidade de fenômenos distintos, que poderão leva-lo a uma ação política rotulada de conservadora, eventualmente, e de revolucionária ou progressista, também eventualmente.

E nada impede que o cético aceite um ou outro rótulo, como fez Montaigne com o conservadorismo, se lhe aparecer que seus posicionamentos políticos coincidem, em sua maioria, com este ou aquele grupo político. Narrar o fenômeno de forma confessional é, também, falar sobre si mesmo, explicar-se para o próximo. O exercício linguístico da denotação exige, mesmo que sem pretensões apofânticas, que cometamos generalizações, arbitrariedades e até eventuais erros – o pirrônico jamais se deixou levar por qualquer crença na possibilidade de uma exatidão das linguagens.

O tema da atividade política do cético é estimulante por vários motivos. Pouco explorado, polêmico, de difícil abordagem.

Há historicamente no Brasil também um certo julgamento velado, de certas áreas, sobre o caráter "despolitizado" de determinadas linhas de investigação e pesquisa. Em um país desigual, com muita miséria, e que viveu um regime militar recente, com seu impacto ímpar sobre a vida intelectual e universitária, é normal que sintamos efeitos da tragédia política de nossas décadas passadas e que haja uma politização ou uma exigência de politização do seio da pesquisa acadêmica.

Nos últimos anos vivenciamos também uma polarização grande do contexto político-partidário no Brasil, que se encaminha para uma eleição entre dois candidatos muito antagônicos e que fazem acusações mútuas graves, de crimes e de faltas morais indesculpáveis. Os valores morais, a ciência e a tecnologia, o poder militar, todos esses são aspectos da vida humana de direta influência na política e, sem necessariamente aderirmos às teses de filósofos dogmáticos de que "tudo é político" ou "tudo é política", é certo que esse termo, de difícil definição, ocupa um intenso e difuso espectro da vida humana.

Qualquer investigação sobre vida prática do cético e o assim chamado "lado positivo" do ceticismo tem uma enormidade de temas sobre os quais poderia se debruçar: ciência, moral, discurso comum, psicologia etc. A vivência de uma vida política me parece, contudo, um tema urgente dada as intensas discussões que vemos cada dia mais frequentes na vida dos brasileiros, somadas ao fato de que já se cobra, historicamente, dos pesquisadores em epistemologia e história da filosofia, mais politização.

Das várias e interessantes pesquisas que encontramos sobre a relação do ceticismo com a política, não tenho notícia de nenhuma que parta de uma interpretação rústica radical do pirronismo antigo tal qual a aqui exposta. Engatinhando, esse primeiro movimento é o de sondar as dificuldades e oferecer possíveis caminhos para imaginarmos o engajamento político de um pirrônico radical.

Especialmente num contexto brasileiro politizado, talvez a capacidade cética de opor, a qualquer proposição, uma proposição contrária de igual força persuasiva, tenha sua valia. Por mais que tenhamos um lado ou um candidato nessa polarização, é raramente o caso de que, quando um país ou qualquer outra comunidade se divide em grupos rivais, um lado esteja 100% certo em todas as suas afirmações e ações e o outro 100% errado. Penso que a frieza dialética do pirrônico, e neste caso de qualquer cético, rústico ou urbano, possa trazer alguma contribuição para o melhoramento das decisões políticas da comunidade.

Como militar e como estudante de filosofia influenciado pelo ceticismo por mais de uma década, se, de um lado, não me sinto capaz de apreender a verdade de qualquer proposição e a dialética cética me mostrou que é possível suspender o juízo sobre toda e qualquer questão, de outro lado, uma série de coisas sobre a situação política que vivemos no Brasil aparecem para mim.

Algo que me aparece fortemente, para dar um exemplo, é o mau uso do termo "militares" na imprensa. Tendo passado pela Força Aérea Brasileira e pela Marinha do Brasil, e tido bastante contato em diferentes ocasiões com o Exército Brasileiro, tenho bastante experiência com as características das Forças Armadas Brasileiras. Uma das instituições mais diversas do Estado nacional e que promove uma ascensão social para milhões de brasileiros ao longo das décadas, as Forças Armadas são locais onde imperam os limites da lei e dos regulamentos, bastante apolíticos e profissionais, marcados, curiosamente, por um respeito muito maior às diferenças do que um estereótipo da instituição militar possa fazer crer. Um amálgama de classes sociais, cores, orientações sexuais, gêneros, e, mais importante, opiniões políticas, elas têm, ditada por rígidos regulamentos, um cotidiano apolítico.

A eleição em 2018 de um presidente que passou pelo Exército e trouxe algumas figuras daquela instituição para o seu governo, e a subsequente oposição a esse governo, faz com que muitas vezes se ataque "os militares" em conjunto, emitindo-se juízos políticos e morais sobre toda essa classe. Tanto homes da reserva e alguns da ativa (porém afastados, conforme prevê a legislação) passaram a ocupar cargos de natureza civil em diferentes escalões do Governo Federal.

Tendo sido cadete na Força Aérea e professor dos futuros oficiais da Marinha do Brasil, sempre observei uma invejável liberdade de cátedra e sempre tive total autonomia para expressar o que penso nas salas de aula militares. Convivi com as mais variadas posições políticas oriundas de bocas militares e, mesmo sob rígidos regulamentos que proíbem, sabiamente, as discussões políticas nos quartéis, gozo de centenas de amizades e, no internato e na cátedra, sempre estive em posições privilegiadas para pensar política no ambiente militar. Por isso fico pasmo ao ver juízos generalizantes sobre os militares. No mundo civil e, mais especificamente, no mundo universitário, não são incomuns esses juízos, que não posso senão rejeitar. Mas qual o propósito desse devaneio?

Ao rejeitar inúmeras opiniões que julgo equivocadas, como a que expus acima, estaria comprometido com o aquiescer à verdade de alguma proposição? Normalmente entender-se-ia que sim, que a recusa de uma opinião é, por necessidade lógica, a expressão de uma opinião contrária ou concorrente.

Mas aí que entra a peculiaridade de um filósofo que, por prática, atingiu uma visão efética do mundo. O pirrônico radical rejeita opiniões sem tê-las! Deparado com uma tese específica, como "os militares são antidemocráticos", ele sabe que seu interlocutor dogmático acredita na verdade de sua proposição. O cético, por sua vez, suspende o juízo sobre a verdade de qualquer proposição. Poderia aparecer a ele que "os militares são antidemocráticos"? Sim! Um mero fenômeno inteligível que teria o cético, ciente de sua ignorância acerca de sua correspondência ou não na realidade.

Quando deparado com uma tese política contrária ao que lhe aparece, portanto, o cético, ao rejeitá-la, não se compromete com qualquer tese diferente. Ele a rejeita por ela não coincidir com o que lhe aparece no momento, e deste modo é perfeitamente possível, saudável e natural o desacordo entre céticos radicais também, se para um aparecer algo diferente do que para o outro.

Eles se matariam, pegariam em armas, por essas diferenças de experiências intelectuais do mundo? Parece-me improvável, mas não impossível. Se aparecer ao cético, por exemplo, que a manutenção em uma linha de ação política culminará em um desastre com a morte de pessoas, se aparecer fortemente ao cético que a única maneira de impedir a ação adversária que levará, em expectativa semelhante à certeza e dado signos rememorativos, é a violência, penso que ele agirá daquela forma.

Examinador que é de teses, o cético sabe da provisoriedade das opiniões dos homens, da limitação do conhecimento humano, se é que é possível falar nesses termos. Ele tem consciência de que o que lhe aparece agora pode não lhe aparecer num futuro próximo ou distante, embora em certos casos ele tenha a expectativa da permanência de um ou outro fenômeno.

O radicalismo do ceticismo não se reflete no radicalismo das ações de um filósofo, mas também não o impossibilita.

5. Reflexões gerais sobre pirronismo e política

É natural que a ênfase aqui seja em aspectos da obra de Sexto Empírico que favorecem uma interpretação rústica radical, tal como eu entendo o sentido da filosofia sextiana, e discutir as diferentes interpretações do pirronismo grego foge ao escopo deste trabalho, que se inspira, por exemplo, em passagens bastante eloquentes de Sexto sobre a destruição de cânones e afrontas às crenças comuns e às opiniões. Fato é que, para o pirronismo radical tal como eu o entendo, não é acurado dizer, como se tem dito, que o *phainómenon* é imune à *epokhé*. Ele é o que resta após uma suspensão radical do juízo, mas se transformarmos aquilo que aparece em juízo, ele imediatamente estará sujeito à uma nova suspensão e não há privilégio dele sobre qualquer tese dogmática. Se confrontado, fenômeno sempre pode levar à equipolência.

Em um exemplo um tanto tosco, uma cadeira de balanço aparece para meus sentidos, mas há argumentos também contra a existência dessa cadeira, por exemplo, contra as propriedades dos objetos ou contra a existência do movimento – neste caso, não existe nenhuma primazia no que se refere à verdade ou à existência, do fenômeno, ele é unicamente um critério de ação. É isso que chamo a "eleição" do *phainómenon*, porque não necessariamente o cético teria que agir com base nele, mas é bastante razoável, para não permanecermos inativos. Seria estranho, mas não logicamente impossível, que, para fins especificamente práticos, por exemplo, um cético se fiasse em um dogma, como a existência de átomos invisíveis, pilar das filosofias materialistas antigas, para proceder um experimento científico que estivesse dando certo. Tal cético, bem longe da figura sextiana, não necessariamente estaria abandonando qualquer ceticismo, já que sua adesão à ideia de átomos e vazio seria provisória e prática, visando a um fim específico. Tal não é o caso do pirronismo sextiano.

Quando se trata da ação política, o tipo de coisa que aparece ao cético é predominantemente de tipo inteligível, isto é, são fenômenos que aparecem ao intelecto e não aos sentidos como uma cadeira de balanço. Sensíveis ou inteligíveis, tais coisas apenas aparecem e o cético, justamente porque completou seu longo percurso em direção a uma filosofia efética, utiliza um termo da filosofia corrente à Antiguidade para frisar que não as hipostasia.

As discussões da epistemologia contemporânea em grande parte têm o ceticismo como centro, mas quando nos deparamos com a figura do cético confrontada com sua vida prática chegamos a um lugar possivelmente frutífero, dada a dificuldade do tema, para a própria compreensão da figura do cético. Quem acompanha há décadas os colóquios, encontros e congressos sobre ceticismo sabe que são raros os momentos onde o debate sai da epistemologia e vai, por assim dizer, para a vida da práxis.

Uma das raras vezes em que o tema da política foi levantado no Projeto Temático sobre ceticismo, ao qual fui vinculado na maior parte da minha graduação, lembro-me bem, foi numa discussão entre os professores Oswaldo Porchat Pereira, Plínio Junqueira Smith e Roberto Bolzani Filho. Bolzani dizia que é impossível um cético ser nazista, pois certos princípios estariam para além de uma discussão filosófica, ao que Porchat curiosamente se opunha, dizendo que é possível sim que ele seja nazista. E para mim, um jovem judeu, no primeiro ou segundo ano de Filosofia, essas reflexões sempre estiveram no meu horizonte.

Deixemos de lado o caso extremo do nazismo. A meu ver, o cético pode se vincular a um movimento político cujo raízes estão em opiniões de pensadores dogmáticos, que obviamente defendem uma visão de mundo, uma visão da história e assim por diante. Como é que ele faria isso? Como se associaria na vida comum a um grupo marxista, por exemplo, se ele alega viver uma vida sem opiniões? A observância de leis e costumes estariam, a meu ver, em um uma relação mais elementar do cético com as coisas que lhe aparecem. Se há um fenômeno inteligível que leve o cético ao abandono de algum costume ou ao descumprimento de alguma lei, ele pode abandonar tal observância. O que ele não tem, ao contrário do que podem ter tido na Antiguidade, por exemplo, estoicos ou hedonistas, é uma doutrina filosófica que o leve a um descumprimento contumaz de leis ou de costumes.

Não é necessária uma conversão aos vários dogmas do marxismo ortodoxo para reconhecer que Marx tem uma contribuição de análise da sociedade, um raio-x preciso e fenomênico da sua divisão em classes com interesses conflitantes. O que o cético pode fazer com esse tipo de informação? Obviamente que ele não vai fazer juízo metafísico sobre a natureza da história ou o seu motor, sobre qualquer materialismo, mas certas descrições da sociedade que faz um filósofo como Marx podem ser utilizadas nesse âmbito fenomênico para o cético pirrônico radical se posicionar politicamente.

A polarização política é um fenômeno comum em diferentes países e tem se agravado no Brasil e em determinados dilemas não há como um cético não se posicionar. A vacina contra a COVID-19 deve ser obrigatória? Já que Sexto Empírico insiste em dizer que não existe inclinação na crença cética, cabe perguntar o que seria esse envolvimento político sem inclinação.

Colocamos aí o "dedo na ferida", ao meu ver. É possível imaginar um ceticismo radical, isto é, desprovido de crenças e afins, mas, tendo que viver em sociedade, sem cair obviamente no estereótipo de um cético como um animal meramente reativo a impressões ou ainda incapaz de agir? Não há inclinação em se ter um fenômeno inteligível pelo simples fato que o longo percurso cético criou neste filósofo a expectativa de que argumentos podem arrebatar esse fenômeno, o poder do *logos* de se chegar à equipolência sobre qualquer assunto quando se trata de saber a verdade sobre um assunto não deve ser subestimada. Isso não tira o fato de que muitas coisas aparecem para nós agora, eventualmente de maneira forte e frequentemente de maneira complexa para o nosso intelecto.

Frede achou que Heron, o autor do tratado de artilharia, era um cético urbano, isto é, reservava seu ceticismo às questões filosóficas e não suspendia o juízo sobre proposições como "o melhor ângulo para se lançar um projétil é o de 45°". Pode ser, entretanto, que Heron tenha sido um filósofo cético radical, que suspendia o juízo sobre toda e qualquer proposição. Aparece ao artilheiro que 45° é o melhor ângulo para o lançamento de um projétil, mas talvez nem haja ângulos, ou lançamento, já que há argumentos convincentes contra a existência do espaço e do tempo. Se formos parte de uma mesma mônada, ou de um Ser único ao gosto eleata, certamente não há movimento, mas no âmbito fenomênico 45° continua sendo o mais eficaz ângulo para o lançamento de um projétil, ou o político X ou Y parece ter trazido em sua gestão o melhor desempenho para a sua jurisdição.

Quem sabe esse militar do século XI era um cara que, extremamente aflito e, em busca de imperturbabilidade da alma, tocado pelas reflexões filosóficas, continuava achando que não haveria a verdade sobre a artilharia, as proposições do seu tratado de artilharia não teriam pretensão alguma à verdade, poderiam ser abandonadas, mas eram ali a narrativa do fenômeno e representavam uma regularidade que permitia a ação futura sistemática.

Um cientista militar, hoje, porque não, fazendo essa analogia, um cientista político talvez, seguindo uma técnica efetiva e ainda assim suspendendo o juízo não apenas sobre metafísicas, mas também sobre as suas próprias proposições, sem nenhuma pretensão à verdade, sem sequer inclinação, apenas a eleição do fenômeno, já que aquilo que aparece, mostra, é efetivo. Essa seria a figura do pirrônico radical, há nele sim um deslocamento de si mesmo, um "detachment of onself" que o Burnyeat julgava inviabilizar a vida, mas não deu nenhum argumento nesse sentido. Por que eu não posso colocar tudo aquilo que aparece para mim em xeque no que se refere à sua verdade? Não há qualquer contradição lógica ou performativa nisso.

Eu não acho que seria tão impossível o sujeito, se ele não tem crença, ele não tem apego as "crenças", ele tem ali o fenômeno, que não são propriamente crenças, e todo ele pode ser abandonado. Porchat sempre enfatizava a ideia de uma expectativa de que tal coisa vai acontecer, por exemplo, a própria equipolência que leva à epokhé, uma excelente defesa psicológica contra a acusação de que o cético teria qualquer tipo de doutrina dogmática ou qualquer "crença" no ceticismo.

Parte do perigo na interpretação do pirronismo radical é entender o cético como um anti-metafísico. Ele não é um positivista, não acha que a metafísica careça de sentido ou sequer um kantiano, não acha que a metafísica leva a aporias infindáveis, tudo isso são opiniões dogmáticas. Em verdade, o cético não existiria sem a metafísica, sem a ontologia. A *epokhé* não evita toda e qualquer tese metafísica, mas sem várias teses metafísicas e ontológicas não se tem uma *epokhé* sobre tudo. Podem ser aspectos decepcionantes do ceticismo para aqueles que querem aproximá-lo de filosofias contemporâneas, mas o pirrônico radical tal como eu o imagino leva em conta a possibilidade da inexistência do movimento mesmo no que diz respeito ao cálculo da trajetória de um projétil. Tal possibilidade não mudará o cálculo, mas o distanciará de qualquer crença na verdade de sua conclusão.

Obviamente também que a formação de uma pessoa no seio de uma cultura ou de um grupo social tem peso incomensurável na ação sem crenças dessa pessoa, mesmo depois de ela, eventualmente, tornar-se um filósofo cético. Tenho o costume militar de nunca me atrasar para nenhum compromisso, talvez por ter sido punido com quatro dias de detenção por não ter chegado, uma vez, como cadete, cinco minutos antes a uma aula.

A diversidade de ação política de cético para cético tem a possibilidade de ser tão grande quanto aquela de dogmático para dogmático. Por que algo aparece a um e não aparece a outro? Difícil saber. Mas quem tem a pretensão de saber são os dogmáticos.

Em suma, o ceticismo radical que encontro em Sexto Empírico tem uma curiosa relação com aquilo que aparece e tal relação é a chave para indicar as condições de possibilidade da prática política de um pirrônico deste tipo. O fenômeno é o escolhido como critério de ação, mas, para além de um critério de ação, ele integra as controvérsias que reiteram repetidamente a suspensão do juízo. Se não há, como no caso dos não-ceticos, *epokhé*, isso significa que eles terão um óbvio critério de ação: a verdade. Se é verdade que o político X é melhor para a comunidade e para o eleitor do que o político Y, esse eleitor tem o melhor critério possível para votar em X.

Quando o poder do discurso passa a mostrar para o cético que os mais intensos fenômenos inteligíveis, aqueles que aparecem com força e regularidade, podem tanto representar a realidade quanto podem ser totalmente diferentes da verdade, sendo totalmente falsos, o cético percebe que não tem apreensão alguma da verdade. Os discursos dogmáticos continuam, entretanto, sendo interessantes fontes para a prática cética não apenas de resistência a outros discursos dogmáticos, como também à tentação de acreditar naquilo que aparece. Imune também com relação a esta crença, o cético elege o que lhe aparece como critério de ação. Se a Filosofia da Nova Academia escolheu *tó pitanón*, ou o que é persuasivo, como critério de ação, isso já é impossível para o pirrônico porque ele sempre tem a expectativa de poder argumentar contra qualquer tese persuasiva de maneira a chegar à suspensão do juízo e perder qualquer experiência mesma de persuasão que possa aparecer se lidamos com teses e opiniões de maneira precipitada.

Outras interpretações do ceticismo pirrônico poderiam oferecer e têm oferecido soluções eventualmente menos estranhas para explicar as opções céticas na vida prática. Mas o ceticismo radical, tal como eu o enxergo, é uma filosofia peculiar. Se estivesse permitido ao cético alguma forma de crença mitigada, algum falibilismo ou ainda se a *epohké* for restrita apenas à assuntos ontológicos ou epistemológicos, ficaria fácil para esse cético se posicionar politicamente em sua vida cotidiana.

Penso que não é esse o ceticismo de Sexto, como tenho argumentado nesse e em outros trabalhos anteriores, e penso também que o ceticismo radical que julgo encontrar em Sexto é mais coerente e mais interessante do que outras correntes ou interpretações do pirronismo.

Se o ceticismo não compromete a figura do cético necessariamente com qualquer posicionamento político, também não proibindo-lhe logicamente nem mesmo as mais radicais, caberia perguntar se teria o cético radical mais ou menos chance do que o cético urbano de flertar, em sua ação política, com os extremos de esquerda e de direita. É claro que, por profissão de fé, o cético tem o hábito e, em certo sentido, o dever, de argumentar contra e a favor acerca de qualquer tese, política ou não, com a qual se depare, e movimentos políticos muito ligados a inúmeras teses dogmáticas absurdas e que não sobrevivem ao exame intelectual dificilmente coincidiriam, em sua ação política, com as coisas que aparecem para um pirrônico e orientam sua atividade.

Deste modo, nenhum ceticismo parece cair bem, na esfera prática da vivência de seu adepto, com qualquer atividade política vinculada a espectros políticos muito anti-dialéticos. Mas, no caso do ceticismo radical, que atinge todos os aspectos da vida prática do filósofo e impacta seu discurso em sua totalidade e não de maneira insulada, parece-me que os motivos pelos quais esse cético tem pouquíssimas chances de virar nazista são um pouco diferentes dos daquele. Isto porque o cético urbano, como pessoa culta e exercendo a atividade dialética dos estudos de filosofia, similarmente a outros filósofos e exposto às controvérsias, dificilmente se filiaria a um partido nazista. Mas sabemos de filósofos, ainda que dogmáticos, que o fizeram, e não é impossível imaginar um cético urbano que insulasse suas reflexões em ontologia e metafísica da sua vida cotidiana e do seu engajamento político, como certamente fez Heidegger, membro do partido nazista. Já o pirrônico radical não tem esse privilégio, ele não vê como manter qualquer demarcação de escopo para sua *epokhé* e perde o controle da sua própria atividade antinômica, suspendendo o juízo sobre tudo.

Trabalhar a relação entre ceticismo e política não é algo fácil, ainda mais quando se trata de examinar as condições de possibilidade da ação política de uma figura cética radical tal como eu a descrevi. Não pude mais do que ensaiar algumas soluções para entender as condições em que tal figura vai lidar com a inevitabilidade de sua vida politizada, um dos vários aspectos da vida prática do pirrônico sobre a qual tem crescido enormemente, nos últimos anos, o interesse dos especialistas. Ensaiando um pontapé inicial para imaginar o que teria de ser, para um pirronismo sextiano de vertente bastante "rústica", espero ter iniciado em uma investigação frutífera, que pretenderá examinar mais a fundo tanto as condições de possibilidade da atividade política pirrônica como outros aspectos da prática cética. Mas só o tempo e o confronto de ideias dirá se o presente caminho é viável.

Referências Bibliográficas e Bibliografia

BARNES, J. The Beliefs of a Pyrrhonist.Proceedings of the Cambridge Philological Society, Cambridge, v. 208 (New Series 28), p. 1-29,1982.

BURNYEAT, M. Can the skeptic live his skepticism?. In:______. The Skeptical Tradition. Berkeley/Los Angeles: University of California Press, 1983.p. 117-148.

BURNYEAT, M. The sceptic in his place and time.In: RORTY, R.; SCHNEEWIND, J.

FOGELIN, R. J. The Skeptics Are Coming! The Skeptics Are Coming! In: SINNOTT-ARMSTRONG, W. (Ed.). Pyrrhonian Skepticism. Oxford: OxfordUniversity Press, 2004.p. 161-173.

FREDE, M. Essays in Ancient Philosophy. Oxford: Oxford Clarendon Press, 1987.

LESSA, Renato. Invenção ou Adaptação?. Ideias à esquerda, Lisboa, v. 1, 27 mar.
2003.
_______. A política é (pode ser) uma ciência?. Ciência Hoje, v. 51, p. 80, 2012.
_______. Democracia e Crise. Ciência Hoje, v. 51, p. 80, 2012.
_______. Ceticismo e Liberalismo: Reflexões Sobre Uma Possível Afinidade Eletiva. REVISTA DE SOCIOLOGIA E POLITICA, v. 3, 1995.
_______. Veneno Pirrônico: Ceticismo, Desconstrução Filosófica e Imagem do Mundo Social. ARCHE, v. 5, p. 37-60, 1993.
_______. Agonia, Aposta e Ceticismo: ensaios de filosofia política. 1. ed. Belo
Horizonte: Editora da Universidade Federal de Minas Gerais, 2003. v. 1.
_______. Filosofia Política, Crenças e Ceticismo. In: Fernando Gil; João de
Pina Cabral; Pierre Livet. (Org.). O Processo da Crença. 1ed. Lisboa: Gradiva, 2004.
MARCONDES, D. Juízo, suspensão do juízo e filosofia cética. Sképsis, Guarulhos, n. 1, p. 69-82, 2007. Disponível em: http://www.revista-skepsis.com/pdf/69_01.pdf. Acesso em 20 jan. 2009._______. Rústicos X Urbanos: O Problema do Insulamento e a Possibilidade de uma
Filosofia Cética. O que nos faz pensar, Rio de Janeiro, n. 24. p. 135-149, 2008.
MOURA, M. C. B. Marx e o Ceticismo. In: Waldomiro José da Silva Filho; Plínio Junqueira Smith. (Org.). Ensaios sobre Ceticismo. São Paulo: Alameda, 2007, v., p. 173-194.
POPKIN, R. História do ceticismo de Erasmo a Spinoza. Tradução de Danilo Marcondes de Souza Filho. Rio de Janeiro: Ed. Franscico Alves, 2000.
PORCHAT PEREIRA, O. Rumo ao Ceticismo. São Paulo: Editora Unesp, 2006. PORCHAT PEREIRA, O. A noção de *phainómenon* em Sexto Empírico. *Analytica*, Rio de Janeiro, v.17, n.2, p. 291-323, 2013.

SCHVARTZ, V. H. Porchat, sua interpretação de Sexto, e um possível neopirronismo rústico. In: SILVA FILHO, Waldomiro J.; SMITH, Plínio Junqueira (Org.). Oswaldo Porchat: Interpretações e debate. São Paulo: Alameda Editorial, 2015. p. 181-204.

SEXTO EMPÍRICO. Sextus Empiricus in four volumes (v.1: Outlines of pyrrhonism; v. 2-4: Adversus Mathematicos VI-XI). Loeb Classical Library. Cambridge/Massachussetts/London: Harvard University Press,1976.

___________. Outlines of Scepticism.Translated by Julia Annas and Jonathan Barnes. Cambridge: Cambridge University Press, 1994.

___________. Against the Ethicists (Adversus Mathematicos XI). Translation,

Commentary and Introduction by Richard Bett. Oxford: Clarendon Press, 1997. SMITH, P. J. —Ceticismo dogmático e dogmatismo sem dogmas‖. *Integração*, n. 45, 2006, p. 171-185.

SMITH, P. J.; SILVA FILHO, W. J. (Org.) Ensaios sobre o ceticismo. 1. ed. São Paulo:

Alameda editorial, 2007. v. 1. 295p.

SMITH, P. J. Ceticismo, filosofia e visão comum. In: Smith, Plínio J. (Org.) O neopirronismo de Oswaldo Porchat: interpretações e debate. 1ed.São Paulo: Alameda Editorial, 2015, v. 1, p. 125-158.

SMITH, P. J. Sobre a tranquilidade da alma e a moderação das afecções. Kriterion, Belo Horizonte, v. XXXV, n.93, p. 22-56, 1996.

SMITH, P. J. Ceticismo político, crenças e vida comum. Phronesis (PUCCAMP), Campinas, v. 7, p. 135-153, 2005.

WONG, W. The problem of insulation. Philosophy, Cambridge, vol. 77, n. 301, p. 349-373, 2002. Disponível em: http://www.jstor.org/stable/3752210.

Sobre os autores

Alice Bitencourt Haddad é professora associada no Departamento de Filosofia da Universidade Federal Fluminense (UFF). Pesquisa sobre a filosofia de Platão, sua recepção e a filosofia helenística. É membro da Associação Latinoamericana de Filosofia Antiga (ALFA) e dos grupos de pesquisa PRAGMA (UFRJ) e Zétesis (UFRRJ). Editou diversas coletâneas em coorganização com colegas de pesquisa, bem como, possui capítulos de livro publicados e artigos, dentre os quais destacam-se, *Sophrosýne em República, IV, 431b5-d2*, publicado na revista Dissertatio em 2010, e, *A visão sensível como imagem da visão dos inteligíveis*, publicado na revista Trans/Form/Ação em 2012.

Gabriel Geller Xavier é professor adjunto no Departamento de Filosofia da Universidade Federal de Ouro Preto (UFOP). Possui pesquisa sobre a filosofia de Aristóteles e o ceticismo de Sexto Empírico. Coordena o grupo de pesquisa no CNPq Ação e Metafísica em Platão e Aristóteles. Em 2018 recebeu o prêmio da Associação Nacional de Pós-Graduação em Filosofia (ANPOF) pela tese doutoral *TIS HÊ OUSIA; (O que é a substância?): o problema da substância a partir da última aporia de Beta da Metafísica de Aristóteles.*

Gislene Vale dos Santos é professora adjunta no Departamento de Filosofia da Universidade Federal da Bahia (UFBA). Pesquisa a filosofia pré-socrática, a sofística, a filosofia de Platão e mulheres filósofas na antiguidade clássica. Possui diversas publicações, dentre as quais, destacam-se o recente *Ver com as lentes da tradução: o caso das filósofas antigas*, publicado no livro *Vozes: Mulheres na História da Filosofia*, bem como, o artigo *Sobre Fíntis de Esparta*, na revista Perspectiva Filosófica em 2021.

Jean Carlos Herpich é professor do Instituto Federal do Paraná (IFPR) no Campus Avançado Barracão. Possui pesquisa com ênfase na ontologia de Platão. Tem artigos publicados, dentre os quais, destacam-se o recente artigo *A Pedagogia Socrática Linguagem*, publicado na Revista IF-Sophia em 2023, assim como, o artigo *Lógos: a leitura gadameriana do Crátilo de Platão*, publicado na revista Perspectiva Filosófica em 2013.

Marina dos Santos é professora associada no Departamento de Filosofia da Universidade Federal de Santa Catarina (UFSC). Possui pesquisa centrada na filosofia de Aristóteles. Com destaque para os artigos *Notas sobre a prova aristotélica da prioridade do ato sobre a potência em* Metafísica *Theta 8*, publicado no livro *Aristóteles: Ensaios de Ética e Metafísica* em 2011, e *Sobre a Possibilidade da Metafísica em Aristóteles a partir da Primeira Aporia do Livro Beta*, publicado na Revista de Filosofia Antiga em 2018.

Nazareno Eduardo de Almeida é professor associado no Departamento de Filosofia da Universidade Federal de Santa Catarina (UFSC). Atua na área de metafísica, com pesquisa sobre a relação pensamento-linguagem-mundo, tanto através de sua instauração no pensamento grego, quanto através de abordagens modernas e contemporâneas da mesma. Coordena o Núcleo de Filosofia Antiga da UFSC, é membro do Núcleo de Investigações Metafísicas da UFSC e do Grupo de Pesquisa Filosofia, Arte e Educação (UFSC). Possui artigos, capítulos de livro e livros publicados, com destaque para o recente, *Entrando no teatro das Formas*, publicado na Revista

Veritas em 2023, e o livro *Insignuações, ensaios sobre filosofia da arte e da literatura*, publicado pela editora Bernúncia em 2008

Roberto Bolzani Filho é professor livre-docente no Departamento de Filosofia da Universidade de São Paulo. Possui pesquisa sobre a filosofia de Platão, Aristóteles e ceticismo. Tem publicações, no Brasil e no exterior, sobre Platão e ceticismo antigo, dentre os quais destacam-se, o capítulo *L'elogio di Alcibiade a Socrate*, publicado no livro *Il Simposio di Pllatone: un banchetto di interpretaziioni* em 2012; o livro *Acadêmicos versus Pirrônicos*, publicado pela Alameda Casa Editorial em 2013; e o artigo *Temperança e justiça na cidade e na alma*, na revista Phoînix em 2022.

Rodrigo Pinto de Britto é professor adjunto no Departamento de Filosofia da Universidade Federal Rural do Rio de Janeiro. Também atua como professor permanente do Programa de Pós-graduação em Metafísica da UnB, do Programa de Pós-graduação em Filosofia da UFS e do Programa de Pós-graduação em Filosofia da UFRRJ. Pesquisa ceticismo pirrônico, estoicismo, medicina antiga, filosofia judaica medieval e renascentista. Dentre as publicações, no Brasil e no exterior, destacam-se o livro *The Skeptical Dynamis and Its Pragmatic Possibilities*, publicado pela Springer International Publishing em 2022, bem como, traduções de diversos escritos de Sexto Empírico publicadas pela editora Unesp: *Contra os Retóricos, Contra os Gramáticos, Contra os Astrólogos*.

Vítor Hirschbruch Schvartz foi pesquisador visitante (Visiting Scholar) no Departamento de Filosofia da Columbia University (NYC), pesquisador em nível de pós-doutorado na Johns Hopkins University e completou pós-doutorado junto ao Departamento de Filosofia da USP. Foi docente na área de Filosofia no Colégio Naval (RJ). Pesquisa os seguintes temas: História da Filosofia Antiga, Epistemologia, Teoria do Conhecimento, Ceticismo grego, Neopirronismo,

Educação Básica. Entre as suas publicações destaca-se o artigo *The Challenge of Rustic Skepticism as Metaphilosophy*, presente no livro *On What It Is: Perspectives on Metaphilosophy* publicado em 2016.

Vivianne de Castilho Moreira é professora titular de filosofia da Universidade Federal do Paraná (UFPR). Tem diversas publicações, no Brasil e no exterior, sobre Leibniz e sobre Aristóteles, dentre as quais os artigos "*Raison suffisante et induction chez Leibniz et Aristote : quelques hypothèses comparatives*", em *Zur modernen Deutung der Aristotelischen Logik*, Bd. XII (Olms, 2016) e "*Meaning something and meaning one in* Metaphysics Γ 4" (Métexis, 2019), e o livro *Contínuo e Contingência 1 - estrutura e alçada da lei de continuidade na lógica de Leibniz* (Kotter/Colibri, 2019). Traduziu a Metafísica de Aristóteles para o português (Vozes, 2024).

pólen bold 90 gr/m2
tipologia calisto mt
impresso na primavera de 2024